"双一流"建设精品出版工程
"十四五"时期国家重点出版物出版专项规划项目
航天先进技术研究与应用/电子与信息工程系列

基于项目学习与大学生科技创新

PROJECT-BASED LEARNING AND INNOVATION FOR COLLEGE STUDENTS (BASIC SKILLS EDITION)

（基本技能篇）

何胜阳　赵雅琴　主编

哈爾濱工業大學出版社
HARBIN INSTITUTE OF TECHNOLOGY PRESS

内 容 简 介

本书是《基于项目学习与大学生科技创新》系列图书的基本技能篇，以哈尔滨工业大学电子与信息工程学院的大学生科技创新活动开展的相关工作为基础，结合了“PjBL 与科技创新”课程教学内容及编者在大学生科技创新活动指导过程中的工作经验，旨在帮助缺乏科学研究经验的高校新生快速了解并掌握基于项目学习过程需要用到的 Office 办公软件的基本使用方法，以及文献检索、科研论文撰写、专利撰写等基本技能，为更好地完成科技创新活动打下扎实的基础。

本书可以作为高等学校电子信息类学生基于项目学习理论的培训教材，也可作为电子信息类学生了解并掌握专业基本技能的通识类参考书。

图书在版编目(CIP)数据

基于项目学习与大学生科技创新. 基本技能篇/何胜阳，赵雅琴主编. —哈尔滨：哈尔滨工业大学出版社，2022.8

ISBN 978-7-5767-0324-5

Ⅰ. ①基… Ⅱ. ①何… ②赵… Ⅲ. ①大学生-创造教育-研究 Ⅳ. ①G640

中国版本图书馆 CIP 数据核字(2022)第 143817 号

策划编辑 许雅莹
责任编辑 周一瞳
封面设计 屈 佳
出版发行 哈尔滨工业大学出版社
社 址 哈尔滨市南岗区复华四道街 10 号 邮编 150006
传 真 0451-86414749
网 址 http://hitpress.hit.edu.cn
印 刷 哈尔滨圣铂印刷有限公司
开 本 787mm×1092mm 1/16 印张 11.5 字数 288 千字
版 次 2022 年 8 月第 1 版 2022 年 8 月第 1 次印刷
书 号 ISBN 978-7-5767-0324-5
定 价 32.00 元

前言

积极组织和引导在校大学生踊跃参与科技创新活动是高校实践育人的重要内容，是青年学生综合素质培养的重要组成部分，也是提高当代大学生培养质量、增强大学毕业生综合能力和素质的重要举措。在参与科技创新活动过程中，学生除可以提高科技创新能力外，还能得到科学思维、领导能力、团队协作沟通能力、市场营销宣传能力、项目组织管理能力、成果总结提炼能力等多重能力培养。近年来，各高校均大力推行创新教育改革，全面提高创新教育质量，着力培养信念执着、品德优良、知识丰富、本领过硬的高素质专门人才和拔尖创新人才。但是，由于科技创新活动所涉及的内容相当广泛，因此对于大学新生来说，其科技创新能力的培养不可能一蹴而就，而需要通过长期的积累和训练。

基于项目学习（Project-Based Learning，PjBL）要求学生按照项目团队的形式，借助各种教学和科研资源，通过自主学习、自主管理、自主规划、自主设计，在一定时间内独立完成一项硬件作品或软件程序等任务。基于项目学习摒弃了传统教学模式中教师主导教学、学生被动学习的方式，倡导以大学生为项目主体，以教师指导为辅助的一种学习新模式，是国际流行的教育方式之一。基于项目学习为培养大学生的综合素质提供了一套可行的方法，十分符合中国教育发展新形势，对当前的专业学科教学、综合实践课、研究性学习都有很好的参考意义，是提高大学生科技创新能力和综合素质的一条有效途径。

《基于项目学习与大学生科技创新》系列图书的内容以哈尔滨工业大学电子与信息工程学院的大学生科技创新活动开展的相关工作为基础，结合了“PjBL 与科技创新”课程教学内容及编者在大学生科技创新活动指导过程中的工作经验，旨在为缺乏科学研究经验的大学生在科研选题、研究项目申报、研究计划制定、研究成果总结，以及科技论文撰写、专利发表、财务报销等方面给予指导和训练，使大学生对科技创新活动过程有一个较全面的了解和认识，掌握科技创新活动中所需用到的基本技能，引导大学生初步了解和掌握科研工作的基本知识和方法，在遇到某个科学问题时知道如何运用所学知识去解决这些科学问题，为将来从事科研和技术工作奠定一个良好的基础。

本书分 7 章对参与科技创新过程中相关的基本技能做了简要介绍。前 4 章是针对项目文档的格式处理、软件使用方法的介绍，其中第 1 章介绍 Word，第 2 章介绍 PowerPoint，第 3 章介绍 Excel，第 4 章介绍 Visio。微软公司的这四种软件是完成科技创新项目文档处理的必备软件，掌握了其用法，在处理项目文档或者后期各类课程文档时均可以规范化操作。第 5 章介绍文献检索的相关知识，并且从哈尔滨工业大学图书馆的现有资源出发，介绍了各类数据库、资源库的用法。第 6 章介绍科技论文的写作与发表基本方法，对科技论文的结构、基本写作方法和投稿流程进行了简单介绍。第 7 章介绍专利的分类、发明专利文档的基本撰写方法和专利代理的基本内容。

本书的内容得到了哈尔滨工业大学图书馆和相关老师的指导，在此一并表示感谢。

本书得到了中国高等教育学会2021年度“实验室管理研究”专项课题重点项目“新工科背景下电子信息类实验教学体系的改革与探索”（项目编号：21SYZD09）、黑龙江省高等教育教学改革研究重点委托项目“一流本科教育人才培养体系建设研究”（项目编号：SJGZ20180017）、黑龙江省教育科学规划重点课题“新工科背景下电子信息类创新创业实践教育体系的构建”（项目编号：GBB1318036）的支持。

本书在编写过程中借鉴了网络上有关办公软件、文献检索、专利撰写等方面的文献资料和成果。在此向所参阅专著、论文、网页的作者表示诚挚的谢意。尽管本书力求翔实生动，但限于篇幅和编者水平，书中难免有疏漏及不足之处，敬请广大读者指正。

作　者

2022年5月

目　录

第 1 章

Word 2019 的基本使用方法

使用电脑撰写文章，除要注意内容外，形式也非常重要，尤其是使用文字处理软件撰写报告、论文等时，快速、巧妙地设置格式，不仅可以使文稿样式美观，更可以加快撰写速度。如果不懂得这些基本的格式手段，编辑文稿时就会感到处处受到束缚，写作过程也难以顺畅，这会影响工作效率。Word 是现代办公必备的工具，熟练掌握 Word 的操作是办公应用中非常重要的一个环节。

本章将以 Word 2019 为例，主要学习 Word 文档内容的输入和编辑、查找与替换文本、打印文档等内容，为使制作出的文档更加美观规范，在完成内容的输入与编辑后，还需对其进行必要的格式设置，如设置文本格式、设置段落格式，以及通过项目符号与编号来使文档的结构、条理更加清晰等。另外，制作一篇具有吸引力的精美文档，还需进行图文混排和页面设置，让文档内容更加丰富多彩并吸引人。

Word 2019 工作界面介绍如图 1.1 所示。Word 2019 窗口组成部分主要有标题栏、“文件”按钮、快速访问工具栏、功能区、文档编辑区、状态栏、“视图”按钮、滚动条、导航窗口及显示比例。各部分作用如下。

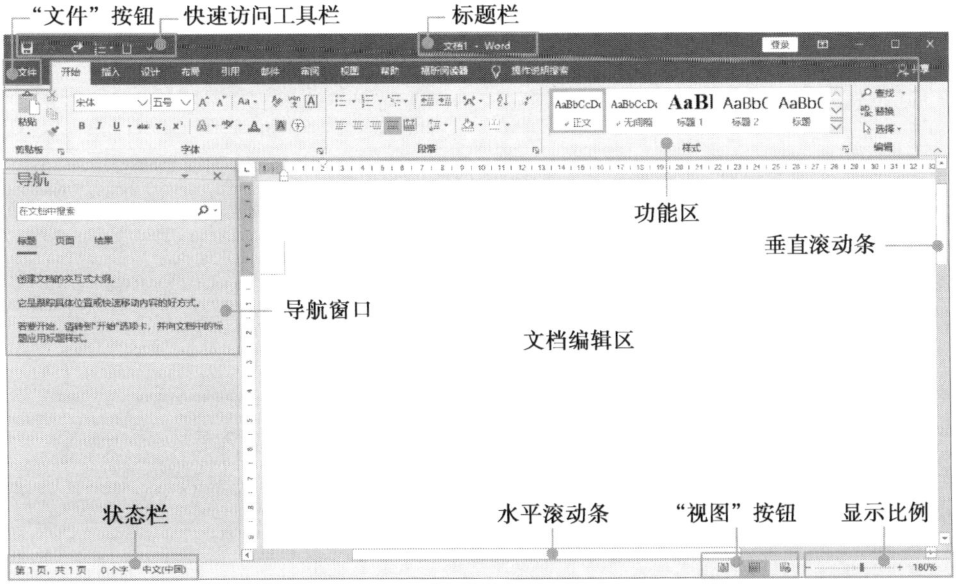

图 1.1　Word 2019 工作界面介绍

(1)标题栏。

标题栏显示当前正在编辑文档的文件名及所使用的软件名。在标题栏右侧还有控制按钮,由“最小化”“最大化/还原”和“关闭”按钮组成,用于实现窗口的最小化、最大化/还原及关闭。

(2)“文件”按钮。

“文件”按钮中包括基本命令,如“新建”“打开”“关闭”“另存为...”和“打印”等。

(3)快速访问工具栏。

常用命令位于快速访问工具栏,如“保存”和“撤销”。单击某个按钮即可实现相应的功能,用户也可以根据需要添加个人常用命令。

(4)功能区。

Word 2019 的功能区由多个选项卡组成,每个选项卡中包含不同的工具按钮。选项卡位于标题栏下方,由“开始”“插入”和“设计”等选项卡组成。单击各个选项卡名,即可切换到相应的选项卡。

(5)文档编辑区。

文档编辑区显示正在编辑的文档。

(6)状态栏。

状态栏显示正在编辑文档的相关信息。

(7)“视图”按钮。

“视图”按钮可用于更改正在编辑文档的显示模式以符合要求。

(8)滚动条。

滚动条可用于更改正在编辑文档的显示位置。

(9)导航窗口。

导航窗口可用于快速定位文档的位置。

(10)显示比例。

显示比例可用于更改正在编辑文档的显示比例。

1.1 Word 的参数设置

在开始文档编辑前,需要对 Word 2019 进行一系列的参数设置工作,主要包括页面布局和软件其他设置等。本节主要介绍这些设置的操作过程。

1.1.1 页面布局

页面布局是指根据文档要求对其开本、版心、版式、页眉和页脚进行具体设置。页面布局主要涉及功能区“布局”选项卡下的“页面设置”选项组,如图 1.2 所示。文字方向、页边距、纸张方向、纸张大小、栏等可以直接从“页面设置”选项组中的选项卡进行选择,点击对应选项卡下方的三角形可以进入相应功能的高级设置对话框。

除从“页面设置”选项组中的各个选项卡进入页面设置外,还可以直接单击“页面设置”选项组右下角的箭头进入“页面设置”高级设置对话框,对话框内含“页边距”“纸张”“布

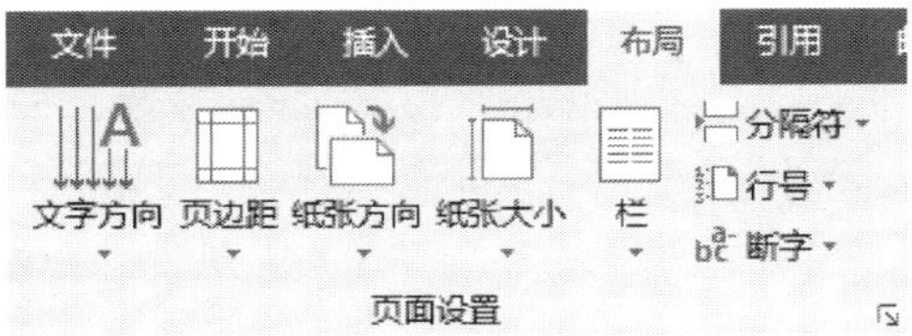

图 1.2　“布局”选项卡下的“页面设置”选项组

局”和“文档网格”四个子对话框，如图 1.3 所示。这四个对话框涵盖了页面设置的大部分内容，下面将以此对话框的内容来说明页面设置的基本操作。

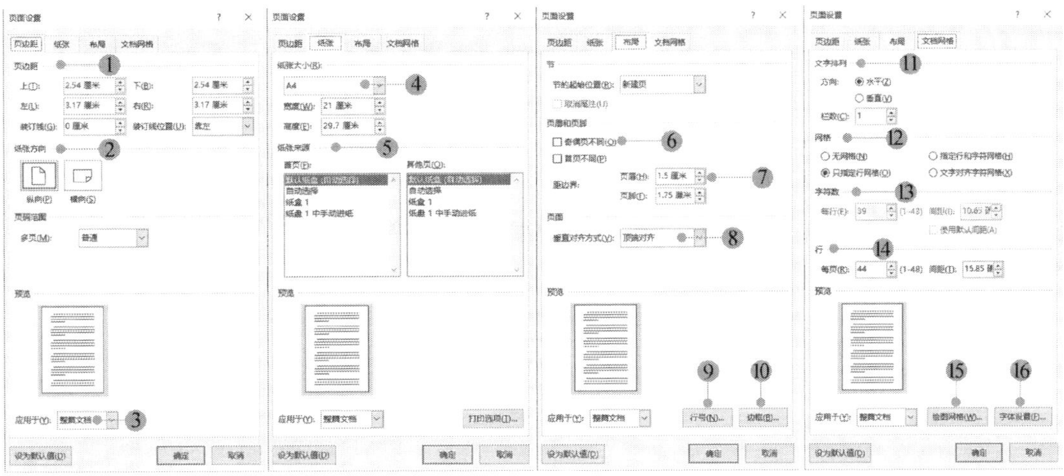

(a) 页边距　　(b) 纸张　　(c) 布局　　(d) 文档网格

图 1.3　“页面设置”高级设置对话框

1. 设置纸张大小、方向、页边距、纸张来源

如图 1.3 所示，编号 1 用于设置纸张的工作区域的页边距；编号 2 用于设置纸张方向；编号 3 用于说明当前的纸张和页边距设置是应用于“整篇文档”“本节”还是“插入点之后”；编号 4 用于设置 Word 文档的纸张大小；编号 5 用于设置纸张来源（与打印机配合使用）；编号 6 用于设置页眉与页脚的基本格式，主要包括奇偶页不同和首页不同两个选项，选择奇偶页不同则允许对奇偶页设置不同的页眉，首页不同则允许对首页页眉进行单独设置，在毕业论文中常会用到这两个设置，如哈尔滨工业大学工学博士学位论文的奇数页眉为对应章节的题序及标题，偶数页眉为“哈尔滨工业大学工学博士学位论文”；编号 7 用于设置页眉与页脚距边界的距离；编号 8 用于设置文档垂直对齐方式，主要有顶端对齐、居中、两端对齐和底端对齐四种方式，在论文中一般采用顶端对齐方式；编号 9 对应行号设置，可以在 Word 文档的每一行前面添加行号，可以设置的参数包括起始编号、每页重新编号、每节重新编号等；编号 10 对应页面的边框设计，可以为整篇文档或单独某一节文档设计边框；编号 11 用于设置文字排列方向；编号 12、13 和 14 联动，用于设置页面中文字的行数和每行的字数，如果在编号 12 的网格选项中选择无网格，则会使文档中所有段落样式文字的实际行间距均与其样式中的规定一致，但无法确保每页的行数和每行的字数一致，在编辑图文混排的长文档时，则应选择“指定行网格和字符网格”，并且在编号 13 和 14 中设置每页行数和每行字数；

编号 15 用于设置绘图网格;编号 16 用于设置全文的字体。页面设置一般是在新建文档后的第一步操作,所以常用于全文的参数设置。当然,相关参数设置也可以通过其他专门的菜单选项直接进行设置,但是实现效果是一致的,此处不再赘述。

2. 分页符与分节符

分页符和分节符是 Word 格式中的重要内容。分页符就是在每一页的结束或开始时,用于标记一页结束与下一页开始的地方,两页前后还是同一"节",页面设置、页边距、页眉、页脚等参数完全一致。分节符与分页符的不同之处在于,分节符前后属于不同的"节",其页面设置、页边距、页眉、页脚等参数可以与前一节不一致。

分页符与分节符设置从功能区"布局"选项卡下"页面设置"选项组中的"分隔符"选项进入,得到的选项卡如图 1.4 所示,包括三种分页符和四种分节符。

在使用 Word 编辑文档过程中,分页符和分节符的典型应用实例如图 1.5 所示。如果前后内容的页面编排方式与页眉页脚都一样,只是需要新的一页开始新的一章,那么一般用分页符即可;如果前后页面的页面设置或者页眉、页脚等不一致,则不能再使用分页符,而应该使用分节符。例如,在撰写毕业论文时,按照撰写规范,前言、目录和正文的页码格式不一致时,就应该使用分节符,或者文档中某些页面需要将纸张方向设置为横向,也只能使用分节符单独设置这些特殊的页面。

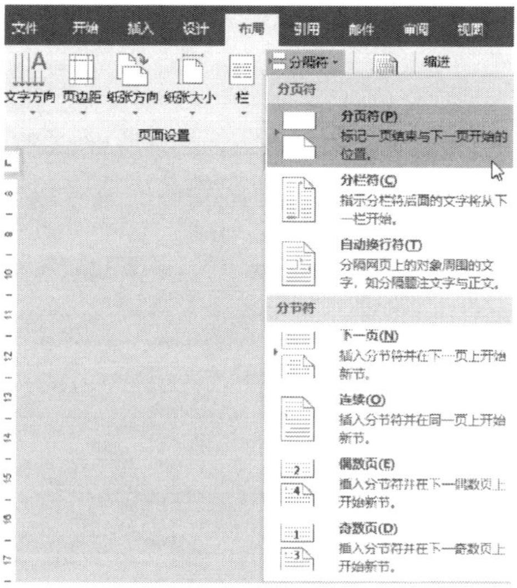

图 1.4　分页符与分节符选项卡

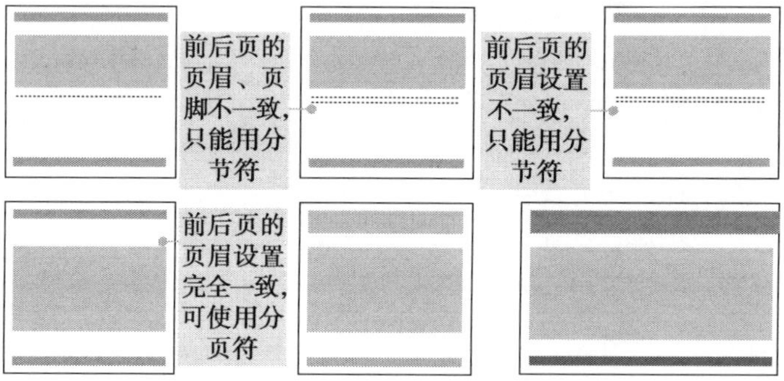

图 1.5　分页符和分节符的典型应用实例

3. 设置页眉与页脚

在"页面设置"高级设置对话框中,图 1.3 中的编号 6 和编号 7 涉及页眉和页脚的参数设置。除此处外,页眉和页脚主要通过功能区"插入"选项卡中的"页眉和页脚"选项组进行设置。设置页眉和页脚时,首先单击"页眉"选项卡选择页眉类型,再单击"页脚"选项卡选择页脚类型,最后单击"页码"下方的三角进入"页码"选项卡,选择"设置页码格式",然后在弹出的对话框中设置页码的编号格式及"续前节""起始页码",操作步骤如图 1.6 所示。

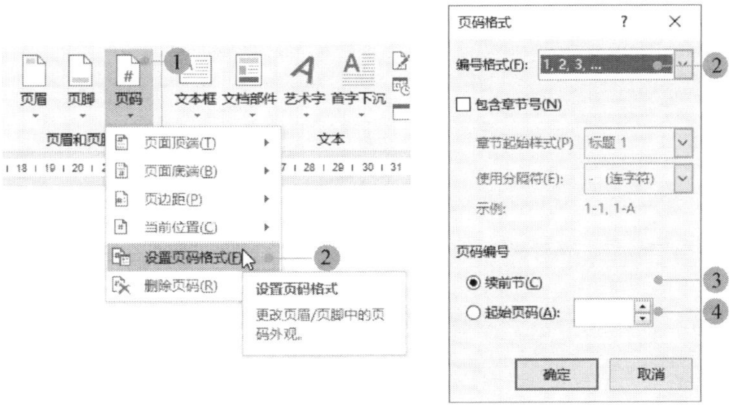

图 1.6　设置页眉和页脚操作步骤

1.1.2　软件其他设置

除前文所述的页面布局设置外，Word 2019 还提供了专门的参数设置界面，方便用户对其他相关的显示、存储功能进行设置。在 Word 工作界面中点击“文件”按钮，然后在弹出的选项卡中的右下角选择“选项”按钮，弹出“Word 选项”对话框，操作步骤如图 1.7 所示，“Word 选项”默认打开“常规”子对话框，在此对话框中可以设置用户名（编号 3）、缩写和 Office 主题（编号 4）等操作，可以根据需要选择使用。

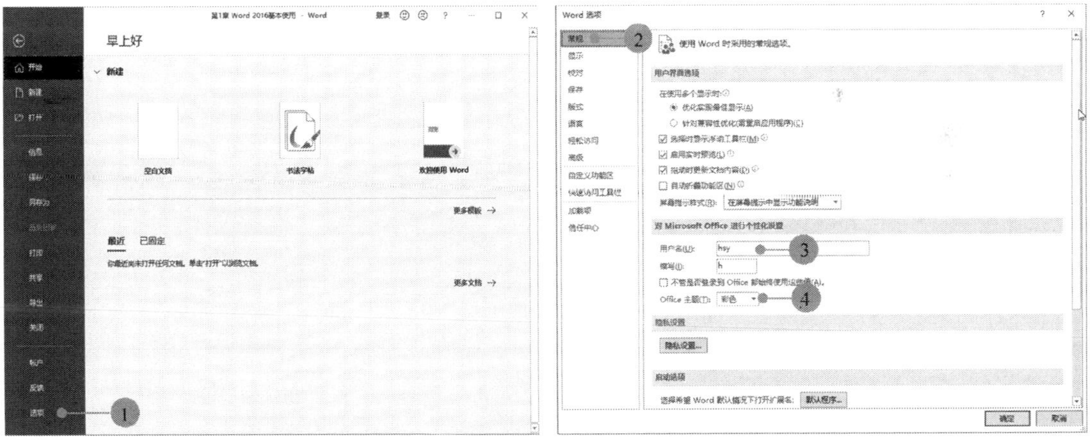

图 1.7　打开“Word 选项”对话框操作步骤

设置“显示”与“保存”子对话框参数如图 1.8 所示，在“Word 选项”对话框中选择“显示”子对话框（编号 1），在此对话框中可以设置 Word 文档编辑区域的显示标记设置（编号 2），如列表符、空格、段落标记等标识符的显示，通过勾选标识符前面的复选框完成选择。一般来说，建议在编辑过程中选择“显示”这些标识符，有助于文档的排版。

图 1.8 中，编号 3 对应参数“保存”子对话框中的“自动保存时间”，无论使用台式机还是笔记本进行 Word 文档编辑工作，自动保存都是一个重要的功能，可以防止突然断电或者软件崩溃造成数据丢失。因此，充分利用 Word 提供的自动保存功能可以保证数据的安全。

图 1.8　设置“显示”与“保存”子对话框参数

图 1.8 中,编号 4 是设置 Word 文档的默认保存位置,可以根据需要进行设置。

图 1.8 中,编号 5 给出的“将字体嵌入文件”功能可以解决“换了电脑字体显示就不正常”的问题。对于使用了个性化字体的 Word 文档,当将制作好 Word 文档复制到其他电脑中进行编辑时,由于其他电脑没有相应的字体,因此显示时很可能出现文字串行和变形。采用编号 5 对应的“将字体嵌入文件”功能,把 Word 文档所用字体嵌入到文件中,则字体会一直跟随着文档,避免了新电脑没有字体引起的问题。

【延伸阅读】　给 Windows 安装字体

给 Windows 安装字体有以下两步。

(1)到字体下载网找到所需的字体。

参考网址:www. fonts. net. cn(字体天下)、www. zhaozi. cn(找字网)、www. foundertype. com(方正字库)。使用字体时需要注意版权问题,如果是设计商用文档,则务必使用正版授权字体,避免出现商业纠纷。

(2)安装字体。

安装字体有两种方式:一是直接双击字体文件安装;二是将字体文件拷贝到 C:\\Windows \\Fonts 文件夹下。安装完成后,就可以在 Office 各个软件中找到已经安装的字体。

“将字体嵌入文件”功能提供两种选项。其中,“仅嵌入文件中使用的字符”适用于减小文件大小,虽不影响放映和观看,但当需要在新计算机中进行再次修改时,如果这种字体新计算机中未安装,那么将自动替换为该新计算机中默认的字体,而不再是精心挑选的字体;“不嵌入常用系统字体”则是为了减小文件体积,对于常用的系统字体不嵌入。

图 1.9 所示为自定义“功能区”和“快速访问工具栏”的操作步骤,在自定义“功能区”子对话框中(编号 1),可以从类别(编号 2)中选择对应命令(编号 3),再使用添加命令(编号 4)增加到功能区中。同理,可以使用“删除”命令从功能区中移除。“快速访问工具栏”的操作步骤与此类似,此处不再赘述。需要说明的是,自定义“快速访问工具栏”除可以通过“Word 选项”设置外,还可以直接从“快速访问工具栏”的“向下箭头”中进行设置,该方法在使用时更加便捷。

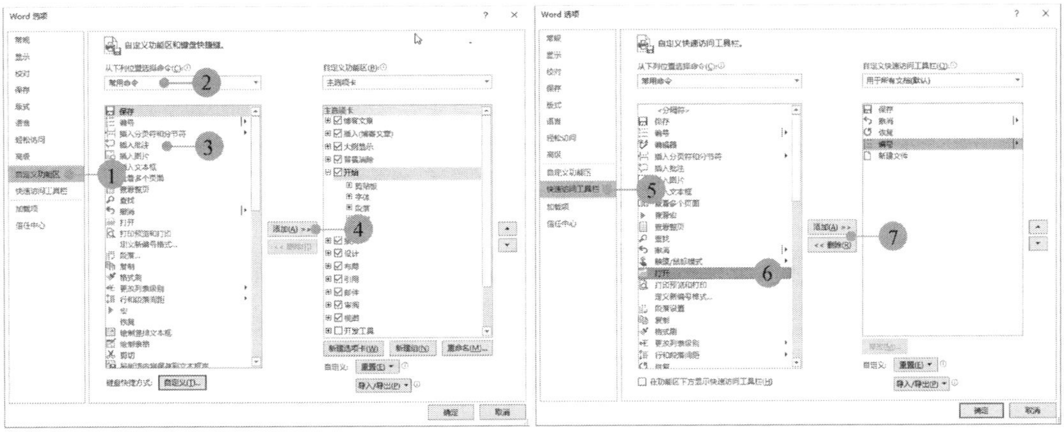

图 1.9　自定义“功能区”和“快速访问工具栏”的操作步骤

1.2　文档的基本编辑操作

1.2.1　文档的基本操作

1. 创建空白 Word 文档

方法一：启动 Word 2019 程序，系统自动创建一个名为“文档 1”的空白文档。

方法二：Word 窗口中，按 “Ctrl+N”组合键。

方法三：选择“文件”按钮下的“新建”命令。

方法四：首先将“新建空白文档”功能增加到“快速访问工具栏”，然后在“快速访问工具栏”上直接点击“新建空白文档”快捷菜单，如图 1.10 所示。“快速访问工具栏”设置可以参考 1.1.2 节的介绍。

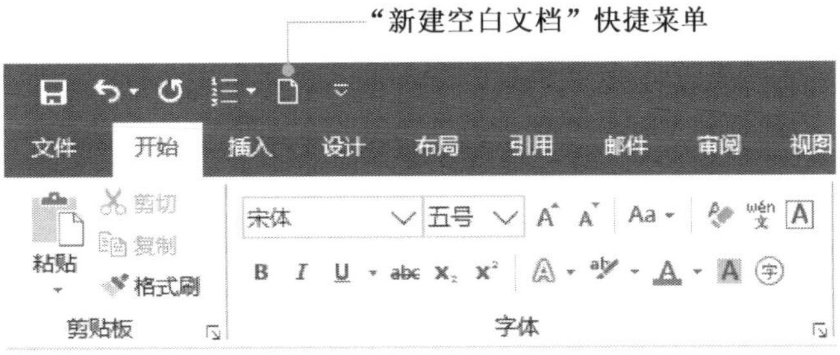

图 1.10　通过“快速访问工具栏”快捷菜单新建空白文档

2. 通过模板创建文档

对于需要直接新建 Word 提供的模板文档，如会议议程、证书、奖状和名片等，可以通过以下两种方式获取模板文件。

方法一：Word 程序自带的模板，如最近打开的模板、样本模板等，直接单击即可打开。

方法二：在“搜索联机模板”框中输入要创建的文档类型，然后按“Enter”键，从 Microsoft Office Online 中下载模板。

3. 保存文档

在新建的文档中,单击“文件”菜单下的“保存”按钮,在弹出的“另存为”对话框中设置保存路径、文件名及保存类型,再单击“保存”即可。

对于已有的文档,在编辑过程中要及时保存,以防因断电、死机或系统自动关闭等情况造成信息丢失。也可以通过选项设置自动保存时间,具体方法参见 1.1.2 节的介绍。

4. 另存文档

在对原文档进行各种编辑后,如果希望不改变原文档的内容,可将修改后的文档另存为一个新的文档。选择“文件”选项卡,单击左侧窗格中的“另存为”命令,在“另存为”对话框中设置与前文档不同的保存位置、不同的保存名称或不同的保存类型,设置完成后单击“保存”。Word 的保存类型支持 PDF、Word 97 ~ 2003 文档、Word 模板、XPS 文档等格式,可以满足不同的格式需求。

5. 打开文档

方法一:进入需要打开文档的存放路径,再双击文档图标,即可将其打开。

方法二:在 Word 窗口中选择“文件”选项卡,在左侧窗格中单击“打开”命令,在弹出的“打开”对话框中找到需要打开的文档并将其选中,然后单击“打开”,即可将其打开。Word 2019 在“文件”选项卡的“开始”命令或“打开”命令下会列出最近所编辑的 Word 文档名称及路径,可以直接打开。

6. 关闭文档

方法一:选择“文件”选项卡,在弹出的菜单中选择“关闭”命令。

方法二:直接单击文档右上方的“关闭”按钮 。

此处需要注意,Word 2019 针对每一个打开的文档均有一个独立的页面,因此选择关闭文档时,除非在 Windows 的任务栏点击鼠标右键后使用“关闭所有窗口”命令后,才能将所有打开的 Word 文档关闭,而通过上述方法一和方法二,只能关闭当前工作的 Word 文档。

1.2.2 文档的基本编辑

1. 输入文本内容

在 Word 2019 操作过程中,输入文本是最基本的操作,通过“即点即输”功能将光标定位到插入点后,即可开始录入文本。文本包括汉字、英文字符、数字符号、特殊符号及日期时间等内容。

在 Word 的操作过程中,汉字和英文符号是最常见的输入内容,用户输入英文字符时,可以在默认的状态下直接输入,如果要输入汉字,则需要先切换到中文输入的状态,才能在文档中输入汉字内容。

输入符号时,如果是数字及 ~ 、-、#、% 等普通符号,可以通过键盘直接输入;如果是特殊符号,如希腊字母 α、β 及☑、☒、⊗等,则不能通过键盘直接输入,可通过插入符号的方法进行输入,如图 1.11 所示。操作步骤如下。

(1)光标插入点定位在需要插入符号的位置。

(2)切换到“插入”选项卡,单击“符号”组中的“符号”按钮。

(3)在弹出的“符号”对话框中选择适合的字体,如“Times New Roman”。

(4)在列表框中选中要插入的符号,如 α,然后单击“插入”按钮。

如果在文档中需要输入当前时间,则除可以直接打字输入外,Word 还提供自动时间输入功能,如图 1.12 所示。操作步骤如下。

(1)打开文档,将光标插入点定位在需插入日期或时间的位置。

(2)单击“插入”选项卡,再单击“文本”组中的“日期和时间”按钮。

(3)在“语言(国家/地区)”框中选择语言种类,在“可用格式”列表框中选择日期或时间格式。

(4)单击“确定”按钮,完成时间输入。

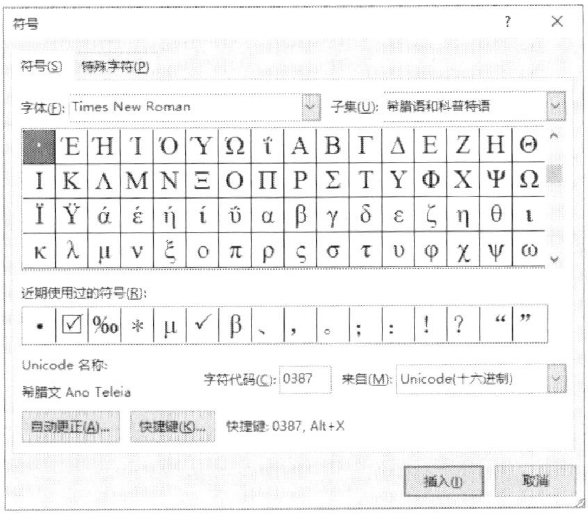

图 1.11　通过“符号”对话框插入目标符号

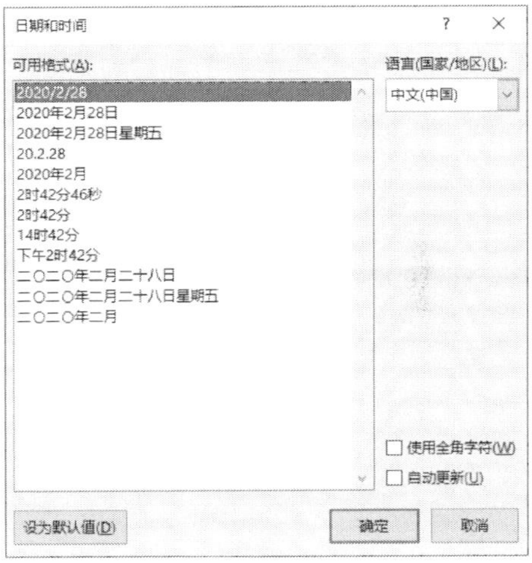

图 1.12　调用插入“日期和时间”功能输入当前时间

2. 编辑文档

(1)选择文档。

方法一:将光标定位在选取文本之前或之后,按下鼠标左键,向后或向前拖动鼠标,直到选中全部需要选取的文本后松开鼠标左键即可。

方法二:对于需要选择的文本较多,不方便直接使用鼠标左键拖动来实现选择的文本,可以利用键盘“Shift”键与鼠标左键配合使用。将光标定位在选取文本之前或者之后,先按下“Shift”键,再将鼠标左键移动到需要选择的文档处,然后再按下鼠标左键,即可选择对应文档。

方法三:如果是全选文档,则可以使用快捷组合键“Ctrl+A”实现。

(2)复制文档。

方法一:选中要复制的内容,然后选择“开始”选项卡,在“剪贴板”选项组中单击“复制”按钮,即可复制所选内容。

方法二:选中要复制的内容后,单击鼠标右键,在弹出的菜单中选择“复制”命令,即可复制所选内容。

方法三:选中要复制的内容后,按下快捷组合键“Ctrl+C”,可以快速地复制所选内容。

(3)粘贴文档。

方法一:将光标移动到需要粘贴对象的地方,然后选择“开始”选项卡,在“剪贴板”选项卡中单击“粘贴”按钮,即可在光标所在的位置粘贴所复制的内容,如图1.13所示。

方法二:将光标移动到需要粘贴对象的地方,单击鼠标右键,然后在弹出的菜单中选择“粘贴选项”中的一种粘贴方式即可。

方法三:将光标移动到需要粘贴对象的地方,然后按下快捷组合键“Ctrl+V”,可以快速地粘贴所复制的内容。

方法四:选中要复制的内容后,在按住Ctrl键的同时按住鼠标左键并拖动文档到需要复制的地方,然后松开鼠标,即可将选择的内容复制到指定的位置。

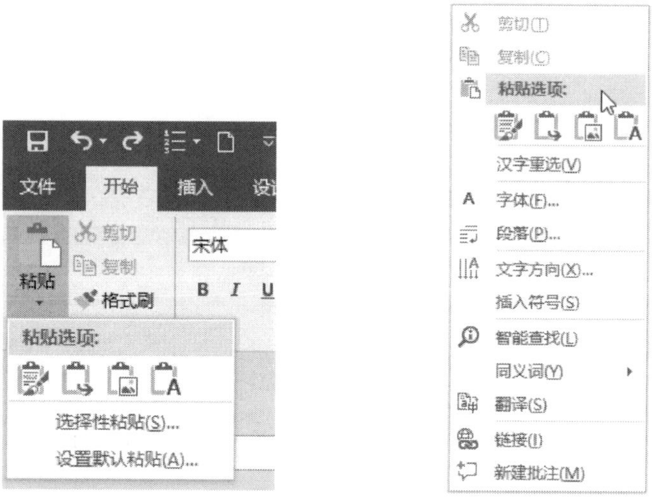

图1.13　通过选项卡粘贴功能和鼠标右键粘贴功能粘贴文本

Word 2019根据所复制的内容,支持多种粘贴选项,并且在使用鼠标右键粘贴功能时,还可以在文档中实时显示不同粘贴选项所对应的效果。粘贴选项一般有以下四种。

①“保留源格式”命令。被粘贴内容保留原始内容的格式,不接受新位置格式的控制。

②“合并格式”命令。被粘贴内容不仅可以保留原始内容的格式,还可以合并应用当前位置的文本格式。

③“图片”命令。将所复制的内容以图片格式插入到当前位置。

④“仅保留文本”命令。被粘贴内容清除原始内容和目标位置的所有格式,仅保留文本。

(4)移动文档。

方法一:选择需要移动的文本内容,选择“开始”选项卡,单击“剪贴板”选项组中的“剪切”按钮,然后将光标定位到修改后的位置,再单击“剪贴板”选项组中的“粘贴”按钮,即可移动选中的文本。

方法二:使用快捷组合键“Ctrl+X”实现剪切功能,再按照粘贴文档方法将所剪切的内容移动到目标位置。

方法三:选中要移动的内容后,按住鼠标左键并拖动要移动的内容到目标位置,鼠标将显示为空心箭头且下方带有一个方框的样式,然后释放鼠标左键即可。

(5)删除文档。

方法一:将光标插入点定位到要修改文本的后面,然后按下 Back Space 键删除光标左侧的内容,再输入正确的内容。

方法二:将光标定位到要删除文字的前面,然后按下 Delete 键,删除光标后面的内容,同样可以达到删除错误内容的目的。

方法三:利用“剪切”功能将需要删除的文档剪切掉,选择“开始”选项卡,然后单击“剪贴板”选项组中的“剪切”按钮,或者直接使用快捷组合键“Ctrl+X”实现剪切功能。

(6)撤销、恢复与重复操作。

方法一:如图 1.14 所示,单击“快速访问工具栏”中的“撤销”按钮,单击一次可以向前撤销一步操作(“快速访问工具栏”的设置方法参考 1.1.2 节的内容)。或者使用快捷组合键“Ctrl+Z”,按下一次可以向前撤销一步操作。

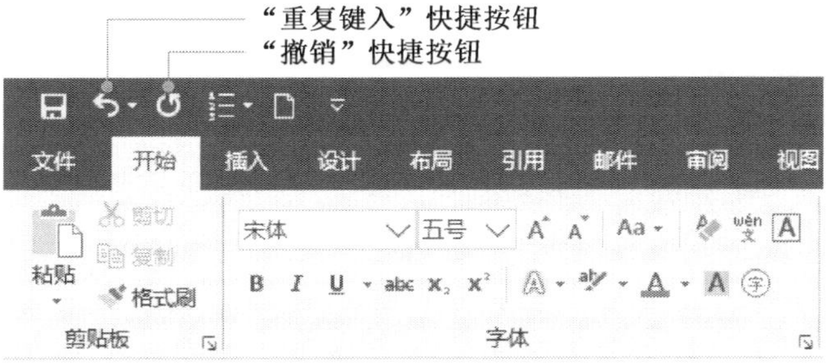

图 1.14　“快速访问工具栏”中的“撤销”与“重复键入”快捷按钮

在执行撤销操作后,“快速访问工具栏”中的“重复”按钮将变为“恢复”按钮。这时,用户可以使用恢复功能,恢复之前所撤销的操作。按下快捷组合键“Ctrl+Y”,按下一次则可恢复一次操作。

在没有进行任何撤销操作的情况下,“恢复”按钮会显示为“重复”按钮,对其单击或按“Ctrl+Y”组合键,可重复上一步操作。

3. 查找、替换文档

(1)查找文本。

选择“开始”选项卡,单击“编辑”选项组中的“查找”按钮,将在窗口左侧显示“导航”选项板,用户在“搜索文档”文本框中输入要查找的内容,即可在“导航”选项板中列出查找到的对象,并显示相匹配内容的数量,在文档中将重点突出查找到的内容。也可以使用快捷组合键“Ctrl+F”,调出“导航”选项板。

如果对所查找的文本有格式要求,可以在“编辑”选项组中单击“高级查找”按钮,在调出的菜单中点击“更多”按钮,调出详细的格式设置内容,如图 1.15 所示。

(2)替换文本。

单击“编辑”选项组中的“替换”按钮,打开“查找和替换”对话框,然后在“查找内容”文本框中输入要替换的内容,如输入“哈工大”一词,在“替换为”文本框中输入替换后的内容,如输入“哈尔滨工业大学”,单击“替换”按钮,会逐个替换指定的对象,同时查找到下一处需要替换的内容,单击“全部替换”按钮,即可替换所有内容,如图 1.16 所示。与查找对话框类似,在“更多”按钮中也可以设置查找或替换文本的格式。

图 1.15　高级查找对话框

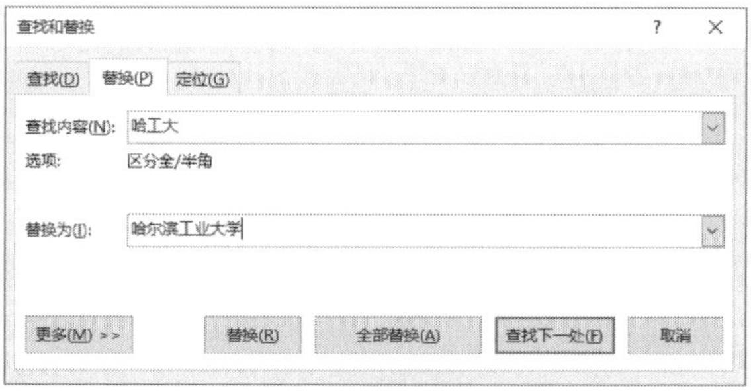

图 1.16 替换功能对话框

4. 打印

(1)打印预览。

打开需要打印的 Word 文档,切换到“文件”选项卡,再单击“打印”选项,在右侧窗格中即可预览打印效果。

(2)打印输出。

用户可以设置打印份数、打印的页数及纸张大小等,设置完成后,单击“打印”按钮即可进行打印。

1.3　设置文档格式

1.3.1　设置文本格式

在 Word 文档中输入文本后,为突出重点、美化文档,可对文本设置字体、字号、字体颜色、加粗、倾斜、下画线和字符间距等格式,让千篇一律的文字样式变得丰富多彩。

在 Word 2019 中,可以通过“开始”选项卡中的“字体”选项组和“字体”对话框两种方式设置文字格式。“开始”选项卡中的“字体”选项组位于功能区左侧,在编辑文本格式时非常直观,是修改字体的主要方式,如图 1.17 所示。该选项组涵盖了设置文字格式的大部分功能,主要包括设置字体、字号、字体颜色、加粗、斜体、清除所有格式等,这些功能非常直观,此处不再赘述。

在“字体”选项组中,拼音指南和带圈字符是具有中国特色的特殊版式。利用“拼音指南”功能,可在中文字符上标注汉语拼音。使用该功能时,首先选定一段文字,然后单击“字

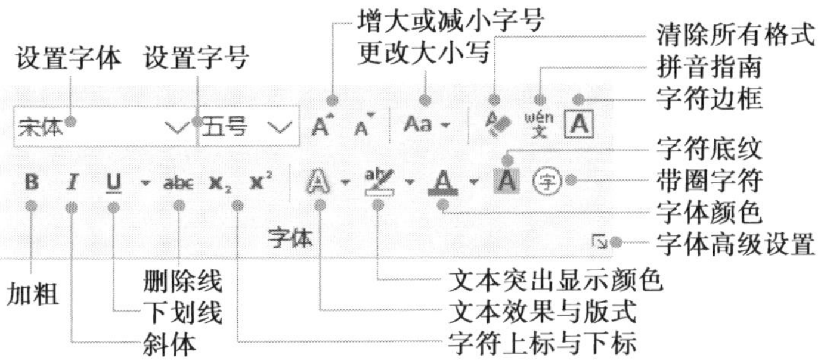

图 1.17　通过“字体”选项组设置文字格式

体”选项组中的“拼音指南”命令，打开“拼音指南”对话框，如图 1.18 所示，可以在此对话框中设置拼音文本的字体、字号及对齐方式等。

Word 2019 中可以为任何字符添加圈号。使用该功能时，首先选定一段文字，然后单击“字体”选项组中的“带圈字符”命令，打开“带圈字符”对话框，如图 1.19 所示。先在“样式”中选择“缩小文字”或“增大圈号”样式，再在“文字框”中键入需要加圈的字符，最后从“圈号”样式框中选择圈号样式。单击“确定”按钮，即可将带圈字符插入文档中。

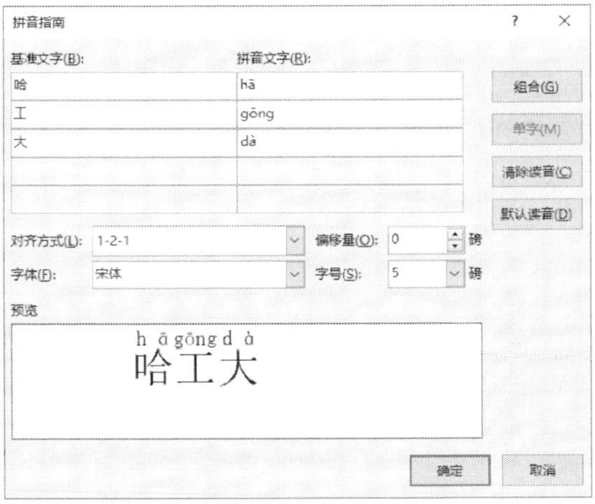

图 1.18　“拼音指南”对话框

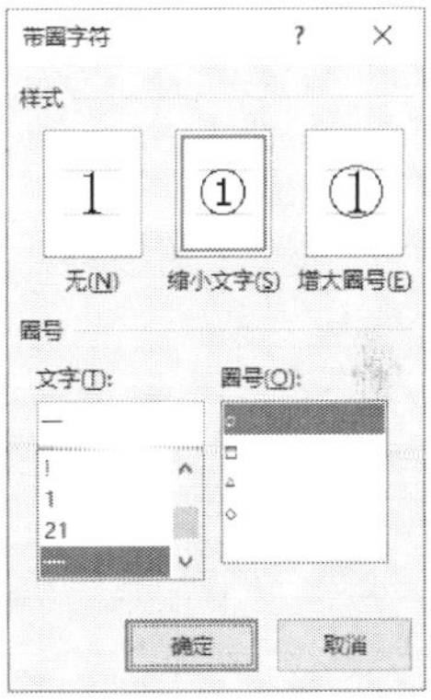

图 1.19　“带圈字符”对话框

点击“字体”选项组右下方的字体高级设置按钮，可以打开“字体”对话框，如图 1.20 所示。对话框中除可以完成字体格式的通用设置外，在“高级”选项卡中还可以设置“字符间距”。Word 中的字符间距是指文档中各字符间的距离，可以通过调整字符间距使文字排列得更紧凑或者疏散。

此处需要注意，在 Word 文档中对字号有两种不同的表示方式：一种是中文表示，如“一号”“五号”等，其衡量单位为“号”，中文字号越小，文字越大，如“三号”字比“五号”字大；另一种是用数字表示，如“10”“18”“48”“72”等，其衡量单位为“磅”，它正好与中文字号相反，数字越大，则文字也越大。“号”与“磅”之间存在对应关系，如“初号”对应“36”磅、“三号”对应“16”磅、“五号”对应“10.5”磅等。在使用 Word 编辑文档时，应该根据文档格式要求

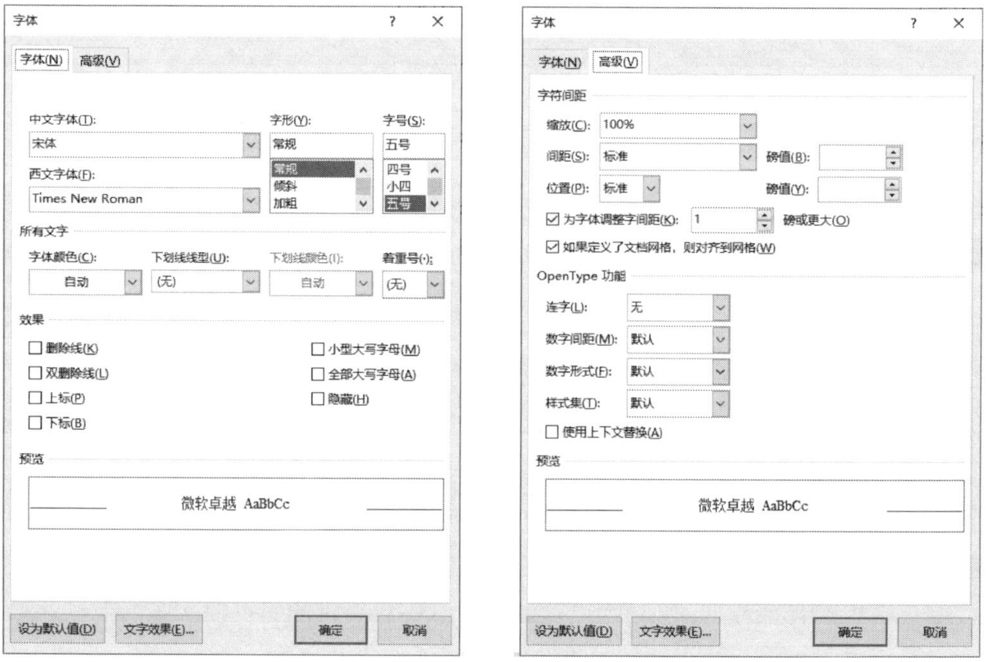

图 1.20　通过“字体”对话框设置文字格式

选择对应的字号,一般用中文表示的字号会多于用数字表示的字号,但如果使用大于“初号”的大字号时,则只能使用数字(磅)方式进行设置。

1.3.2　设置段落格式

对文档进行排版时,通常会以段落为基本单位进行操作。段落的格式设置主要包括段落的对齐方式、段落的缩进、间距、行距、边框和底纹等,合理设置这些格式,可使文档结构清晰、层次分明。

在 Word 2019 中,可以通过“开始”选项卡中的“段落”选项组和“段落”对话框两种方式设置段落格式。“开始”选项卡中的“段落”选项组位于工作页面正上方,是编辑段落格式最便捷的方式,如图 1.21 所示。但是由于段落格式涉及的内容较多,“段落”选项组无法涵盖段落格式所需的所有内容,因此在设置段落格式时,应该配合“段落”对话框一起对文档进行排版。与启动“字体”对话框类似,在“段落”选项组中点击右下角的“段落高级设置”按钮,启动“段落”对话框,得到图 1.22 所示的界面。下面将详细介绍通过“段落”选项组和“段落高级设置”对话框设置文档段落格式的方法。

1. 设置对齐方式

段落对齐样式是影响文档版面效果的主要因素。Word 中提供了五种常见的对齐方式,包括左对齐、居中对齐、右对齐、两端对齐和分散对齐,如图 1.23 所示。这些对齐方式分布在“开始”选项卡的“段落”选项组中。

(1)左对齐。文本或对象以左边线为基准向右排开,快捷键“Ctrl+L”。

(2)居中对齐。文本或对象以中心线为基准向两边排开,快捷键“Ctrl+E”。

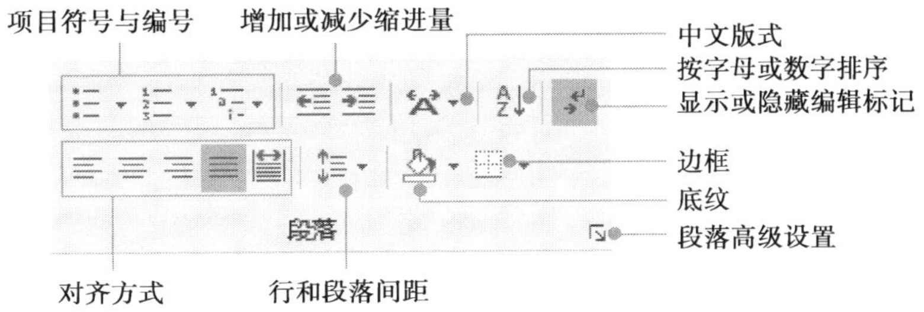

图 1.21　通过“段落”选项组设置文档段落格式

图 1.22　通过“段落高级设置”对话框设置文档段落格式

(3)右对齐。文本或对象以右边线为基准向左排开,快捷键“Ctrl+R”。

(4)两端对齐。文本或对象以左、右边线为基准分散排开,快捷键“Ctrl+J”(注意:两端对齐对于非满行的文本没有效果,与左对齐效果相同)。

(5)分散对齐。文本或对象以左、右边线为基准平均分散铺满整行,快捷键“Ctrl+Shift+J”(注意:满行时分散对齐与两端对齐效果相同)。

2. 设置段落缩进

段落的缩进是指段落与页边的距离,段落缩进能使段落间更有层次感。Word 2019 提供了四种缩进方式,分别是左缩进、右缩进、首行缩进和悬挂缩进。

(1)左缩进。段落的所有行的左侧同时缩进。

(2)右缩进。段落中所有行的右侧同时缩进。

(3)首行缩进。每个段落的首行缩进指定字符,一般是两个字符,其他行不缩进。

(4)悬挂缩进。段落的第一行不缩进,段落的第二行及后面的行缩进。

Word 页面标尺中段落缩进符号介绍如图 1.24 所示,四种缩进方式在 Word 页面的标尺哈尔滨工业大学（简称哈工大）隶属于工业和信息化部，以理工为主，拥有哈尔滨、威海、深圳三个校区。**（对齐方式：左对齐）**

哈尔滨工业大学（简称哈工大）隶属于工业和信息化部，拥有哈尔滨、威海、深圳三个校区。**（对齐方式：居中对齐）**

哈尔滨工业大学（简称哈工大）隶属于工业和信息化部，拥有哈尔滨、威海、深圳三个校区。**（对齐方式：右对齐）**

哈尔滨工业大学（简称哈工大）隶属于工业和信息化部，拥有哈尔滨、威海、深圳三个校区。**（对齐方式：两端对齐）**

哈尔滨工业大学（简称哈工大）隶属于工业和信息化部，拥有哈尔滨、威海、深圳三个校　区　。　**（　对　齐　方　式　：　分　散　对　齐　）**

图 1.23　五种不同段落对齐方式对比

中有对应的滑动标记表示。其中,悬挂缩进与左缩进滑动标记结合到一起,悬挂缩进是顶端的三角形,左缩进是位于悬挂缩进下方的方块,用于“一起”移动悬挂缩进和首行缩进,并在它们之间保持固定的间距。

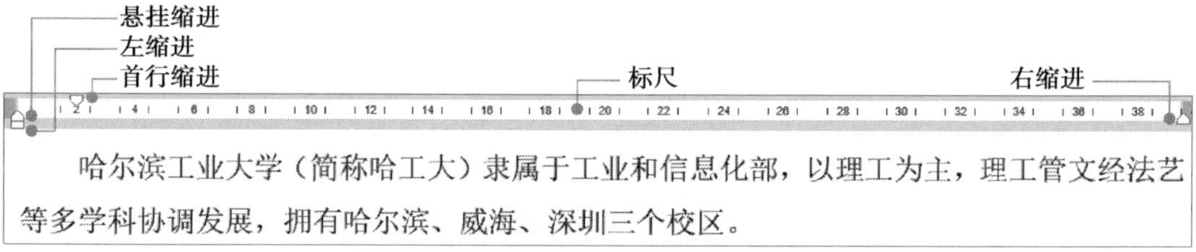

图 1.24　Word 页面标尺中段落缩进符号介绍

在使用过程中,中文版式一般均采用首行缩进两个字符的格式,可以通过“段落”选项组中的“增加或减少缩进量”“段落高级设置”对话框和鼠标右键的“段落选项”三种方式设置段落缩进。图 1.25 所示为三种段落缩进方式的效果对比。

哈尔滨工业大学（简称哈工大）隶属于工业和信息化部，以理工为主，理工管文经法艺等多学科协调发展，拥有哈尔滨、威海、深圳三个校区。**（段落格式：左缩进 4 字符，右缩进 2 字符，首行缩进 2 字符。）**

学校始建于 1920 年，1951 年被确定为全国学习国外高等教育办学模式的两所样板大学之一，1954 年进入国家首批重点建设的 6 所高校行列，曾被誉为工程师的摇篮。**（段落格式：悬挂缩进 2 字符。）**

学校于 1996 年进入国家“211 工程”首批重点建设高校，1999 年被确定为国家首批“985 工程”重点建设的 9 所大学之一，2000 年与同根同源的哈尔滨建筑大学合并组建新的哈工大，2017 年入选“双一流”建设 A 类高校名单。**（段落格式：首行缩进 2 字符。）**

图 1.25　三种段落缩进方式的效果对比

3. 设置间距与行距

调整文档中的段间距和行间距可以有效改善版面的效果，用户可以根据文档版式的需求设置文档中的段间距和行间距。

段间距是指文档中段与段之间的距离，从“段落设置”对话框中可以看出，段间距设置既可以以“行”为单位，也可以以“磅”为单位，可以根据文档排版需求进行设置。

行间距是指段落内部两行之间的距离，在段落设置对话框中的“行距”下拉框中提供了多种行距设置方式，包括单倍行距、1.5 倍行距、2 倍行距、最小值、固定值、多倍行距，右边的设置值可以输入具体的数字，下方的预览可以实时预览设置段落行间距的效果。

(1)单倍行距。行与行之间的距离为标准的一行。

(2)1.5 倍行距。行与行之间的距离为标准行距的 1.5 倍。

(3)2 倍行距。行与行之间的距离为标准行距的 2 倍。

(4)最小值。行与行之间使用大于或等于单倍行距的最小行距值。如果指定的最小行距小于单倍行距，则使用单倍行距；如果指定的最小行距大于单倍行距，则使用指定的最小值。

(5)固定值。行与行之间的距离使用用户指定的值，需要注意该值不能小于字体的高度。

(6)多倍行距。行与行之间的距离使用用户指定的标准行距的倍数。

注意，涉及 Word 行距的三个快捷键，选中需要设置行间距的文字后，按下“Ctrl+1”调整行间距为单倍行距，按下“Ctrl+2”调整行间距为 2 倍行距，按下“Ctrl+5”调整行间距为1.5 倍行距。

图 1.26 所示为不同段间距和行间距进行文档排版效果的对比。一般来说，给定的文档排版要求中会给出对段间距和行间距的要求，尤其是行间距，直接影响了文档的排版效果。

哈尔滨工业大学（简称哈工大）隶属于工业和信息化部，拥有哈尔滨、威海、深圳三个校区。**（段前、段后 0 行，2 倍行距）**

学校始建于 1920 年，1951 年被确定为全国学习国外高等教育办学模式的两所样板大学之一，1954 年进入国家首批重点建设的 6 所高校行列，被誉为工程师的摇篮。**（段前 0.5 行，段后 1 行，单倍行距）**

学校于 1996 年进入国家“211 工程”首批重点建设高校，1999 年被确定为国家首批“985 工程”重点建设的 9 所大学之一，2000 年与同根同源的哈尔滨建筑大学合并组建新的哈工大，2017 年入选“双一流”建设 A 类高校名单。**（段前、段后 0 行，1.25 倍行距）**

图 1.26　不同段间距和行间距进行文档排版效果的对比

4. 设置边框和底纹

制作文档时，为修饰或突出文档中的内容，可对文档中的文本、图形、表格、段落等添加边框和底纹。设置底纹功能较简单，直接在“段落”选项组中的“底纹”按钮中进行设置，单击“底纹”图标右侧的向下箭头，弹出下拉列表选项，即可自定义颜色。

设置边框可以通过“开始”选项卡“段落”选项组中的“边框”按钮进行设置,单击“边框”图标右侧的向下箭头,弹出下拉列表选项,如图 1.27 所示。如果需要设置的边框样式简单,可以直接从下拉列表中选择,但是如果对文档的边框和底纹要求较高,则需要选择下拉列表中的“边框和底纹...”选项,弹出“边框和底纹”对话框,如图 1.28 所示。对话框右侧有实时预览图形,可以根据需求进行边框和底纹设置。

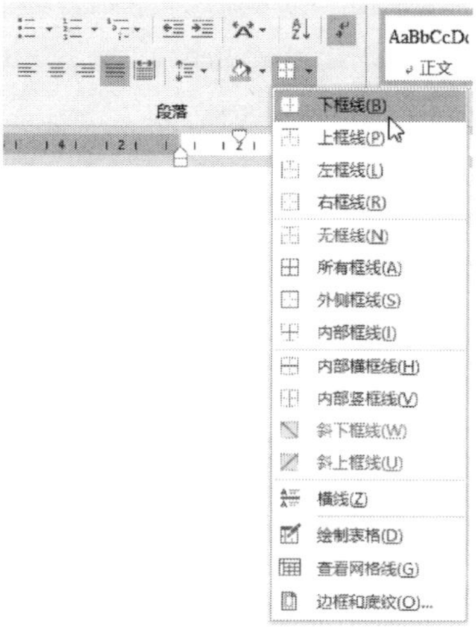

图 1.27　边框选项下拉列表

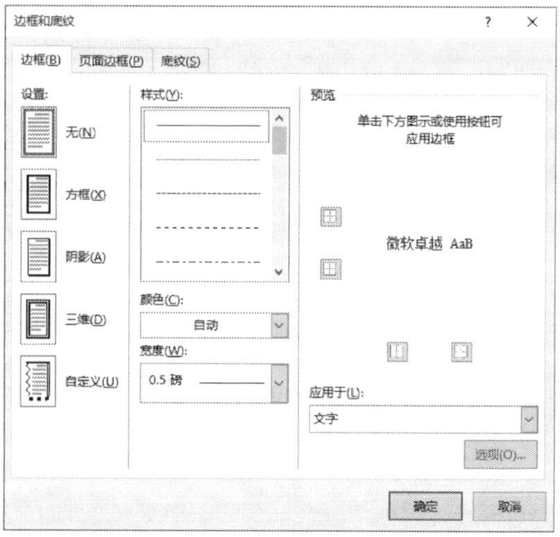

图 1.28　“边框和底纹”对话框

设置文档边框时,可以选择边框的类别、样式(线型)、颜色和线条宽度,右侧的预览窗口中可以看到添加边框的效果。对于某一个选定的段落增加边框线,若只对段落的左、右边框设置边框线,可以单击预览窗口正文的左、右边框按钮将左、右边框线添加进去即可,如图 1.29 所示。

单击“边框和底纹”对话框中的“底纹”选项卡,可以为文档内容设置底纹,如图 1.30 所示,支持自定义颜色。

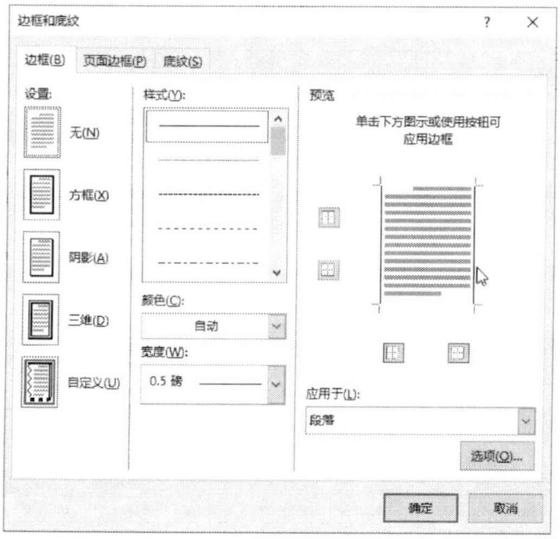

图 1.29　对选定段落设置边框

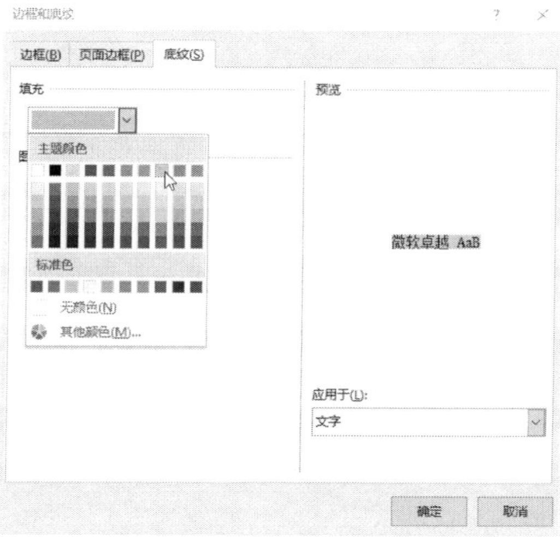

图 1.30　对选定文本或段落设置底纹

1.3.3　设置项目符号和编号

在文档中,为准确清楚地表达某些内容之间的并列关系、顺序关系,让文档内容变得层次鲜明,经常要用到项目符号和编号。项目符号和编号是指在段落前添加的符号或编号,在制作规章制度、管理条例等方面的文档时合理使用项目符号和编号不仅可以美化文档,还可以使文档层次清楚、条理清晰。

1. 设置项目符号

Word 中的项目符号是指用于标识列表每行的一个图标,便于阅读。添加项目符号的方法如下。

方法一:尚未输入文本时,先把光标定位到待添加项目符号的位置,再单击“项目符号”图标,然后输入文字或把文字复制过去,按回车键换行,自动出现一个相同的项目符号。此时,如果出现项目符号后,再按一次回车,则项目符号会被取消,也就是结束项目符号的输入。

方法二:已经输入文本时,选中要添加项目符号的段落,单击“项目符号”图标右侧的向下箭头,弹出下拉列表选项,从“项目符号库”中选择一个符号,如“三角箭头”,则所选中的段落前立即添加上“三角箭头”项目符号。

项目符号库中默认只有七种项目符号,但可以添加新项目符号。在“项目符号”下拉列表选项中选择“定义新项目符号”,打开该窗口,可以通过“符号”对话框选择拟增加的项目符号,操作步骤如图 1.31 所示。完成图中所示①~⑤步骤后,符号☎就已经加入项目符号库中了。当然,也可以通过类似的步骤加入图片作为项目符号,此处不再赘述。

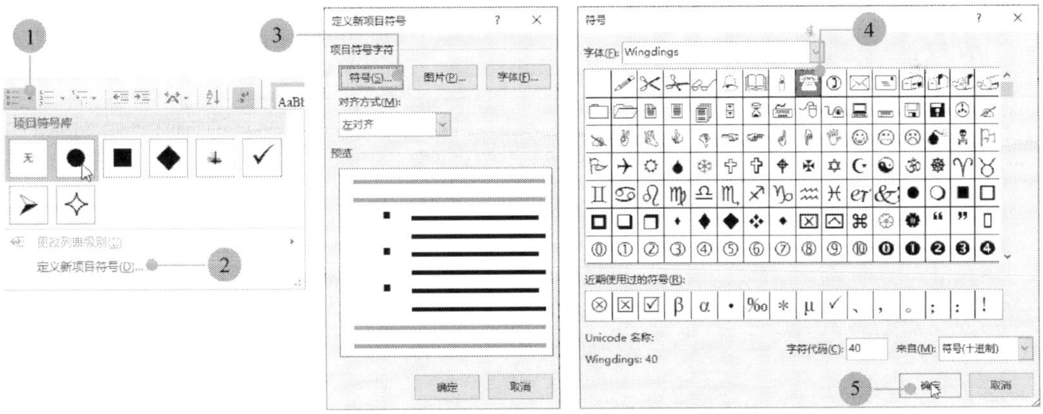

图 1.31　增加项目符号库新符号的操作步骤

2. 设置项目编号

Word 中的项目编号用于标识列表每行的数字或字母编号,表示各行或各段落之间的逻辑关系,便于阅读。设置项目编号的方法与设置项目符号类似,步骤如下。

方法一:尚未输入文本时,先把光标定位到待添加项目编号的位置,再单击“项目编号”图标,然后输入文字或把文字复制过去,按回车键换行,又自动出现一个与前一行顺序一致的项目编号。此时,如果在出现项目编号后再按一次回车键,则项目编号会被取消,也就是结束项目编号的输入。如果需要更改项目编号的样式,则需要选择“项目编号”图标右侧的向下箭头,弹出下拉列表选项,从“项目编号库”中选择一个编号。

方法二:已经输入文本时,选中要添加项目编号的段落,单击“项目编号”图标右侧的向下箭头,弹出下拉列表选项,从“项目编号库”中选择一种项目编号样式,则所选中的段落前立即添加上所选择的项目编号。

项目编号库中默认只有几种常用的项目编号样式,如果需要其他样式的项目编号,则可以使用“定义新编号格式...”功能按钮。在“项目编号”下拉列表选项中选择“定义新编号格式...”按钮,打开该窗口,可以通过“编号样式”下拉选项选择拟增加的项目编号,操作步骤如图 1.32 所示。完成图中所示①~⑤步骤后,编号样式“壹,贰,叁,...”已经加入项目编号库中。同时,也可以通过该对话框修改编号的字体,此处不再赘述。

图 1.32　增加项目编号库新编号的操作步骤

3. 设置多级列表

对于学位论文等多章节的 Word 文档,一旦要在部分章节中增删内容,就会导致整篇文章的章节编号需要重新调整,从而带来很多工作量。Word 提供的多级列表功能可以对文档章节进行自动编号,在调整章节结构时,章节编号会自动更改,十分方便。下面介绍其使用方法。

在介绍多级列表之前,有必要先对“样式”做介绍。“样式”是 Word 文档中对标题、正文和引用等不同文本和对象字体和段落格式的集合,在功能区“开始”选项卡“样式”选项组的快速样式库中显示的就是某个被选择使用的样式集,用户可以根据需要修改文档中使用的样式集。编辑样式格式步骤如图 1.33 所示,对“样式”选项组中的正文格式进行修改,将鼠标移动至“正文”标记上方,再点击鼠标右键,在弹出的选项卡中选择“修改”,即弹出“修改样式”对话框。“修改样式”对话框中,“样式”名称可以自定义修改(编号 2),同时该样式对应的字体和段落格式也列在其中(编号 3),如果需要全面修改其格式,可以点击左下角“格式”按钮(编号 4),在弹出的选项卡中选择所需修改的内容即可(编号 5)。

图 1.33　编辑样式格式步骤

在了解了样式就是对应 Word 文档中一类文本或对象的格式集后，下面继续进行对多级列表的介绍。在前文的介绍中，样式表中也能设置编号，之所以还要在多级列表中设置，是因为多级列表除编号外，还能建立不同级别编号之间的关系，不同级别之间的关系决定了如何自动编号插图标题。

设置多级列表的步骤如图 1.34 所示，在功能区“开始”选项卡下“段落”选项组中选择“多级列表”选项（编号 1），并在下拉选项中选择“定义新的多级列表”（编号 2），在打开的选项中设置多级列表与样式之间的联系。

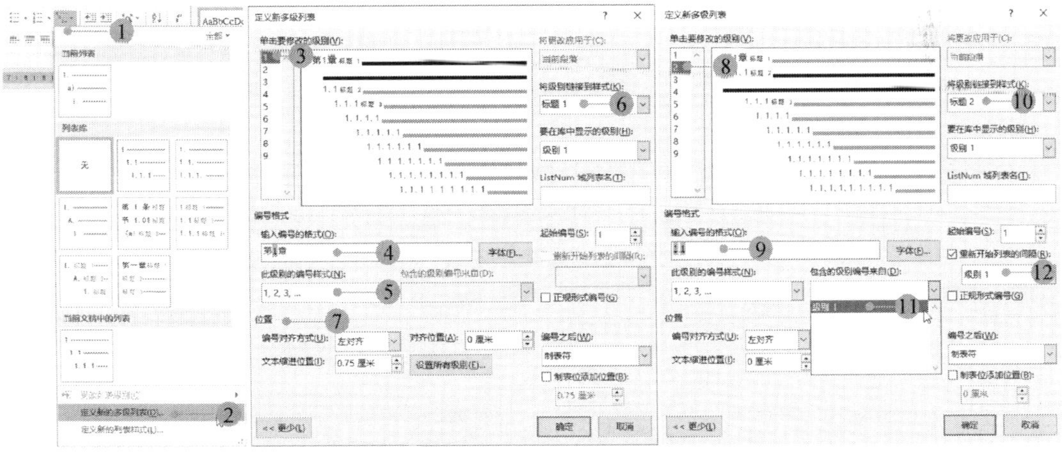

图 1.34　设置多级列表的步骤

首先，选择需要修改的级别（编号 3）。例如，以级别 1 为例，设计其编号格式为“第 1 章”（编号 4）。其中，“第”和“章”是手动输入的，而中间的 1 则为自动编号的数字，可以从编号 5 的下拉选项中选择不同的编号样式。

完成上述设置后，下一步是建立“编号”与“样式”之间的关系，如编号 6 所示。本例将

"第 1 章"编号链接到了样式中的"标题 1",即在 Word 文档中的文字均按照"第 1 章""第 2 章"的格式进行自动编号。

同时,可以在编号 7 处对编号的格式进行设置,相关内容参见 1.3.2 中段落的设置,此处不再赘述。

设置完一级标题后,多级列表的关键在于二级标题的设置,在设置时需要注意"包含的级别编号来自"这个选项(编号 11),如图 1.34 中的"1.1",前面的"1"需要在该选项中选择"级别 1",表示该位数字随着"级别 1"数字的变化而变化,第二个"1"则通过"此级别的编号样式"设置。另外,"重新开始列别的间隔"也需要选择"级别 1",这样每个级别 1 结束后,级别 2 都会开始新的编号。三级或更高级的标题与二级标题类似,此处不再赘述。

设置完成多级列表后,在 Word 文档中对不同级别的文字使用不同的样式,则可以形成层次分明的文档结构。此时,在功能区"视图"选项卡"显示"选项组中勾选"导航窗格"前面的复选框,则可以在 Word 工作页面左侧显示文档导航窗口,如图 1.35 所示。其中,章节前的编号就是"多级列表"中设置的编号,并且属于自动编号,删除或增加章节,编号自动更新。

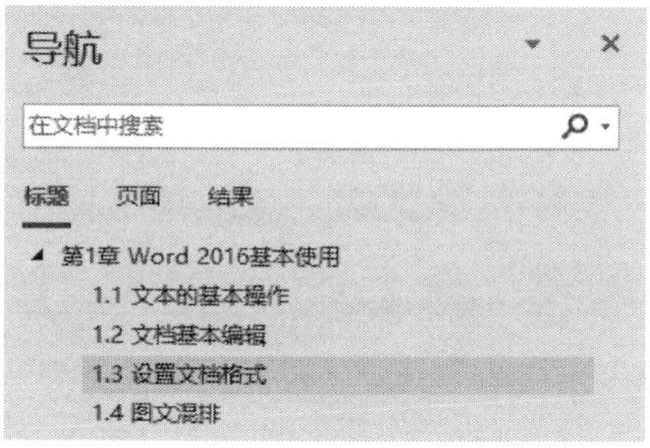

图 1.35　导航窗格效果展示

4. 设置项目符号和项目编号的格式

(1)设置项目符号和项目编号的大小。

项目符号不能单独设置大小,它与文字的大小一致。因此,要设置项目符号的大小,只需设置文字的字号即可。

(2)调节项目符号或项目编号与文字的间距。

对文档中的段落设置了项目符号或项目编号后,Word 自动对该行进行了缩进设置,主要包括"左缩进"和"悬挂缩进"两种,具体可以参见"设置段落缩进"的内容,可以调出"段落高级设置"对话框查看。如果要调节项目符号或项目编号与文字的间距,则可以使用以下方法进行设置。

选中待设置的段落(或将光标移动到待设置的段落),再点击鼠标右键,选择"调整列表缩进",打开"调整列表缩进量"对话框。在对话框中通过设置"编号位置""文本缩进""编号之后""制表位添加位置"四个参数调节项目符号或项目编号与文字的间距,具体操作步骤如图 1.36 所示。

为更好地说明"调整列表缩进量"对话框中各个设置参数的定义,以图 1.37 为例配合说明。在 Word 页面上方的标尺标记中,"编号位置"参数对应"段落"参数中的"首行缩进","文本缩进"参数对应"段落"参数中的"悬挂缩进",根据悬挂缩进的概念,设置悬挂缩进的段落第一行不缩进,段落的第二行及后面的行缩进。因此,在图 1.37 中,第二行文字的位置与标尺中悬挂缩进的位置对应,"制表位添加位置"参数与"编号之后"选项对应,只有在"编号之后"选择"制表符"后,"制表位添加位置"参数才有效。"制表位添加位置"后面的参数设置决定着图中双向箭头处的距离,即项目编号或项目符号与后面文本之间的距离。"编号之后"三种选项的效果对比如图 1.38 所示。熟练掌握调节项目符号或项目编号与文字的间距方法有利于调节包含项目编号或项目符号段落的文本对齐方式。

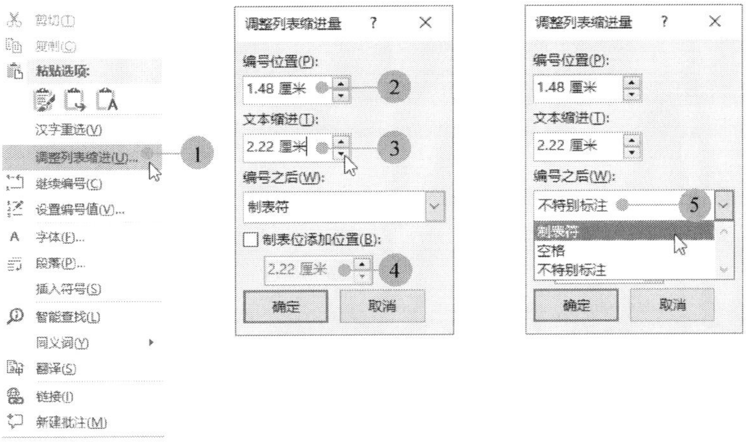

图 1.36　调节项目符号或项目编号与文字的间距步骤

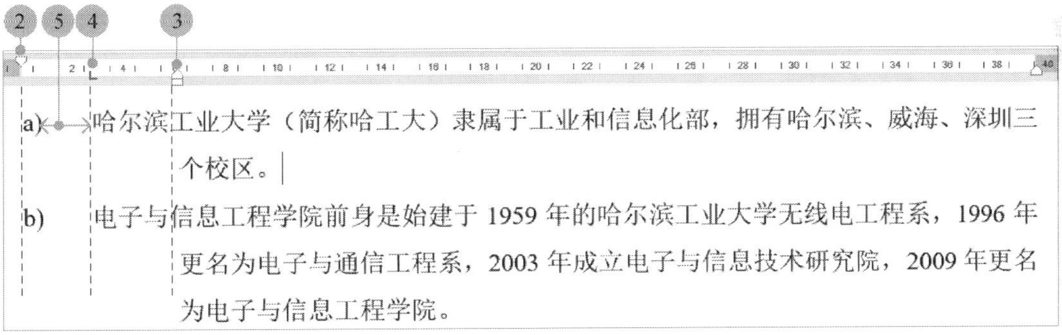

图 1.37　调节项目符号或项目编号与文字的间距案例

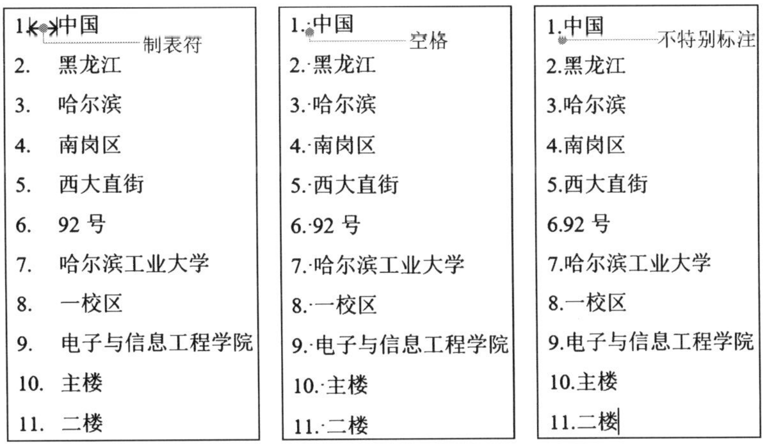

图 1.38　“编号之后”三种选项的效果对比

1.3.4 复制与清除格式

在对文本设置格式的过程中,可根据需要对格式进行复制与清除操作,以提高编辑效率。

1. 复制格式

当需要对文档中的文本或段落设置相同格式时,可通过“格式刷”快速复制格式,如图1.39所示,操作步骤如下。

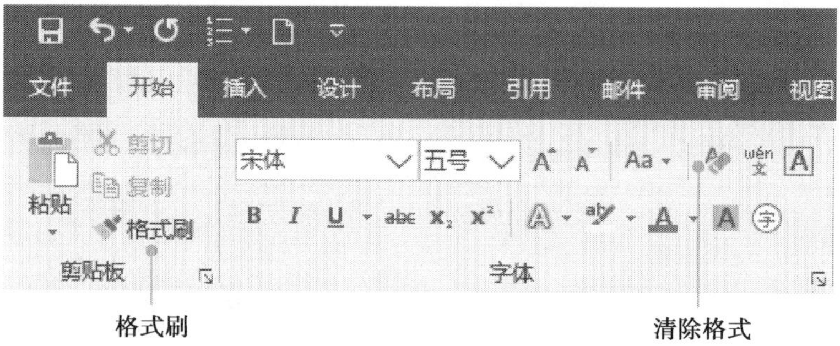

图1.39 复制与清除格式所用按钮

(1)单击要复制的格式所属文本。

(2)此时,鼠标呈刷形状,按住鼠标左键不放,再拖动鼠标选择需要设置相同格式的文本。

(3)完成后释放鼠标,即完成操作。

(4)上述步骤中单击了“剪贴板”组中的“格式刷”按钮,此时只完成了一次格式复制工作。如果需要完成多次格式复制工作,则在第一步中双击“剪贴板”组中的“格式刷”按钮,可以进行无数次的格式复制,直到将需要的格式全部应用完成之后,再次单击“格式刷”按钮即可取消格式的复制,恢复到正常的编辑状态。

2. 清除格式

当不需要文档中文本或段落的格式时,可以使用“清除格式”命令,如图1.39所示,清除了格式后的文本或段落将恢复为文档的默认状态。操作时先选择需清除格式的文本,再单击“字体”选项组中的“清除格式”按钮,则之前所设置的字体、颜色等格式即可被清除掉,还原为默认格式。

选中文本或段落后,按下快捷键“Ctrl+Shift+N”也能清除格式。在清除格式的操作过程中,如果需要清除格式的内容不连续,则可以一次性全部选择,包括没有格式的正文文本,然后单击开始菜单中的“清除格式”按钮或按下快捷键“Ctrl+Shift+N”,即可清除所有已经设置的全部格式。

1.4　图文混排

1.4.1　编辑图形与艺术字

为使文档内容更加丰富，可以在其中插入自选图形、艺术字等对象进行点缀。“插图”选项组如图 1.40 所示，本节将介绍这些对象的插入及相应的编辑方法。

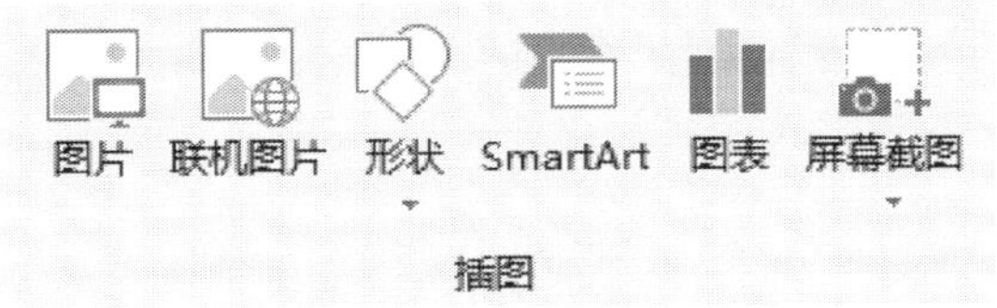

图 1.40　“插图”选项组

1. 绘制自选图形

自选图形是指用户自行绘制的线条和形状。Word 2019 还支持直接利用 Word 提供的线条、箭头、流程图、星星灯形状组合成更加复杂的形状。如图 1.41 所示，绘制自选图形的操作步骤如下。

(1) 在功能区选择“插入”选项卡。

(2) 在“插图”选项组中单击“形状”按钮。

(3) 在弹出的下拉菜单中选择“新建画布”功能按钮。

(4) 此时，在 Word 工作页面中出现了一个矩形框，即自选图形的画布。

(5) 在工作页面出现自选图形画布的同时，功能区自动跳转到自选图形“格式”菜单。

(6) 此时，从“格式”菜单中选择所需的图形，然后在画布中直接拖动鼠标，即可绘制得到标准图形。

(7) 充分利用“格式”菜单所提供的命令，可以任意编辑图形形状，设置图形的填充颜色、字体颜色、艺术字样式及图片大小等，如图 1.42 所示。

2. 编辑自选图形

使用“编辑顶点”功能编辑自选图形形状如图 1.43 所示。在“格式”菜单所提供的命令中，“编辑自选图形”命令支持对所插入的自选图形进行编辑。“编辑形状”功能支持“更改图形形状”和“编辑顶点”两种操作，当进行“编辑顶点”操作时，所选择的图形顶点变成“黑色正方形”，可以使用鼠标移动各个顶点，直到符合设计要求为止。

3. 编辑形状样式

对于选定好的自选图形，如果需要设置填充颜色、轮廓颜色等，则需要使用“形状样式”设置命令。在“格式”菜单所提供的“形状样式”命令中，既可以选择默认的“主题样式”，也可以根据需求直接使用“形状填充”“形状轮廓”和“形状效果”三个功能按钮分别对自选图形的填充、轮廓、效果进行个性化设计。在启动形状样式时，Word 工作页面的右侧自动跳出对应的设置对话框，如图 1.44 右侧所示，也可以使用这些对话框设置形状样式。

4. 编辑艺术字样式

艺术字是指具有艺术性的字体。在 Word 文档中，艺术字的应用较广泛，常见于文章标

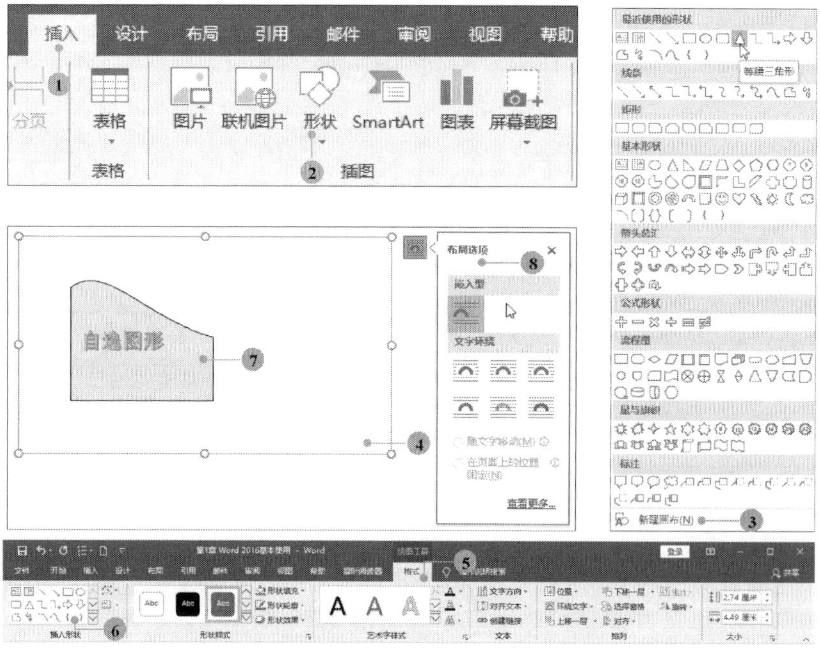

图 1.41　绘制自选图形的操作步骤示意图

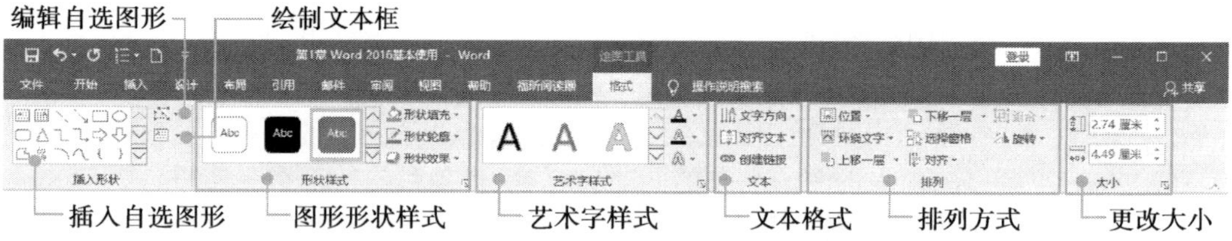

图 1.42　“格式”菜单所提供的命令介绍

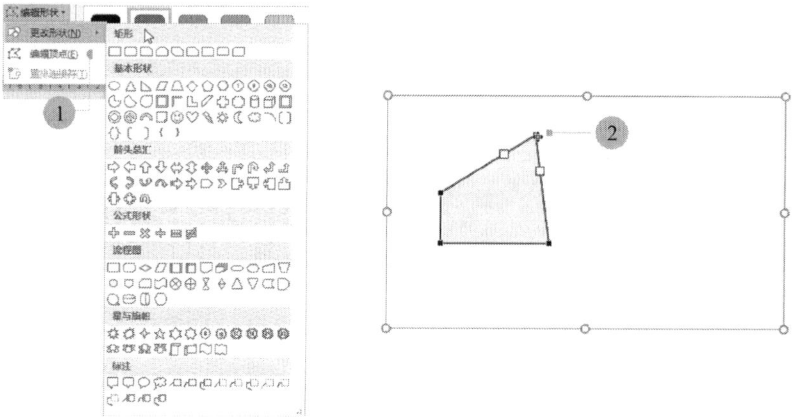

图 1.43　使用“编辑顶点”功能编辑自选图形形状

题、宣传海报和广告宣传册等。艺术字与普通字的区别在于艺术字的表现形式多种多样,而且可以随意移动。下面详细介绍 Word 文档艺术字的设计步骤和设计方法。

在正文文档中需要插入艺术字时,直接在“插入”选项卡的“文本”选项组中选择“艺术

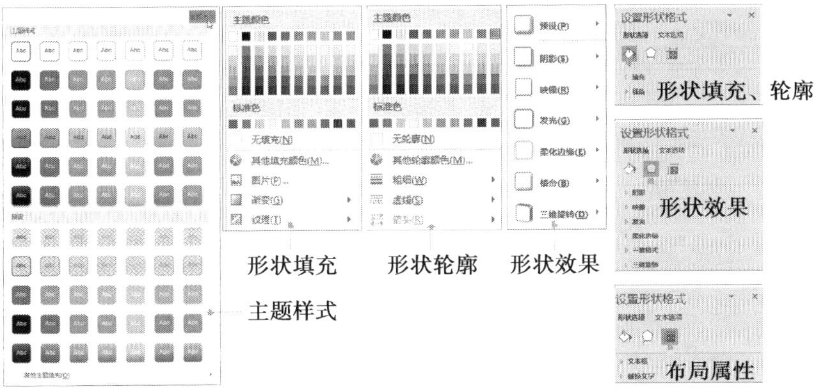

图 1.44　图形状样式设置方式

字”按钮即可，此时就可以在正文中插入艺术字。

如果在自选图形中插入艺术字，则可以直接从“格式”菜单所提供的“艺术字样式”选项组中进行设置。与“形状样式”设置过程类似，先选择好待设置的文字，然后直接从“文本填充”“文本轮廓”或“文本效果”中选择合适的样式。如果需要更高级的设置，可以单击“艺术字样式”右下角的按钮，即可在页面右侧打开“设置文本效果格式”对话框，在其中可以设置艺术字的颜色、轮廓样式、阴影及柔化边缘等效果，如图 1.45 所示。

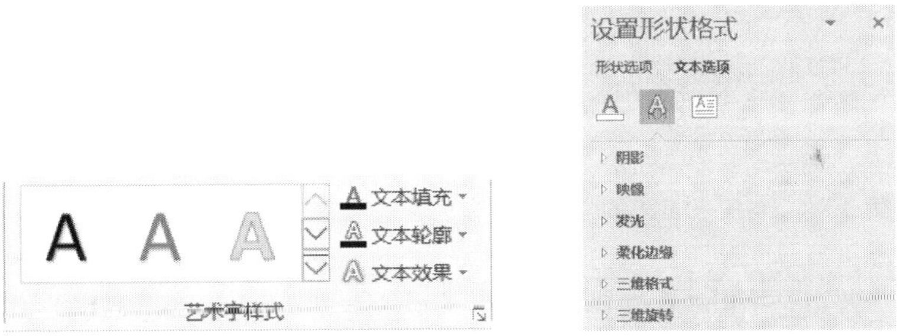

图 1.45　“艺术字样式”选项组和“设置文本效果格式”对话框

5. 插入文本框

文本框用于在图形或图片上插入注释、批注或说明性文字。在正文文档中需要插入文本框时，直接在“插入”选项卡的“文本”选项组中选择“文本框”按钮，选择需要的文本框样式，再直接输入文本内容即可。

如果在自选图形中插入文本框，则直接从“格式”菜单中选择“文本框”按钮即可。“文本框”按钮可以选择“绘制横排文本框”或“绘制竖排文本框”。同时，可以使用“文本”选项组设置“文字方向”“对齐文本”等参数，操作步骤如图 1.46 所示。

6. 设置对象叠放次序

自选图形中，两个叠加的对象需要更改叠放次序时，可以使用“格式”选项卡“排列”选项组中的“上移一层”或“下移一层”命令来实现，或者选择好需要改变的对象后，点击鼠标右键，从弹出的选项中选择“置于顶层”或“置于底层”，如图 1.47 所示。

7. 设置对象组合

自选图形中，各个对象之间是独立的，在移动图形时非常容易改变图形的结构。因此，

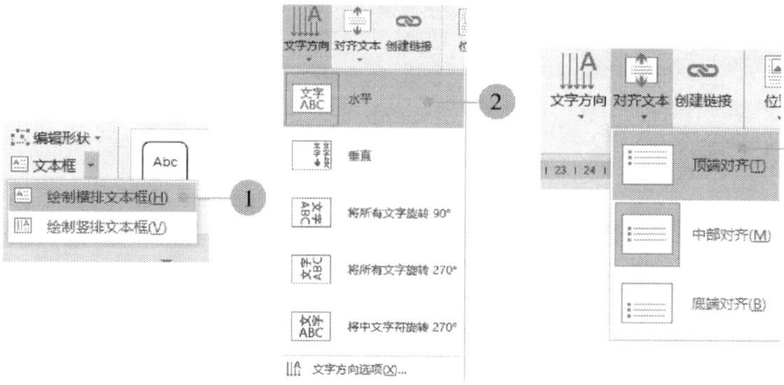

图 1.46　从“格式”选项卡插入文本框并设置其参数

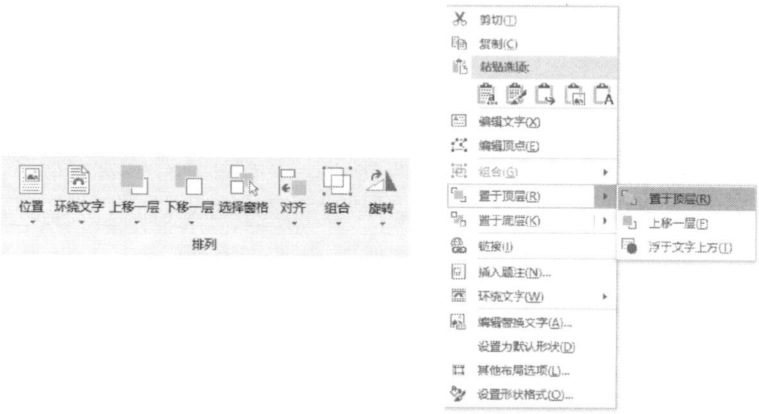

图 1.47　使用“格式”选项卡“排列”选项组或鼠标右键实现叠放次序更改

可以将所绘制图形各个元素组合到一起,形成一个完整的图形。

设置对象组合时,与设置叠放次序类似,首先选定所有需要组合的对象,然后使用“格式”选项卡“排列”选项组中的“组合”命令来实现,或者选择好需要组合的对象后,点击鼠标右键,从弹出的选项中选择“组合”按钮,如图 1.47 所示。

8. 设置自选图形大小

设置自选图形大小有以下三种方法。

方法一:选择图形,将光标移动到边框上的控制点,当光标变为双向箭头时,向内或向外拖动鼠标可以直接调整图形大小。

方法二:选择图形,单击鼠标右键,在弹出的菜单中选择“其他布局选项”命令,即可打开“布局”对话框,选择“大小”选项组,用户可以根据需要在“高度”和“宽度”数值框中设置图形大小。

方法三:选择图形,将自动进入“格式”选项卡,在“大小”选项组中可设置图形尺寸。

1.4.2　编辑图片

1. 插入图片

插入图片时,可以直接使用“复制”“粘贴”的方式将图片从一个文件粘贴到 Word 文档中。如果需要插入的图片是一个文件，则选择“插入”选项卡，在“插图”选项组中单击“图片”按钮，打开“插入图片”对话框，在对话框中找到所需插入的图片，单击“插入”按钮，即可将所需图片插入文档中。单击所插入的图片，即可显示出图 1.48 所示的“格式”选项卡，使用“格式”选项卡可以对图片参数进行设置。

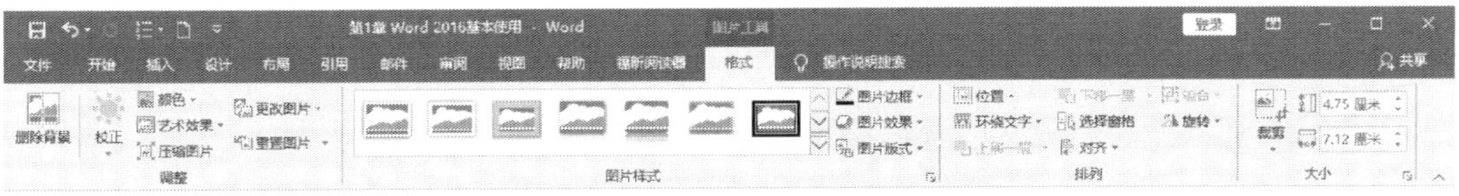

图 1.48　插入图片后的“格式”选项卡

2. 设置图片大小

与设置自选图形大小方法类似，设置图片大小有以下三种方法。

方法一：手动调整图片大小，选择需要调整的图片，将光标指向边框上的控制点，当光标变成横向或纵向的箭头时，拖动鼠标，即可调整图片的高或宽。如果光标为斜向或双向箭头，即可等比例调整图片大小。但这种方法只能对图片大小进行一个大概的调整，并不能精确地调整图片大小。

方法二：选择图形，单击鼠标右键，在弹出的菜单中选择“大小和位置”命令，即可打开“布局”对话框，选择“大小”选项组，用户可以根据需要在“高度”“宽度”或“缩放”数值框中设置图形大小，如图 1.49 所示。

方法三：选择图形，将自动进入“格式”选项卡，在“大小”选项组中可设置图形尺寸。

图 1.49　设置图片大小操作步骤

3. 调整图片参数

在“格式”选项卡中，可以使用“调整”选项组中的命令对图片的亮度、对比度、色调等参数进行设置，也可以使用“排列”选项组中的“旋转”功能实现图片旋转，使用“大小”选项组中的“裁剪”功能实现图片裁剪，如图 1.50 所示。其操作过程较简单，此处不再赘述。

4. 图片的布局选项设置

图片的“布局选项”用于设置图片与文字之间的布局关系。无论是前文的自选图形还是插入的图片，均需要考虑其“布局选项”。

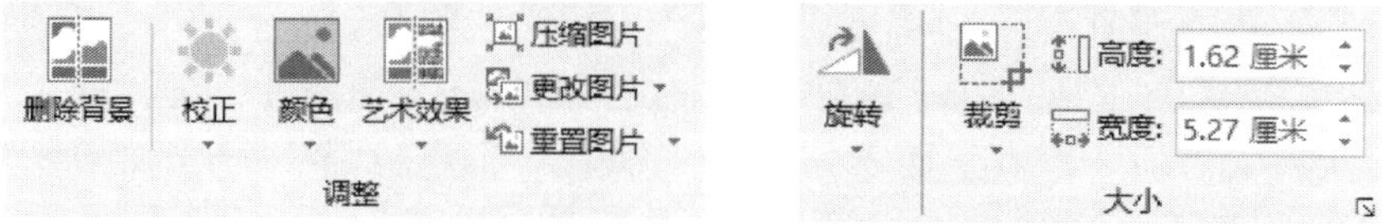

图 1.50　使用“调整”选项组和“旋转”“裁剪”功能调整图片参数

图片的“布局选项”在“格式”选项卡的“排列”选项组中,包括“位置”和“文字环绕”按钮,如图 1.51 所示。下面结合图 1.52 中给出的实例,介绍使用更频繁的“文字环绕”按钮。

图 1.51　图片布局选项设置

(1)嵌入型。

嵌入型将图片或形状放置在段落上,就像一行文本一样。当添加或删除文本时,它将随段落移动,可以像处理文本一样将图片或形状移动到其他行。

(2)四周型。

四周型将文字环绕图片或形状。无论图片是否为标准的正方形(如图 1.52 中的五角形),图片任意一侧的文本都具有相同的边框。

(3)紧密型。

紧密型的文本环绕图片或形状边缘,与文本之间的距离一致, 文本位于形状之后。(4)穿越型。

穿越型与紧密型很相似,但可以更改环绕点,以便文本填充图像中元素之间的空间。如果图像或形状没有任何空格,则文字环绕的效果与紧密型一样。

(5)上下型。

上下型在图片或形状的顶部和底部环绕文本,并且不会沿边缘放置任何文本,不考虑图片的缩小。

(6)衬于文字下方。

衬于文字下方将图片或形状放置在文本的下方,并且不环绕文本。在文本之后,可能无法尝试选择它,可以转到“布局”选项卡下的“选择窗格”,然后从列表中选择图片或形状以将其选中。

(7)浮于文字上方。

浮于文字上方将图片或形状放置在文本的顶部。文本不会换行,因此某些部分可能会

(a) 嵌入型　(b) 四周型　(c) 紧密型

(d) 穿越型　(e) 上下型　(f) 衬于文字下方

(g) 浮于文字上方

图 1.52　图片布局选项设置实例

被阻止，具体取决于图像的透明度。

1.4.3　SmartArt 图形的应用

SmartArt 图形是信息和观点的视觉表示形式，通过创建 SmartArt 图形，可以快速、轻松、有效地传达信息。SmartArt 是一项图形功能，具有功能强大、类型丰富、效果生动的优点，其所提供的一系列预先设定好的成组图形用于展现列表、流程、循环、层次结构等多种不同的逻辑关系。在 Word 2019 中，SmartArt 主要包括以下八种类型。

（1）列表型。

列表型将文字信息列表化，主要用于将一些条理清晰的文字内容转换为图示形式，强调信息的重要性。

（2）流程型。

流程型将流程类文本图示化，主要将顺序或步骤分明的事情用流程形式来表示，如先做……，再做……，最后做……。

(3)循环型。

循环型将表示阶段、任务或事件的连续序列文字图示化。如果需要展示某种循环关系,使用文字难以描述,可以使用循环图形清晰展示,主要用于强调重复过程。

(4)层次结构型。

层次结构型用于显示组织中的分层信息或上下级关系,广泛地应用于组织结构图。

(5)关系型。

关系型主要用于表示两个或多个项目之间具有包含、对比、中心与部分、整体与分级等关系的文字,如果表示整体与分级的关系,则分级之间无关联。

(6)矩阵型。

矩阵型用于以象限的方式展示整体与部分或单独部分之间的关系。

(7)棱锥图型。

棱锥图型用于显示包含、比例、互连或层次关系,需要明确需求层次,最基本或最重要的部分置于底部,向上渐窄。

(8)图片型。

图片型主要应用于包含图片的信息列表,表明图片与文字之间的关系。

除系统自带的这些图形外,Microsoft Office 网站还在线提供了一些 SmartArt 图形,可以联网查阅调用。

1. 插入 SmartArt 图形

单击“插入”选项卡,在“插图”选项组中选择“SmartArt”按钮,这时将弹出一个“选择 SmartArt 图形”对话框,在其左侧显示了八大类图形,根据需要选择 SmartArt 图形。

下面以哈尔滨工业大学由哈尔滨校区、威海校区和深圳校区组成“一校三区”为例,使用 SmartArt 图形来展示。首先,从“选择 SmartArt 图形”对话框中选择“列表”类型下的“交替六边形”图形,得到图 1.53 (a)所示图形;然后,将哈尔滨工业大学“一校三区”的相关文字信息填入该图形中,得到图 1.53 (b)所示图形。

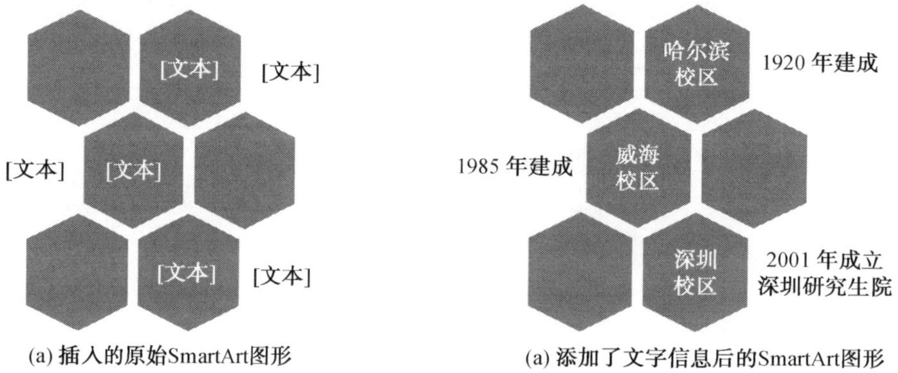

图 1.53 哈尔滨工业大学“一校三区”SmartArt 图形示例

用鼠标左键双击 SmartArt 图形,则在功能区中会出现“设计”选项卡,如图 1.54 所示。“设计”选项卡涵盖了编辑 SmartArt 图形的所有功能,主要包括“创建图形”“版式”“SmartArt 样式”三个主要功能,下面将对这些功能进行详细介绍。

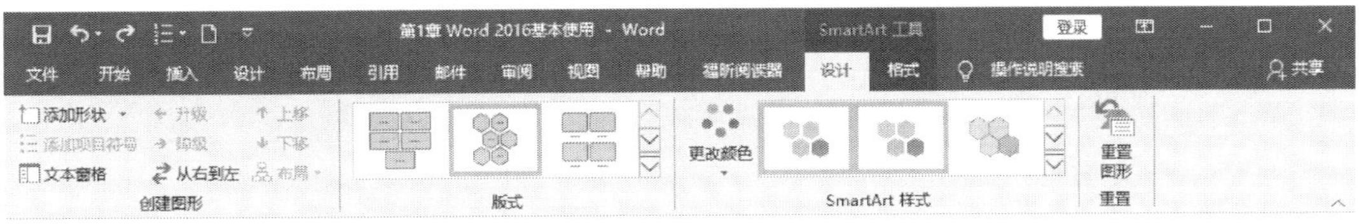

图 1.54　SmartArt 图形“设计”选项卡

2. 更改 SmartArt 图形版式

SmartArt 图形版式主要包括选择类型和布局，前文所设计的哈尔滨工业大学“一校三区”SmartArt 图形示例采用“列表”类型下的“交替六边形”布局。使用 SmartArt 图形“设计”选项卡中的“版式”选项卡，可更改其布局，也可直接将该图形转换为其他类型的 SmartArt 图形。

操作方法是，首先单击 SmartArt 图形区域内的空白处，即可将整个图形选中，然后选择“设计”选项卡，在“版式”选项组就可以更改版式样式。图 1.55 将前文所设计的哈尔滨工业大学“一校三区”SmartArt 图形示例做了更改。其中，图 1.55(a)为“列表”类型下的“垂直曲线列表”布局，图 1.55(b)为“流程”类型下的“交错流程”布局。

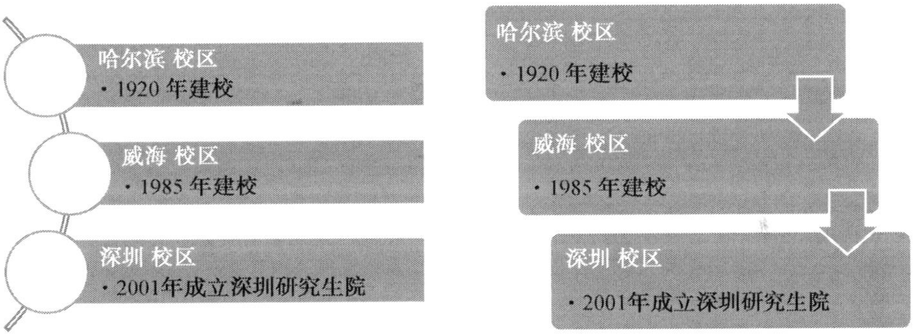

(a) “垂直曲线列表” 布局　　(b) “交错流程” 布局

图 1.55　更改 SmartArt 图形版式实例

3. 设置 SmartArt 图形颜色和样式

Word 提供的 SmartArt 样式库可以对整个 SmartArt 图形应用统一的颜色和样式，从而改变 SmartArt 图形的整体效果。

仍以前文所设计的哈尔滨工业大学“一校三区”SmartArt 图形为例，进入“设计”选项卡，单击“SmartArt 样式”选项组中的“更改颜色”按钮，在弹出的菜单中可以选择所需的颜色样式。选择一种颜色后，得到调整颜色后的效果，如图 1.56 所示。同时，“SmartArt 样式”选项组支持三维显示样式，如图 1.57 所示，可以根据需要进行设置。

4. 创建 SmartArt 图形

前文介绍了 SmartArt 图形的插入方法，以及版式和样式的修改方法。但是在日常使用中，不可避免地会出现 Word 提供的 SmartArt 图形版式与实际需求有差异的情况。因此，本节着重介绍如何创建 SmartArt 图形。

创建 SmartArt 图形需要用到“设计”选项卡中的“创建图形”选项组，如图 1.58 所示，包括“添加形状”“添加项目符号”“文本窗格”“升级/降级”“从右到左/从左到右”“上移/下

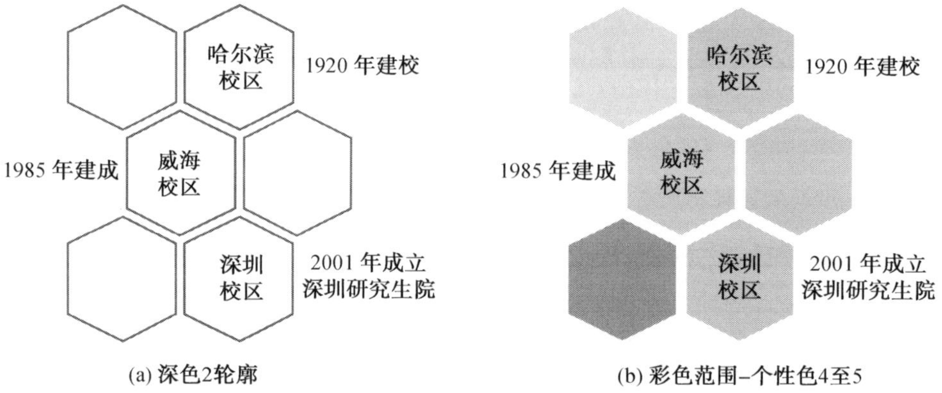

图 1.56 设置 SmartArt 图形颜色实例

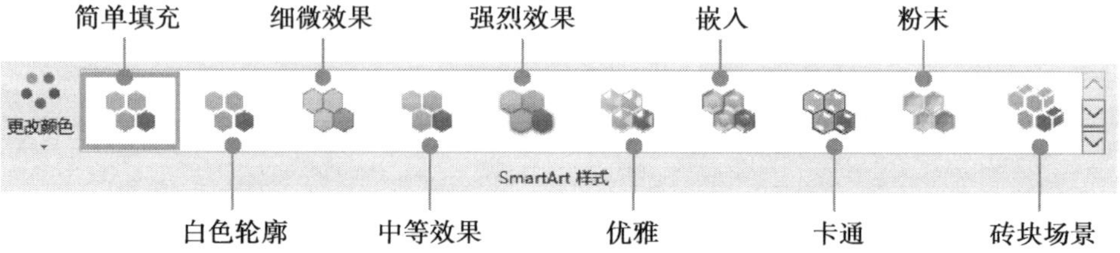

图 1.57 “SmartArt 样式”选项组支持的三维显示样式

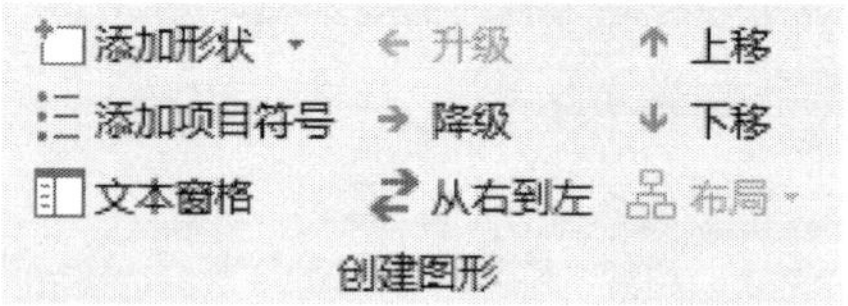

图 1.58 “创建图形”选项组

移”等。

(1)添加形状。

添加形状包括“从前面添加形状”“从后面添加形状”“从上面添加形状”“从下面添加形状”和“添加助理”共五个选项，在不同的 SmartArt 图形中，这些选项部分有效，可以根据需求采用。添加形状示例如图 1.59(a)所示，在原“一校三区”的 SmartArt 图形中添加了一个形状，把“2000 年哈建大并入，组建新哈工大”的相关信息加入到图形中。

(2)添加项目符号。

添加项目符号是指在具有项目符号的 SmartArt 图形中再增加新的项目符号。需要注意的是，只有当添加了 SmartArt 图形布局支持的带项目符号的文本时，该功能才可用。如果不支持，则“创建图形”组中的“添加项目符号”按钮将显示为灰色。添加项目符号如图 1.59(b)所示，在“深圳校区”下增加了一个项目符号，分别给出“2001 年成立深圳研究生院”和“2018 年始招本科生”。

(3)文本窗格。文本窗格用于输入和编辑在 SmartArt 图形中显示的文字。前文已提到，在 SmartArt 图形中输入文字可以直接将鼠标移到待输入的文字图形上再直接输入，这种方法较简单，但是容易造成格式错乱。“文本窗格”就是 Word 提供的一种专门适用 SmartArt

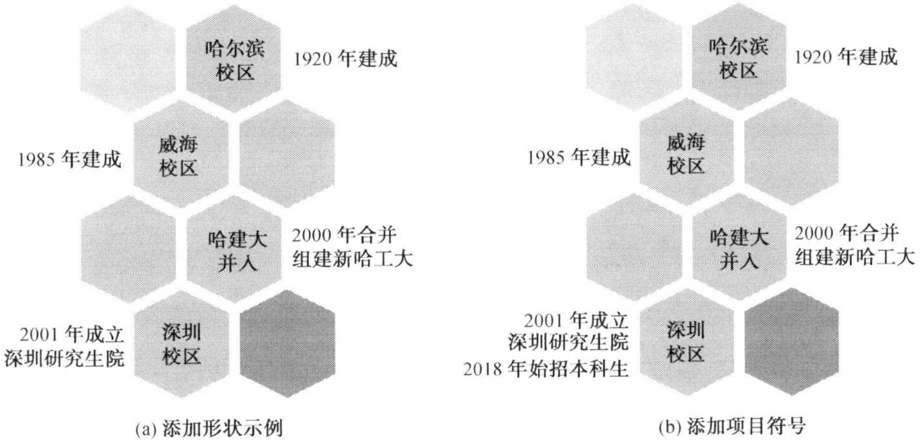

图 1.59　添加形状和添加项目符号示例

图形文本输入的界面，一般显示在 SmartArt 图形的左侧，如图 1.60 所示。当在“文本窗格”中添加和编辑内容时，SmartArt 图形会自动更新，即根据需要添加或删除形状。

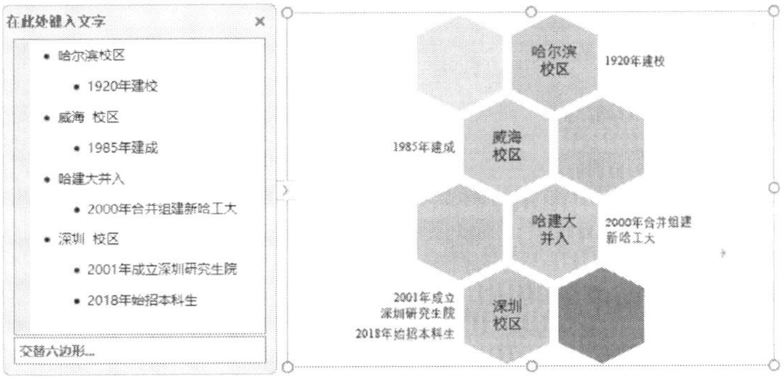

图 1.60　“文本窗格”示例

结合“文本窗格”看前面的“添加形状”和“添加项目符号”功能。“添加形状”实际上是在“文本窗格”中增加了一级项目编号，“添加项目符号”是在“文本窗格”中增加了二级项目编号。因此，对于需要“添加形状”或“添加项目符号”的 SmartArt 图形，除可以使用“添加形状”和“添加项目符号”功能外，也可以直接在“文本窗格”中利用回车键自行设置一级项目编号和二级项目编号，最终展现的效果是一致的。

5. 重置 SmartArt 图形

重置 SmartArt 图形就是将 SmartArt 图形恢复到原始的状态。这个功能参见 SmartArt 图形“设计”选项卡中的“重置图形”选项，选择好 SmartArt 图形后单击“重置图形”选项，该图形即恢复到原始 SmartArt 图形状态。

1.4.4　编辑表格

表格具有内容简明、分类清晰、信息量大、结构严谨、方便、直观等优点，广泛应用于课程信息、简历、通讯录和考勤记录等各种类型的文档中。Word 2019 中不仅可以创建和管理各种表格，而且通过调用外部表格文件，如 Excel 电子表格文件，可以极大地强化 Word 2019 的表格功能。本节将详细介绍 Word 2019 表格的基本使用方法。

1. 创建表格

Word 2019 支持多种创建表格的方法,如图 1.61 所示,通过功能区“插入”选项卡中的“表格”选项,即可看到创建表格的六种方式。

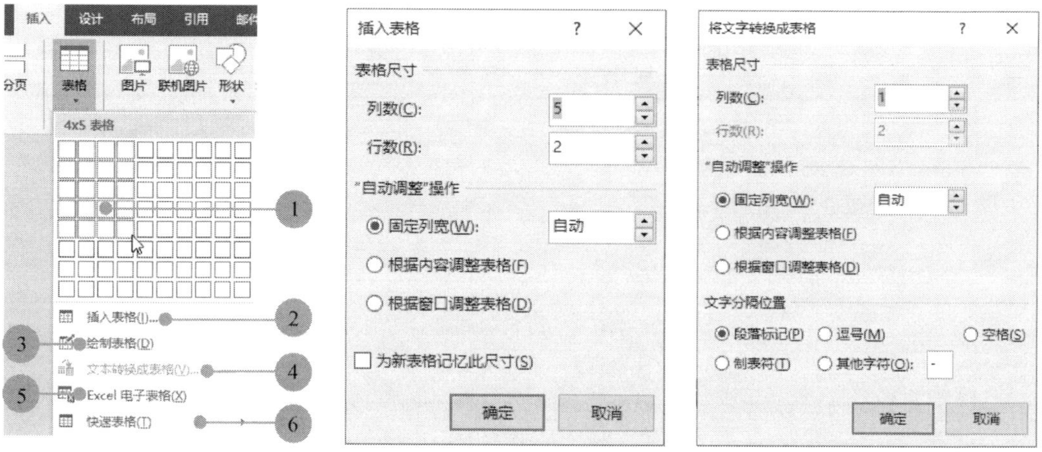

(a) 创建表格的六种方法　(b) “插入表格”对话框　(c) “将文字转换成表格”对话框

图 1.61　创建表格的几种方法

方法一:对于表格在 10 列 8 行的范围内,可直接使用“虚拟表格”功能,用鼠标在“虚拟表格”框中选择所需的表格,则对应的表格会在文档中体现。

方法二:“虚拟表格”功能无法绘制超过 10 列 8 行范围的表格,此时应该使用“插入表格…”。将光标插入点定位在需插入表格的位置,切换到“插入”选项卡,单击“表格”组中的“表格”按钮,在下拉列表框中单击“插入表格”选项,得到图 1.61(b)所示的对话框,在对话框中设置行数和列数,单击“确定”即可。

方法三:采用上述方法制作的都是规则表格,即行与行、列与列之间等距。当需要制作不规则的表格时,可以使用手动绘制表格的方法来完成。单击“插入”选项卡,选择“表格”选项组,在“表格”下拉菜单中选择“绘制表格”命令,此时鼠标变成笔状。在编辑区任意拖动鼠标绘制需要的表格,绘制了表格后,可以用同样的方法在绘制的表格中绘制行、列边界线。

方法四:在 Word 文档中,遇到文字需要转换成表格的需求,可以直接使用“文字转换成表格”功能。首先,选择好需要转换成表格的文本,此时注意文档的行数(或段落数)直接对应成表格的行数,文档中每行文字通过分隔符对应成表格中的列数,在“表格”下拉菜单中选择“文本转换成表格”命令,得到图 1.61(c)所示的对话框。对话框中的文字分割位置就是针对列数的设置。

方法五:Word 2019 提供插入“Excel 电子表格”的方法,便于将 Word 文档功能与 Excel 强大的数据处理功能和丰富的应用程序功能结合起来,而无须在 Excel 应用程序中编辑表格数据。此时,在“表格”下拉菜单中选择“Excel 电子表格”命令,Word 工作页面即可插入一个 Excel 工作表格,并显示 Excel 软件的操作界面,可以直接使用 Excel 软件的相关数据处理和函数功能。需要注意，针对插入的 Excel 工作表格，应该在 Excel 软件界面下调节表格的上下、左右边框来调节其所显示都得行数和列数，这与 Word 软件中的行、列操作方法不一致。

方法六：Word 2019 提供了常用的表格模板，可以通过在“表格”下拉菜单中选择“快速表格”命令实现，但是该命令所提供的表格模板有限。

插入表格后，用鼠标左键单击表格，则在功能区中会出现“设计”和“布局”选项卡，如图 1.62和图 1.63 所示。“设计”选项卡涵盖了编辑表格的“表格样式”“底纹”和“边框”功能，“布局”选项卡则涵盖了表格参数设置、表格操作（插入、删除、合并、拆分等）、对齐方式和数据处理等。下面将对这些功能进行详细介绍。

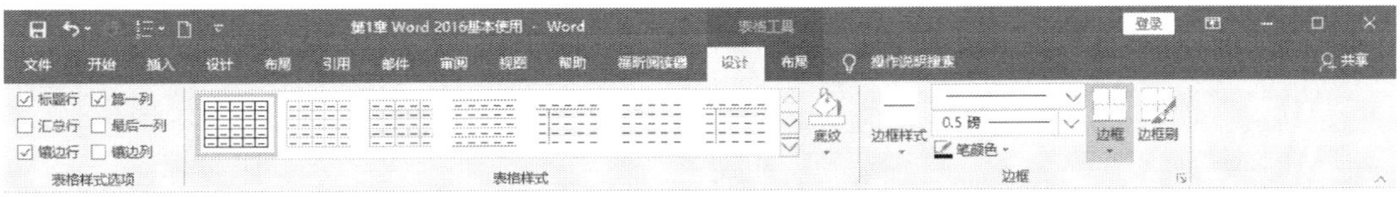

图 1.62　表格“设计”选项卡

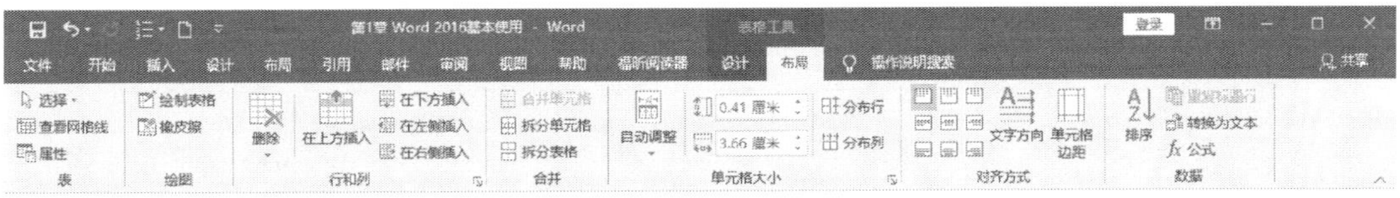

图 1.63　表格“布局”选项卡

2. 调整表格的行高和列宽

方法一：选择需要调整的表格，单击鼠标右键，在弹出的菜单中选择“表格属性”命令，打开“表格属性”对话框，选择“行”选项卡，在“指定高度”复选框中设置行高参数，选择“列”选项卡，在“指定宽度”复选框中设置列宽参数，操作步骤如图 1.64 所示。

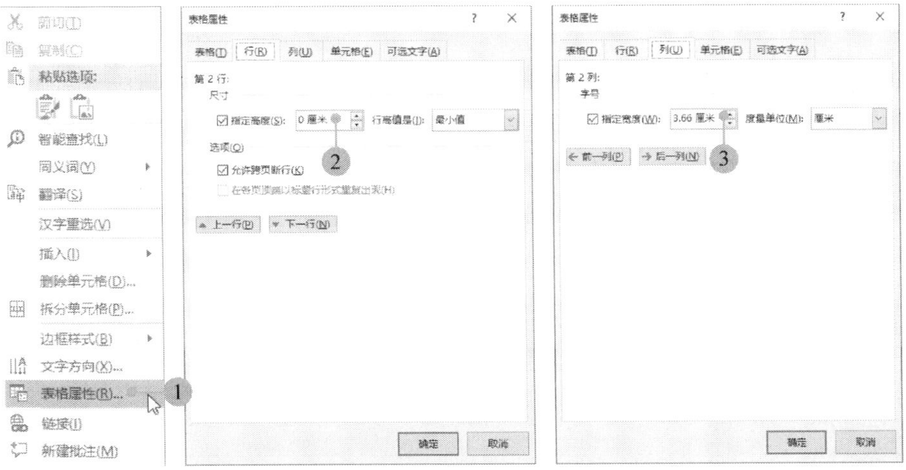

图 1.64　使用“表格属性”设置表格行高和列宽

方法二：将光标移至需要调整的表格，激活“布局”选项卡，在“单元格大小”选项组中可以直接调整行高和列宽参数。需要注意的是，方法一是针对整个表格进行行高和列宽操作，方法二是针对单元格的行高和列宽操作。

3. 插入、删除、拆分、合并单元格

方法一:选择需要调整的表格,单击鼠标右键,在弹出的菜单中选择“插入”“删除”“拆分”或“合并”命令,就可以完成相应的操作,如图 1.65 所示。

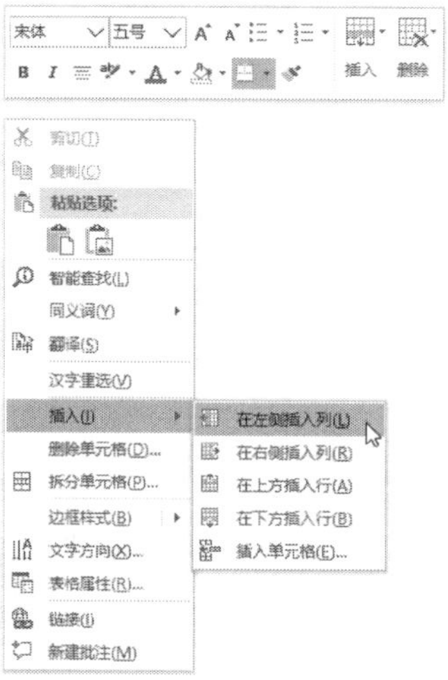

图 1.65　单击鼠标右键后实现表格插入、删除、拆分、合并单元格操作

方法二:选择要调整的单元格,然后单击“布局”选项卡,选择“行和列”选项组,选择对应的插入选项命令或“删除”命令就可以完成单元格插入或删除。选择“合并”选项组,选择对应的“合并”或“拆分”命令就可以完成单元格的合并或拆分,如图 1.66 所示。

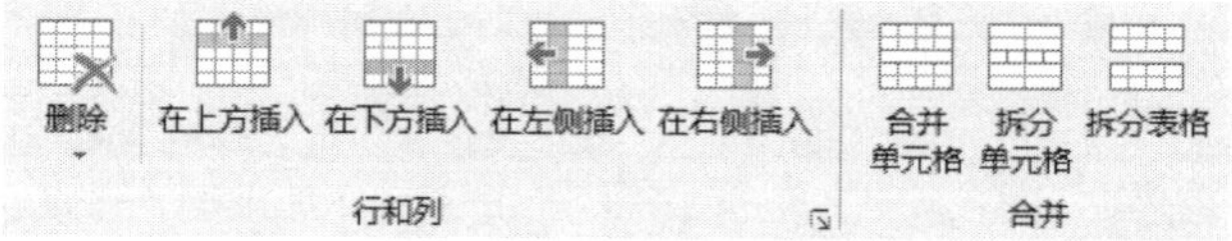

图 1.66　使用“布局”选项卡实现表格插入、删除、拆分、合并单元格操作

4. 设置表格文本对齐方式

方法一:选择需要调整的表格,在其中单击鼠标右键,在弹出的菜单中选择“表格属性”命令,打开“表格属性”对话框,选择“表格”选项卡,在“对齐方式”选项卡中选择水平对齐方式,选择“单元格”选项卡,在“垂直对齐方式”选项卡中选择垂直对齐方式,操作步骤如图 1.67 所示。

方法二:将光标移至需要调整的表格,激活“布局”选项卡,在“对齐方式”选项组中可以直接调整水平和垂直对齐方式。

5. 设置表格的边框和底纹

在使用表格过程中,往往需要修改表格的边框、底纹等参数。例如,按照《哈尔滨工业大学学位论文撰写规范》的要求,在学位论文中需要使用“三线表”来表示。因此,需要掌握表格的边框和底纹设置方法。

步骤 1:对于简单的边框设置,可以直接从边框选项卡中直接选择。边框选项卡有多种打开方式,如图 1.68 所示,在“开始”选项卡的“段落”选项组、鼠标右键和“设计”选项卡的“边框”选项组均有进入的按钮。

图 1.67　使用“表格属性”设置表格文本对齐方式

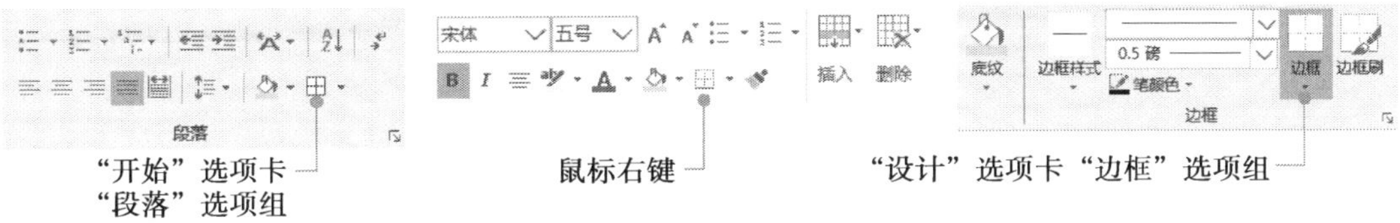

图 1.68　进入边框选项

步骤 2:对于较复杂的边框和底纹设置,可以在步骤 1 的基础上选择选项中的“边框和底纹”选项,打开“边框和底纹”选项卡(或者可以单击鼠标右键,从“表格属性”选项卡中打开),可以在“边框”选项卡中设置边框相关参数,在“底纹”选项卡中设置底纹相关参数,如图 1.69 所示。

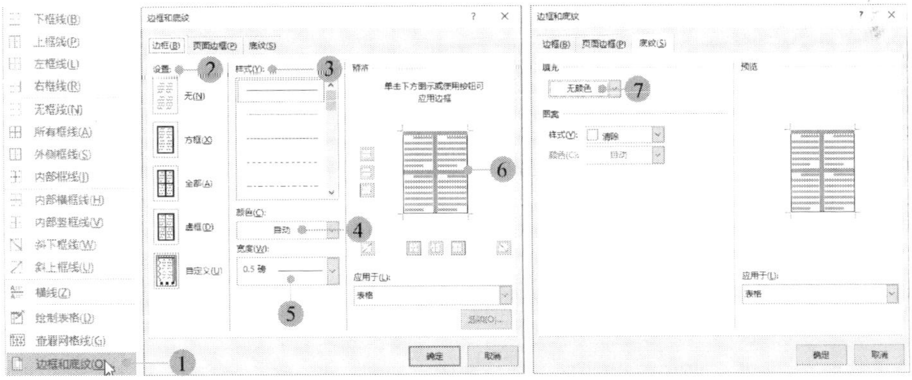

图 1.69　设置表格边框和底纹的步骤

在图 1.69 所示的“边框”选项卡中,在“设置”区域(编号 2)选择边框显示位置。

(1)选择“无”选项表示被选中的单元格或整个表格不显示边框。

(2)选择“方框”选项表示只显示被选中的单元格或整个表格的四周边框。

(3)选择“全部”选项表示被选中的单元格或整个表格显示所有边框。

(4)选择“虚框”选项表示被选中的单元格或整个表格四周为粗边框,内部为细边框。

(5)选择“自定义”选项表示被选中的单元格或整个表格由用户根据实际需要自定义设置边

框的显示状态,而不仅局限于上述四种显示状态。

在“样式”列表(编号3)中选择边框的样式(如双横线、点线等样式),在“颜色”下拉菜单(编号4)中选择边框使用的颜色,单击“宽度”下拉三角按钮(编号5)选择边框的宽度尺寸,在“预览”区域(编号6)可以通过单击某个方向的边框按钮来确定是否显示该边框,设置完毕后单击“确定”按钮完成边框设置。

在“底纹”选项卡中,从“填充”下拉菜单(编号7)中选择表格使用的底纹。需要注意的是,“边框”和“底纹”的设置既可以针对整个表格,也可以针对某一个单元格,只需要在打开“边框和底纹”选项卡前选择即可。

6. 计算表格的数据

Word 表格提供简单的数据计算公式。将光标定位到需放置运算数值的单元格中,选择“布局”选项卡,在“数据”选项组中单击“公式”按钮,打开“公式”对话框,通过“粘贴函数”选取需要的函数即可。如图1.70所示,求和使用函数“SUM”实现,公式中对“行”或“列”的描述既可以采用“LEFT”“RIGHT”“ABOVE”等,也可以与Excel单元格的命名方法一样,用字母代表列,用数字代表行。需要注意的是,该功能仅提供简单的数学运算,如果涉及复杂的数学计算,应该使用新建或导入的Excel表格来实现。

蔬菜种类	土豆	茄子	总质量
食堂1	25	18	41
食堂2	18	27	45
合计	43	43	86

=SUM(LEFT)

=SUM(D2:D3)

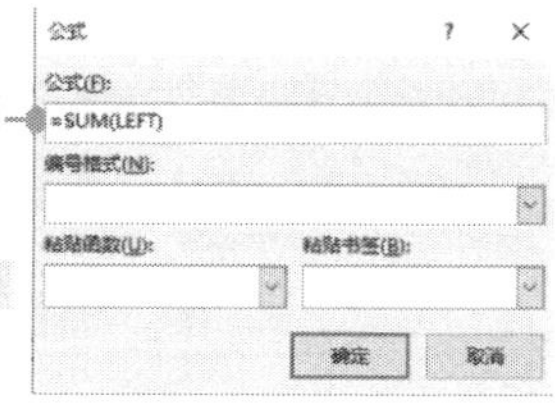

图1.70　使用公式计算表格数据

7. 在 Word 中嵌入 Excel 表格

从上面的介绍中可以看到,Word表格的计算功能是较弱的,当需要使用包含大量复杂计算公式的表格时,Word 2019就显得力不从心了。为强化Word 2019的数据处理能力,可以在Word中嵌入Excel表格,这样可以利用Excel强大的表格设计、计算功能完成对表格的设计、计算工作,然后将最终的Excel电子表格应用到Word 2019中。

在Word中嵌入Excel表格有多种方法,前文“创建表格”中介绍了“Excel电子表格”的方法,此处不再赘述,主要讲解其他三种方法。

方法一:使用“复制”+“选择性粘贴”在Word中嵌入Excel表格。

如果需要将Excel表格内的数据显示在Word文档内,最简便的方式是直接利用复制粘贴功能。

步骤1:打开Excel工作表,利用鼠标选取需要插入的数据范围并复制。

步骤2:打开Word文档,选取要插入Excel内容的位置,在功能区“开始”选项卡“剪贴板”选项组中点击“粘贴”选项卡下方的三角形,调出“选择性粘贴”对话框(快捷键Alt+Ctrl+V),然后在对话框中选择“Microsoft Excel工作表对象”,在弹出的快捷菜单中选取要粘贴选项的格式,最后点击确定,即可完成Excel表格的插入,相关步骤如图1.71所示。此时,双击Word工作区的Excel表格即可开始使用Excel编辑数据,单击表格外部将返回Word文档编辑状态。

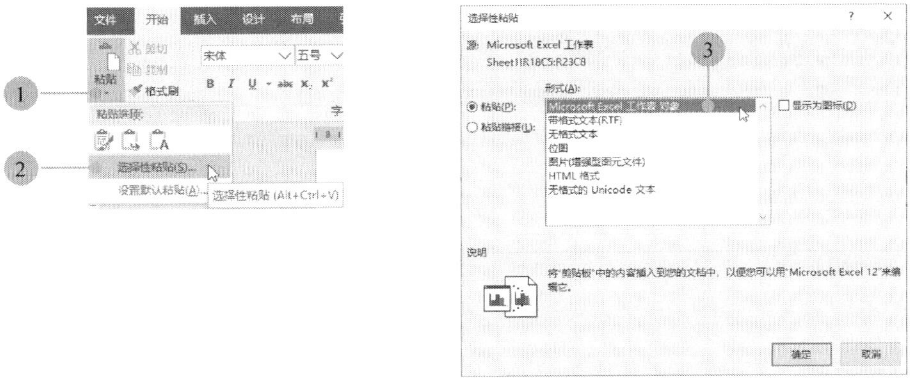

图 1.71　使用“复制”+“选择性粘贴”在 Word 中嵌入 Excel 表格

方法二:使用“插入对象”方式在 Word 中嵌入 Excel 表格。

在功能区“插入”选项卡“文本”选项组中点击“对象”选项卡右侧的三角形,调出“对象”对话框,在对话框中选择“由文件创建”选项卡,然后使用“浏览”定位想要插入的 Excel 表格,点击确定即可,操作过程如图 1.72 所示。需要注意的是,本操作导入整个 Excel 文件,如果文件庞大,则处理时间会较长。同时,全文件导入无法删除不需要的内容,因此可能不如前文的“复制”+“选择性粘贴”方法灵活。

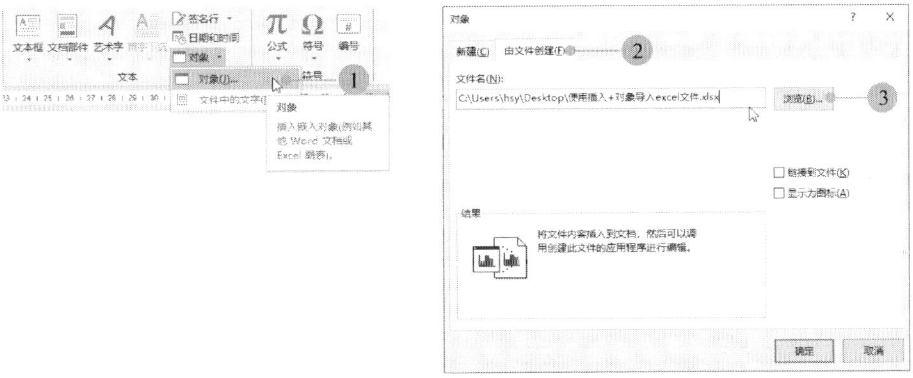

图 1.72　使用“插入对象”方式在 Word 中嵌入 Excel 表格

方法三:直接使用“复制”+“粘贴”功能将 Excel 文件中数据复制到 Word 文档中。

如果从 Excel 文件中复制的数据较简单,而且不需要再重新计算或更新,则可以直接利用“复制”+“粘贴”功能将 Excel 文件中数据复制到 Word 文档中。此时,所复制到 Word 文档中的数据已经不具备 Excel 文件的计算和处理功能,只是单纯的文本数据。

1.4.5　图表的自动编号与交叉引用

在编辑 Word 文档时,可能会遇到需要插入大量图片、表格、公式的情况,随着文档的修改,有时难免会把图表的序号弄错,如果手动修改,则工作量大,还难免出错。此时,如果能够让插入的图片自动添加编号,就不会出现问题。本节将介绍 Word 2019 中插入的图表自动编号和自动更新的方法。

1. 插入自动编号的题注

步骤1:单击要自动编号的图形或表格,单击鼠标右键后在弹出的菜单中选择“插入题注”菜单项,或者在“功能区”“引用”选项卡中的“题注”选项组中选择“插入题注”选项,此时将会自动打开“题注”对话框。

步骤2:在“题注”对话框中选择“新建对话框”按钮,在“新建标签”窗口的文本框中输入“图”“表”或带章节信息的“图1.”“表1.”等,或者其他所需的标签,完成后点击确定按钮。返回到“题注”对话框,此时“题注”文本框已经自动编号,显示为“图1.1”。其中,“图1.”为之前自己设置的标签,最后的序号“1”为自动显示的编号。

步骤3:回到Word工作页面,单击要自动编号的图形或表格,单击鼠标右键后在弹出的菜单中选择“插入题注”菜单项,或者在“功能区”“引用”选项卡中的“题注”选项组中选择“插入题注”选项,此时“题注”文本框已经自动编号,确认后即在文档中加入了对应的标签。操作步骤如图1.73所示。

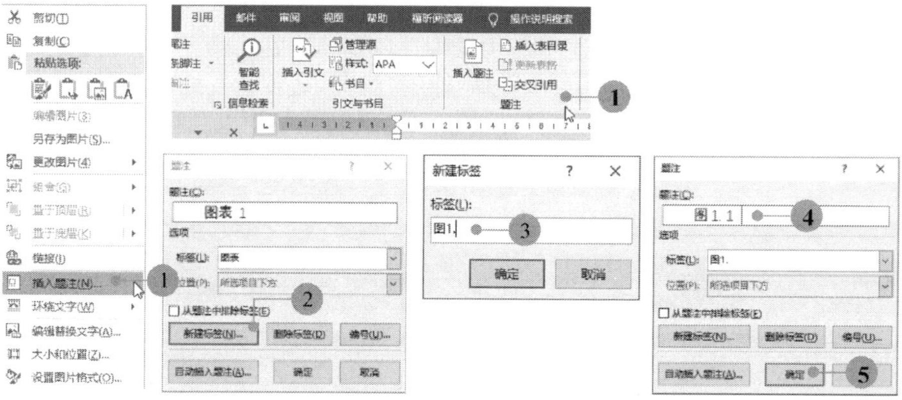

图1.73 插入自动编号“题注”的操作步骤

2. 修改题注的格式

插入自动编号的“题注”时会发现,自动编号标签的格式有可能与文档正文的格式不一致。如果要修改这一“题注”标签的格式,需要使用前文在“多级列表”处介绍的“样式”内容。在Word 2019“功能区”“开始”选项卡下有“样式”选项组,在按照上述步骤设置“自动编号的题注”以后,“题注”样式已经自动加入到“样式”选项组中。点击“样式”选项组右侧的“向下箭头”,移动鼠标至样式列表中的“题注”,再点击鼠标右键,在弹出的菜单中选择“修改”,按照“样式”的修改操作修改“题注”的格式即可。操作步骤如图1.74所示。

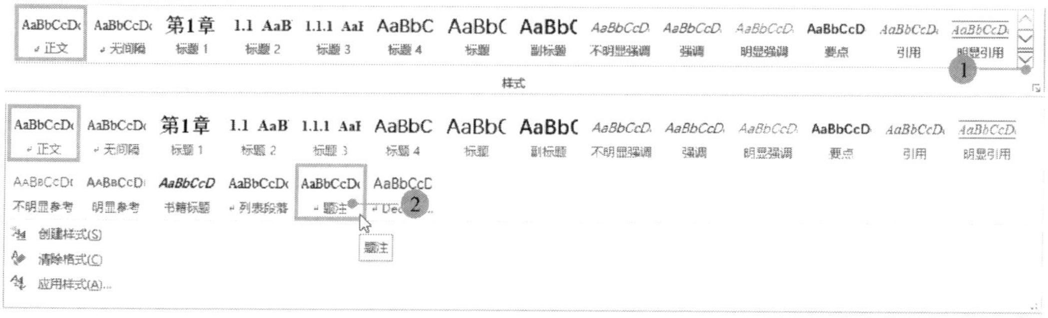

图1.74 修改题注的格式操作步骤

3. 交叉引用

图表使用过程中，除需要给图表编号外，有可能在正文中也需要用到对应的图表编号。例如，“操作过程如图 1.5 所示”，“图 1.5”已经按照前文的“插入题注”进行了自动编号，因此为与“题注”同步更新，此时应该使用“交叉引用”功能，在题注编号发生变化时，正文中所引用的图表编号也对应的发生改变。设置“交叉引用”的步骤如下。

步骤 1：在“功能区”“引用”选项卡中的“题注”选项组中选择“交叉引用”选项，此时将会自动打开“交叉引用”对话框。

步骤 2：在“交叉引用”对话框中从“引用类型”下拉列表中选择所需要引用的编号类型，在“引用内容”中选择需要插入到文本中的内容，最后从对话框下方的图表题注中选择需要引用的题注即可，如图 1.75 所示。

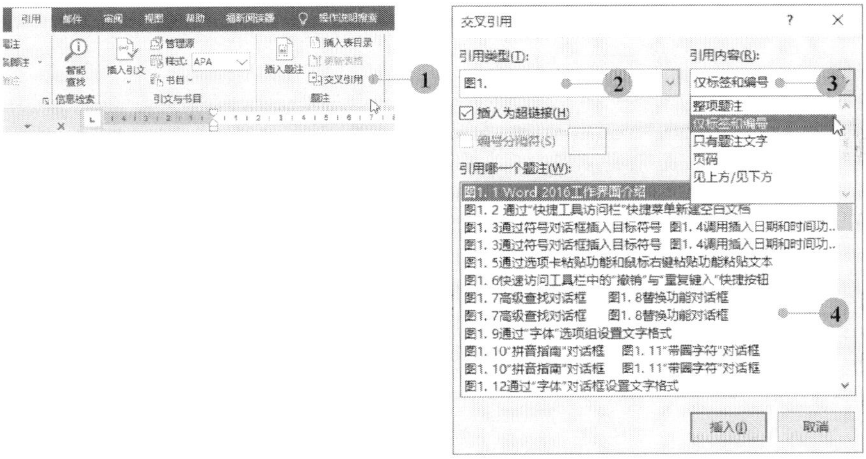

图 1.75　设置图表交叉引用操作步骤

4. 插入图表目录

在一些学位论文或研究报告中，需要统一列出插图或表格的目录，如果已经对插图或表格进行了自动编号的“题注”处理，则可以十分方便地得到图表的目录，操作步骤如图 1.76 所示。

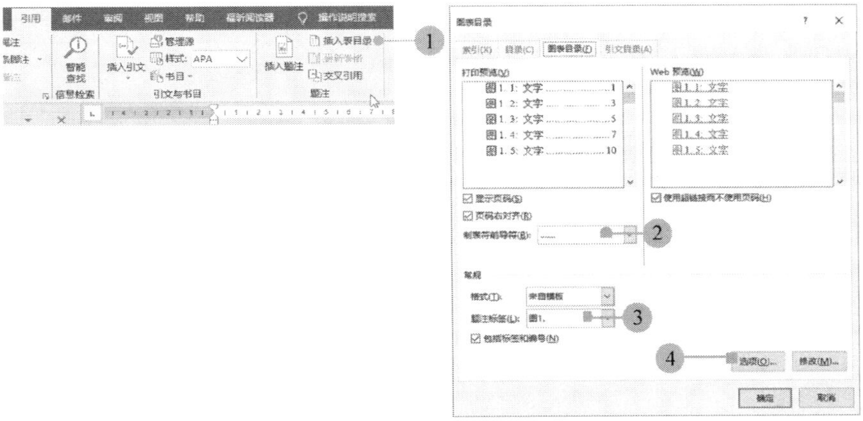

图 1.76　插入图表目录操作步骤

步骤1:仍然在“功能区”“引用”选项卡中的“题注”选项组中选择“插入表目录”选项，此时将会自动打开“图表目录”对话框。

步骤2:根据要求设置好相关参数,即可在光标处生成所有图表的目录。

1.5　与学术论文相关操作内容

1.5.2　插入公式

数学公式对于电子信息类学生来说不陌生,在 Word 2019 中可以直接选择并插入所需公式,用户可以快速地完成文档的制作。本节主要介绍在 Word 2019 中输入公式的具体步骤。

在 Word 2019 中插入公式的方法如图 1.77 所示,从“功能区”“插入”选项卡“符号”选项组中选择“公式”选项(编号 1),在下拉菜单中首选从本地的“公式模板”中选择(编号 2),如果本地的“公式模板”中未找到合适的模版,则可以从“Office. com 中的其他公式”中寻找模板(编号 3),找到了模板,直接拖到文档编辑区即可。如果没有找到,则可以利用“插入新公式”新建公式(编号 4),此时在文档编辑区会出现一个公式编辑框,并且在 Word 的“功能区”弹出“设计”选项卡,如图 1.78 所示,从该选项卡中可以直接选择公式所需对象的格式。

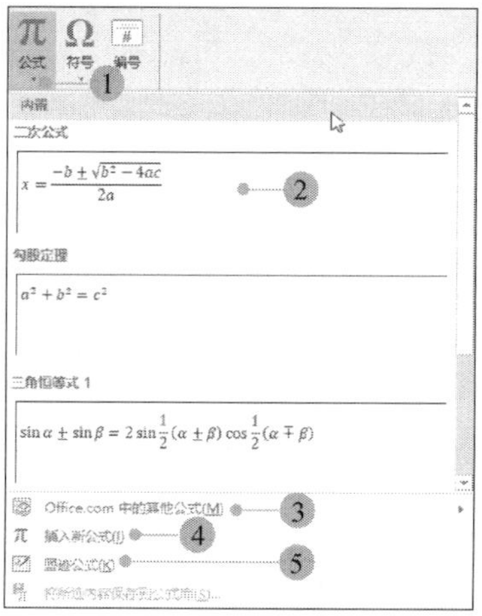

图 1.77　在 Word 2019 中插入公式的方法

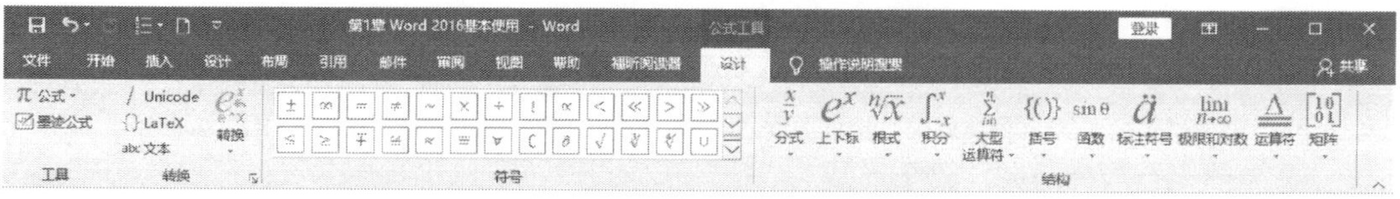

图 1.78　Word 2019 自带的公式“设计”选项卡

在图 1.77 中,编号 5 给出了 Word 2019 支持公式输入的一种新方法——“墨迹公式”。与前面通过“公式模板”或直接“插入新公式”不同,“墨迹公式”提供了一种全新的、快速的输入公式方法。打开“墨迹公式”后,弹出公式输入窗口,按下鼠标左键不放并在黄色区域中进行手写即可。"墨迹公式"具有强大的识别能力,因此在使用鼠标输入时不需担心手写字母不好看,操作界面如图 1.79 所示。

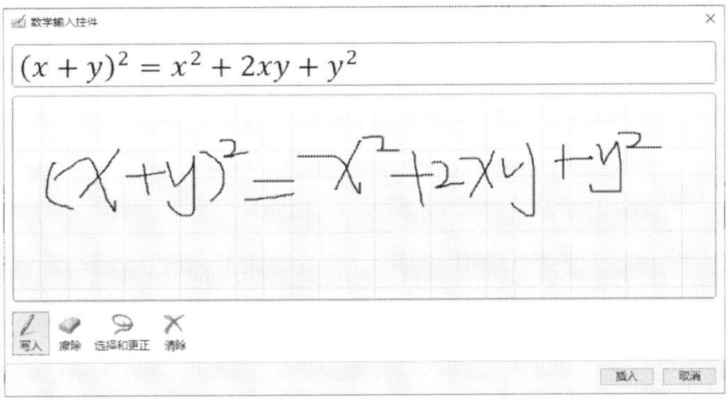

图 1.79　使用"墨迹公式"在 Word 中输入数学公式

上述插入公式的方法基于 Word 2019 自带的公式输入功能,不需要再安装其他软件,但是操作相对来说会比较复杂。因此,在存在大量公式输入时,往往会安装专业的公式编辑软件来辅助进行公式输入。其中,Math Type 就是一款专业的数学公式编辑器,兼容 Office Word、Excel 等 700 多种程序,用于编辑数学试卷、书籍、报刊、论文、幻灯演示等文档,轻松输入各种复杂的数学公式和符号。

下载安装了 Math Type 软件后,在 Word 2019 的功能区中将会出现"Math Type"选项卡,按照 Word 2019 自带公式功能操作即可,此处不再赘述。

1.5.3　文档添加批注和修订

一篇论文或报告完成以后,如果需要提交指导教师修改、审批,使用添加批注和修订功能可以在文档中留下指导教师的修改痕迹,使信息更加明确,方便后续继续修改。本节主要介绍 Word 2019 文档中添加批注和修订的方法。

在 Word 2019 文档中,批注是指读者在阅读 Word 文档时所提出的注释、问题、建议或其他想法。批注不会集成到文本编辑中,它们只是对编辑提出建议。批注中的建议文字经常会被复制并粘贴到文本中,但批注本身并不是文档的一部分。

与批注不同的是,修订却是文档的一部分。修订是对 Word 文档所做的插入和删除。可以查看插入或删除的内容、修改的作者及修改时间。如果文档经过多次编辑,就可以查看第一次的编辑,还有助于根据"作者"确定如何整合各次编辑。

添加批注的步骤:在 Word 文档中将光标放置到需要添加批注的内容后面,或选择需要添加批注的对象。在"功能区""审阅"选项卡"批注"组中单击"新建批注"按钮,此时在文档中将会出现批注框。在批注框中输入批注内容即可创建批注。

添加修订的步骤:如图 1.80 所示,在"功能区""审阅"选项卡"修订"组中单击"修订"按钮,此时"修订"按钮呈现"灰色"(编号 1),即已经启动修订功能,后续所有在文档中的操作均会保留痕迹,并且往往会用红色突出显示(编号 2),当鼠标光标移动到痕迹上方时,将会显示修改的作者、修改时间和修改内容信息(编号 3)。查阅文档的"修订"内容时,在"修订"组中单击"审阅窗格"按钮,此时该按钮呈现"灰色"(编号 4),并且在 Word 工作页面左侧出现“修订”列表(编号5)。在列表中选择需要查看的修订内容,将直接转到对应文档位置。此时,在修订内容上单击鼠标右键,调出的选项卡中有“接受插入”“拒绝插入”(或“接收删除”“拒绝删除”)等选项。如果选择“接受插入”(编号6),则原红色显示的修订内容变黑,确认此次修订完成(编号7);如果选择“拒绝插入”,则该内容将被删除。

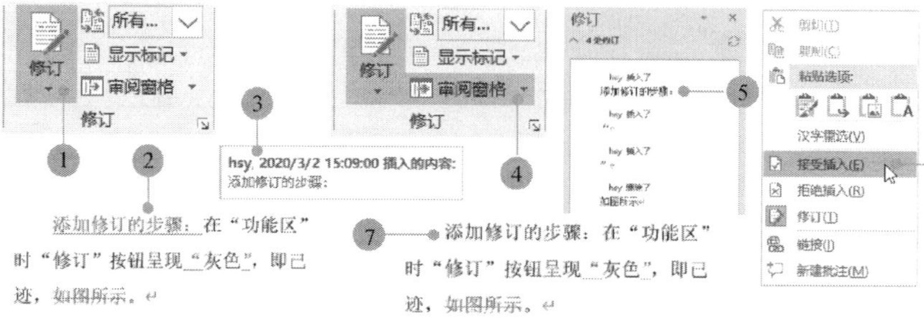

图 1.80　添加修订的操作步骤

Word 2019 能够将在文档中添加批注的所有审阅都记录下来。在“修订”组中单击“显示标记”按钮,在下拉列表中选择“特定人员”选项,在打开的审阅者名单列表中选择相应的审阅者,可以仅查看该审阅者添加的批注。同时,也可以设置显示“所有标记”“简单标记”“无标记”和“原始版本”等,在使用过程中可以根据需要进行选择。

1.5.4　自动生成目录

对于长篇的 Word 文档来说,目录是文档不可或缺的一部分。使用目录方便读者了解文档结构,把握文档内容,并显示要点的分布情况。Word 2019 提供了抽取文档目录的功能,可以自动将文档中的标题抽取出来,极大地提高了目录输入效率。本节主要介绍使用内置样式创建目录和自定义目录的两种操作方法。

步骤1:利用“布局”选项卡“页面设置”选项组下的“分隔符”,在需要插入目录的文档中利用“分节符”单独设定专门放置目录的一节。

步骤2:在“功能区”“引用”选项卡“目录”选项组中点击“目录”下方向下箭头,得到图1.81所示的“目录”菜单选项。

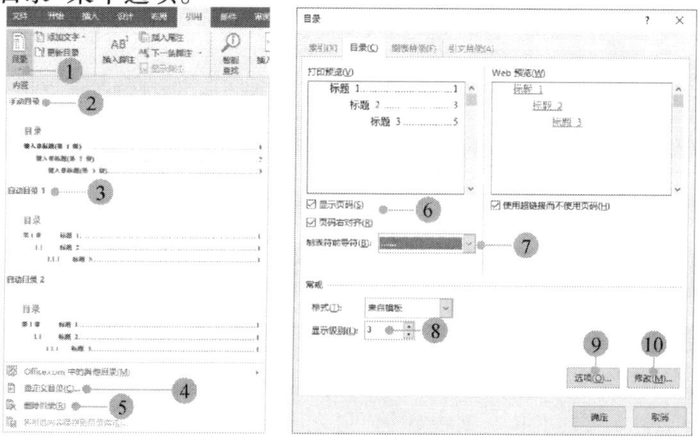

图 1.81　自动生成目录操作步骤

步骤 3:在该“目录”菜单选项中,可以选择手动目录(编号 2),或者采用 Word 提供的自动目录(编号 3),如果需要自定义目录,则可以点击编号 4 的“自定义目录”选项卡进入“目录”设置对话框中,在该对话框中设置目录相关参数。其中,编号 6 设置页码和右对齐,编号 7 设置目录中的前导符类型,编号 8 设置显示级别,编号 9 和编号 10 则设置显示目录的格式,可以根据需要进行选择性设置,此处不再赘述。

第 2 章

PowerPoint 2019 的基本使用方法

PowerPoint 简称 PPT，是微软公司 Office 办公软件中用于演示文稿的软件，也是 PowerPoint 制作的演示文档的称呼。PPT 文档已成为人们工作生活的重要组成部分，广泛地应用于论文答辩、工作汇报、企业宣传、产品推介、管理咨询等领域。本章将以 PowerPoint 2019 为例，主要学习 PowerPoint 的输入和编辑等内容。

1. PowerPoint 的基本概念和术语

(1)演示文稿。

把所有为某一个演示而制作的幻灯片单独存放在一个 PowerPoint 文件上，这个文件就称为演示文稿。演示文稿由演示时用的幻灯片、备注、概要、通报、录音等组成，以文件形式存放在 PowerPoint 的文件中，该类文件的扩展名是.pptx。

(2) 幻灯片。

在 PowerPoint 演示文稿中创建和编辑的单页称为幻灯片。

(3)对象。

演示文稿中的每一张幻灯片是由若干个对象组成的，插入幻灯片中的文字、图表、组织结构图及其他可插入元素都是以对象的形式出现在幻灯片中的。制作一张幻灯片的过程实际上是编辑其中每一个对象的过程。

(4)版式。

版式是指幻灯片上对象的布局，包含了要在幻灯片上显示的全部内容，如标题、文本、图片、表格等的格式设置、位置和占位符。PowerPoint 中包含九种内置幻灯片版式，如标题幻灯片、标题与内容、两栏内容等，默认为标题幻灯片。

(5)占位符。

占位符就是预先占住一个固定的位置，等待用户输入内容，在幻灯片上表现为一种虚线框，框内往往有“单击此处添加标题”或“单击此处添加文本”之类的提示语，一旦用鼠标单击虚线框内部之后，这些提示语就会自动消失。占位符相当于版式中的容器，可容纳文本(包括正文文本、项目符号列表和标题)、表格、图表、SmartArt 图形、影片、声音、图片及剪贴画等内容。

(6)母版。

母版是指一张具有特殊用途的幻灯片，其中已经设置了幻灯片的标题和文本的格式与位置，其作用是统一文稿中包含的幻灯片的版式。因此，对母版的修改会影响到所有基于该母版的幻灯片。

(7)模板。

模板是指一个演示文稿整体上的外观设计方案,包含版式、主题颜色、主题体、主题效果及幻灯片背景图案等。PowerPoint 提供的模板都表达了某种风格和寓意,适用于某方面的演讲内容。PowerPoint 的模板以文件的形式被保存在指定的文件夹中,扩展名为. potx。

(8)主题。

主题是指一组统一的设计元素,使用颜色、字体和图形设置的外观,以及使用的背景。利用设计主题,可以快速对演示文稿进行外观效果设置,母版和设计模板均可以当作一种主题。

2. PowerPoint 各部分作用

Word 2019 工作界面介绍如图 2.1 所示。PowerPoint 2019 窗口组成部分主要有标题栏、“文件”按钮、快速访问工具栏、功能区、幻灯片编辑区、状态栏、“视图”按钮、滚动条、导航窗口、备注窗格及显示比例。

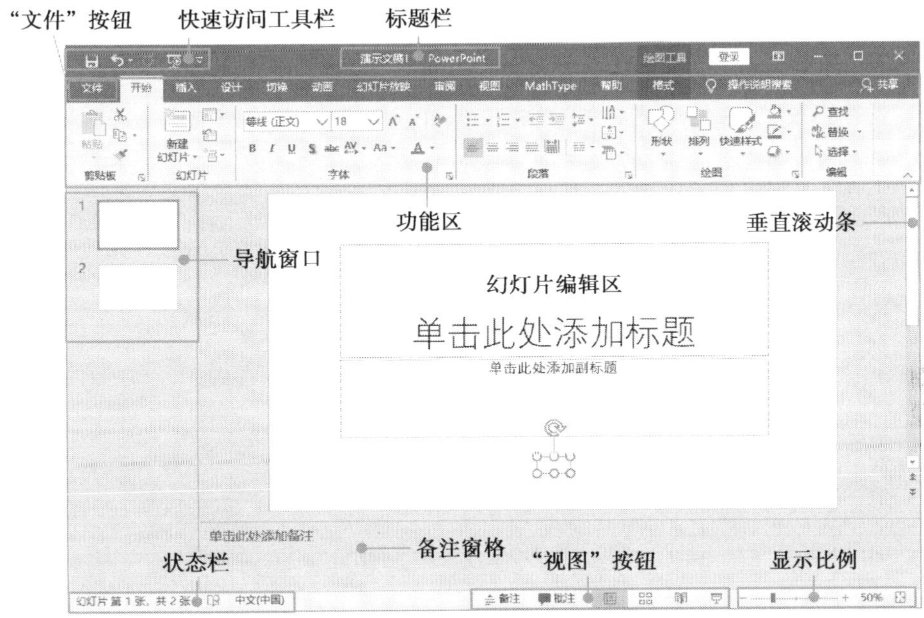

图 2.1　Word 2019 工作界面介绍

(1)标题栏。

标题栏显示当前正在编辑的演示文稿的文件名及所使用的软件名。在标题栏右侧还有控制按钮,由“最小化”“最大化/还原”和“关闭”按钮组成,用于实现窗口的最小化、最大化、还原及关闭。

(2)“文件”按钮。

“文件”按钮包括基本命令,如“新建”“打开”“关闭”“另存为...”和“打印”等。

(3)快速访问工具栏。

常用命令位于快速访问工具栏,如“保存”和“撤销”,单击某个按钮即可实现相应的功能,用户也可以根据需要添加个人常用命令。

(4)功能区。

PowerPoint 2019 的功能区由多个选项卡组成,每个选项卡包含了不同的工具按钮。选项卡位于标题栏下方,由“开始”“插入”和“设计”等选项卡组成。单击各个选项卡名,即可切换到相应的选项卡。

(5)幻灯片编辑区。

幻灯片编辑区显示正在编辑的幻灯片。

(6)状态栏。

状态栏显示正在编辑的幻灯片的相关信息。

(7)“视图”按钮

“视图”按钮可用于更改正在编辑的幻灯片的显示模式以符合要求。

(8)滚动条。

滚动条可用于更改正在编辑的幻灯片的显示位置。

(9)导航窗口。

导航窗口用于快速定位幻灯片的位置。

(10)显示比例。

显示比例可用于更改正在编辑的幻灯片的显示比例设置。

(11)备注窗格。

备注窗格用于备注当前 PPT 页面的关键内容和演讲注意事项,在演讲者模式下,备注文字只会显示在电脑屏幕上,而不会显示在投影屏幕上,方便演讲者参考。

由 PowerPoint 2019 界面可知,PowerPoint 2019 与 Word 2019 在操作界面上有很大的相似之处,在使用 PowerPoint 2019 时,可以借鉴 Word 2019 的操作方式。

2.1 PowerPoint 的参数设置

在开始文档编辑前,需要对 PowerPoint 2019 进行一系列的参数设置工作,主要包括幻灯片大小、字体等演示文稿参数设置和软件其他显示及存储设置,本节主要介绍这些设置的操作方法。

2.1.1 演示文稿的参数设置

PowerPoint 2019 使用“功能区”的“设计”选项卡设置演示文稿参数如图 2.2 所示,演示文稿参数设置主要使用“功能区”“设计”选项卡(编号 1)中的功能,编号 2 对应设置幻灯片大小,编号 3 对应设置主题,编号 4 对应使用“变体”对“主题”进行调整,编号 5 对应设置背景格式。下面详细解释各项功能。

1. 幻灯片大小

在编辑演示文稿前,幻灯片的大小设置至关重要。幻灯片的大小如果与显示设备不匹配,将出现显示错乱的情况。因此,进行 PowerPoint 的参数设置,第一步就是设置幻灯片的大小。

如图 2.2 所示,在“设计”选项卡下的“自定义”选项组中选择“幻灯片大小”按钮(编号

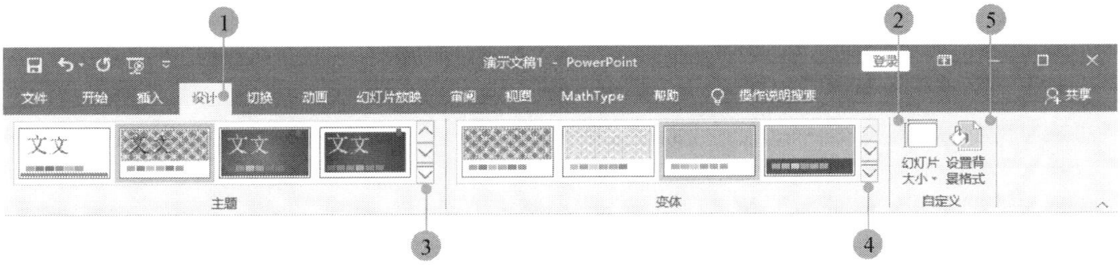

图 2.2　PowerPoint 2019 使用“功能区”的“设计”选项卡设置演示文稿参数

2)，从下拉选项中可以看到最常见的两种大小“标准(4：3)”和“宽屏(16：9)”。其中，“标准(4：3)”主要用于老式 CRT 显示设备，而“宽屏(16：9)”则用于液晶显示设备，这也是在 PPT 2010 及其以前的版本默认的幻灯片大小是“标准(4：3)”，而 PPT 2013 及其以后的版本默认的幻灯片大小是“宽屏(16：9)”的原因。可以根据显示设备的需求选择制作 PPT 时的幻灯片大小。

此外，如果对 PPT 的尺寸有其他需求，也可以选择下拉菜单中的“自定义幻灯片大小”。在弹出的对话框中，除可以设置“信纸”“A4 纸张”或“横幅”等特别的格式大小外(编号 1)，也可以自定义幻灯片的宽度和高度(编号 2、3)、幻灯片编号起始值(编号 4)及调整幻灯片或备注的方向(纵向、横向)(编号 5)等，如图 2.3 所示。

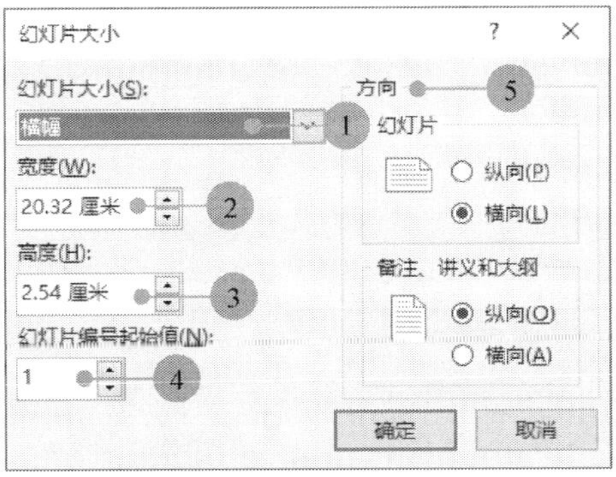

图 2.3　使用“自定义幻灯片大小”对话框自定义幻灯片大小

2. 设置主题

PPT 的主题是指除个人添加的内容外 PPT 所呈现的形式，主要包括颜色、字体和效果三要素。其中，颜色是指 PPT 中文字和背景的颜色；字体是指标题和正文的字体，包括中英文；效果是指字体的阴影、发光等效果。由于主题中已经涵盖了“颜色”“字体”等 PPT 页面设计所需的素材，因此除非有特殊要求，一般 PPT 设计可以直接使用 PowerPoint 软件自带的主题。

如图 2.4 所示，在“设计”选项卡下的“主题”选项组中直接显示样式主题，或者单击右侧的向下箭头展开其他主题(图 2.2 中的编号 3)。同时，PowerPoint 2019 支持打开其他 PPT 文件的主题，也允许保留当前主题。

如果所提供的主题不符合需求，则除软件自带的主题外，还可以到微软官方网站上进行主题下载，相关网址为 templates. office. com/zh-CN/主题，下载完成后的主题文件再按照“浏览主题”的形式导入当前幻灯片中。

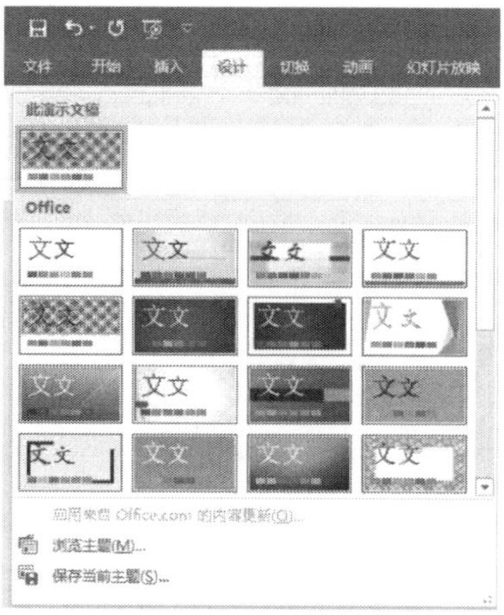

图 2.4　为 PPT 设置“主题”

3. 使用“变体”对“主题”进行调整

在 PowerPoint 2019 提供的“主题”中,如果需要对“颜色”“字体”“背景”等参数进行微调,则需要使用“设计”选项卡中的“变体”选择组的功能。

(1)设置主题颜色。

如图 2.5 所示,在“设计”选项卡界面中点击“变体”选择组中右下角的“倒三角”图标,得到设置菜单栏(编号 1)。然后点击菜单栏中的“颜色”,在弹出的颜色栏中选择主题颜色即可(编号 2)。如果 Office 提供的颜色不满足需求,也可以点击“自定义颜色”选项自定义主题颜色(编号 3、4、5)。

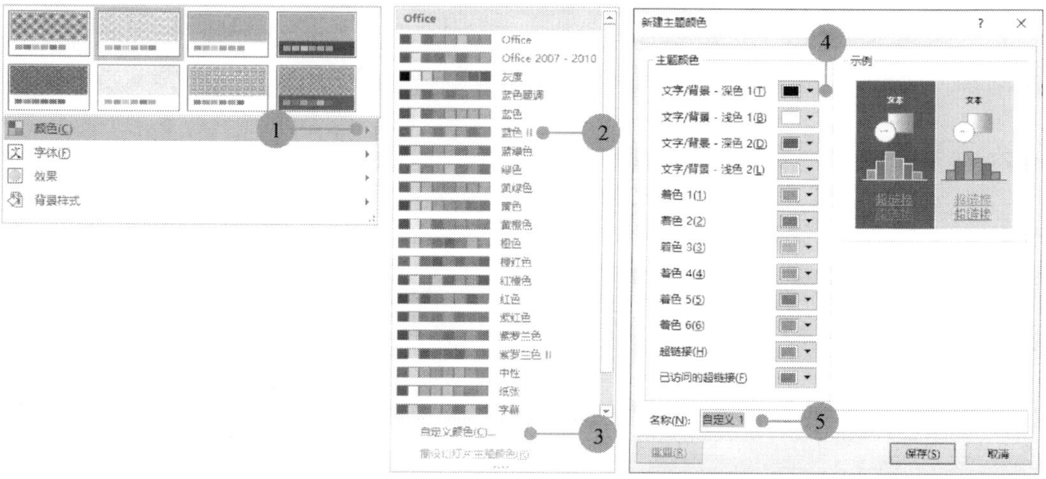

图 2.5　通过“变体”选项组设置主题颜色操作步骤

(2)设置主题字体。

如图 2.6 所示,在“设计”选项卡界面中点击“变体”选择组中右下角的“倒三角”图标,得到设置菜单栏（编号 1）。然后点击菜单栏中的“字体”，在弹出的颜色栏中选择主题字体即可（编号 2）。如果 Office 提供的字体不满足需求，也可以点击“自定义字体”选项自定义主题字体（编号 3、4、5、6）。

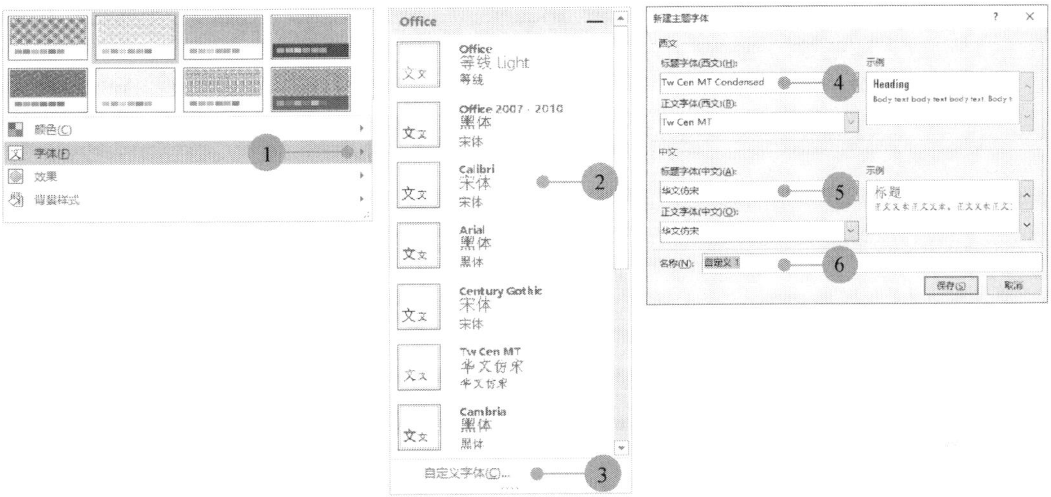

图 2.6　通过“变体”选项组设置主题字体操作步骤

（3）设置主题效果。

如图 2.7 所示，在“设计”选项卡界面中点击“变体”选择组中右下角的“倒三角”图标，得到设置菜单栏（编号 1）。然后点击菜单栏中的“效果”，在弹出的选项卡中选择主题效果即可（编号 2）。Office 共提供了 15 种效果供选择。

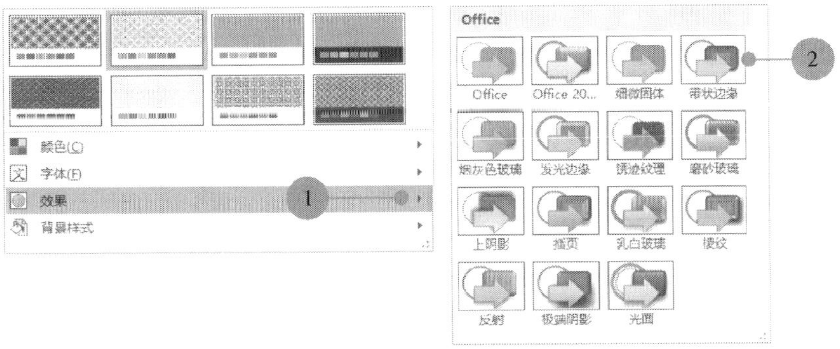

图 2.7　通过“变体”选项组设置主题效果操作步骤

（4）设置主题背景。

如图 2.8 所示，在“设计”选项卡界面中点击“变体”选择组中右下角的“倒三角”图标，得到设置菜单栏（编号 1）。然后点击菜单栏中的“背景样式”，在弹出的选项卡中选择喜欢的背景格式即可（编号 2）。如果 Office 提供的背景样式不满足需求，也可以点击“设置背景格式”（编号 3），也对应图 2.2 中编号 5 的背景格式，此时在 PPT 编辑区域右侧弹出“设置背景格式”参数设置窗口（编号 4），可以在此窗口中设置背景填充格式，并且在设置完成后支持通过“应用到全部”按钮将目前设置的背景格式应用到所有 PPT 页面中（编号 5），也允许通过“重置背景”（编号 6）或“重置幻灯片背景”（编号 7）重置所有幻灯片背景格式操作。

除上述操作外,也可以在“演示文稿编辑区”点击鼠标右键,在弹出菜单中可以选择“设置背景格式”选项,也会在 PPT 编辑区域右侧弹出“设置背景格式”参数设置窗口。

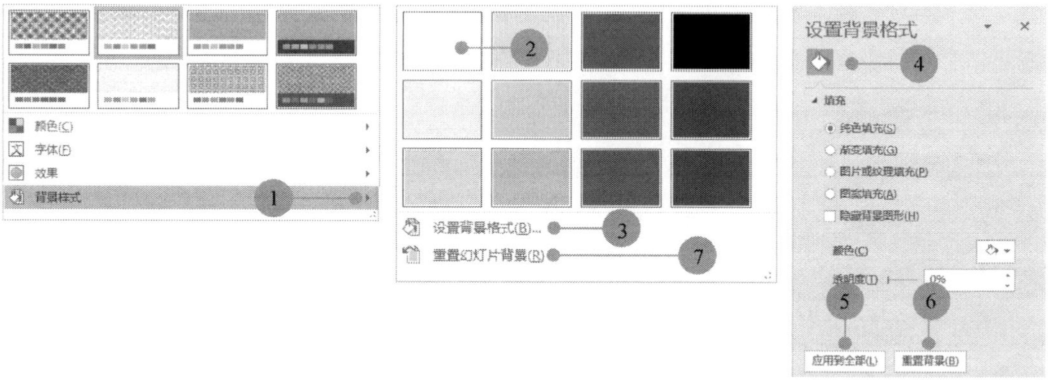

图 2.8　通过“变体”选项组设置主题背景格式操作步骤

2.1.2　软件其他设置

除前文所述的演示文稿参数设置外,PowerPoint 2019 还提供了专门的参数设置界面,方便用户对其他相关的显示、存储功能进行设置,在 PowerPoint 2019 工作界面中点击“文件”按钮,然后在弹出的选项卡中的右下角选择“选项”按钮,弹出“PowerPoint 选项”对话框,操作步骤如图 2.9 所示。“PowerPoint 选项”默认打开“常规”子对话框,在此对话框中可以设置用户名、缩写(编号 3)和 Office 主题(编号 4)等操作,可以根据需要选择使用。

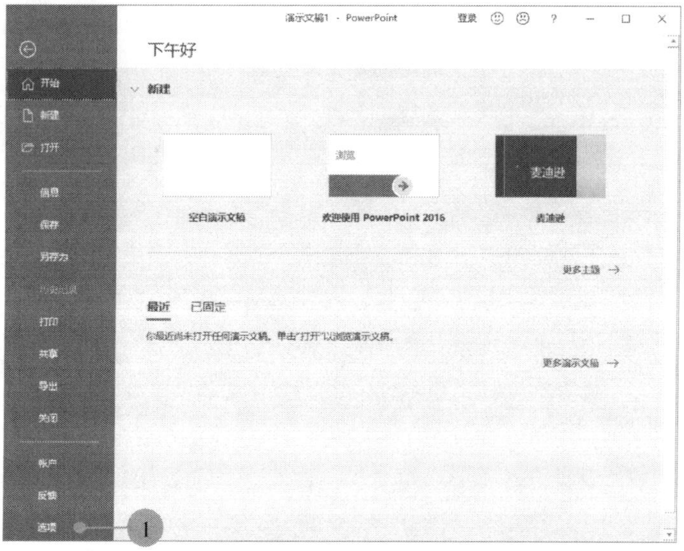

图 2.9　打开“PowerPoint 选项”对话框操作步骤

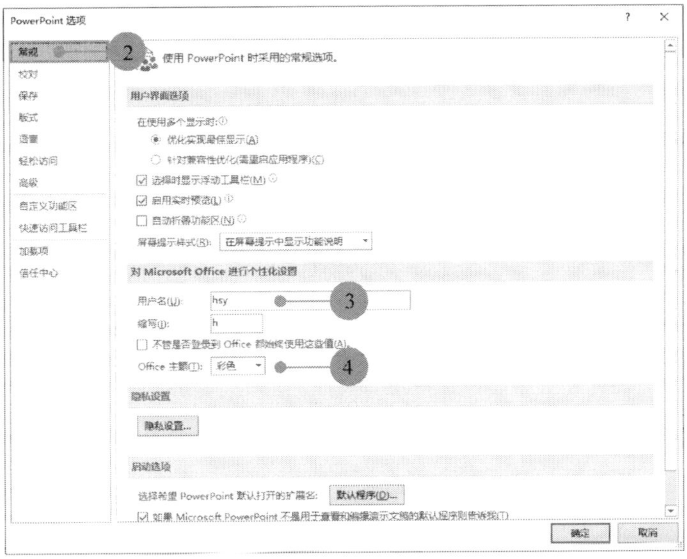

续图 2.9

如图 2.10 所示，在“PowerPoint 选项”对话框中选择“保存”子对话框（编号 1），在此对话框中可以设置演示文稿的“自动保存时间”（编号 2）和“默认本地文件位置”（编号 3）。无论使用台式机还是笔记本进行演示文稿文档编辑工作，自动保存都是一个重要的功能，可防止突然断电或者软件崩溃造成数据丢失。因此，充分利用演示文稿提供的自动保存功能可以保证数据的安全。

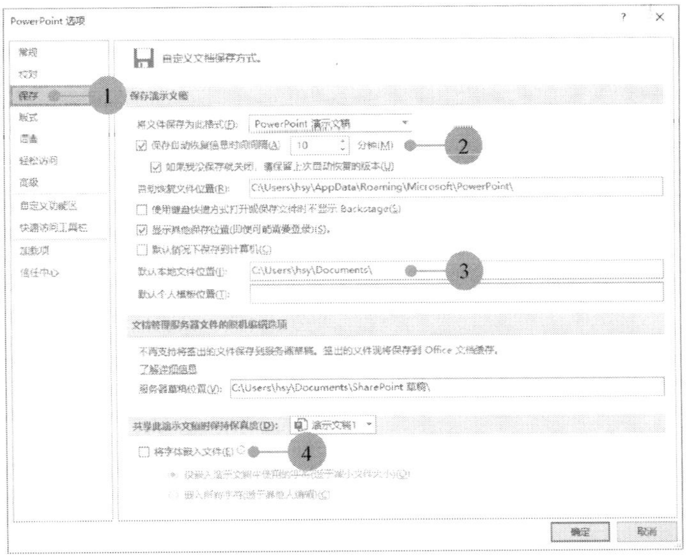

图 2.10　设置“显示”与“保存”子对话框参数

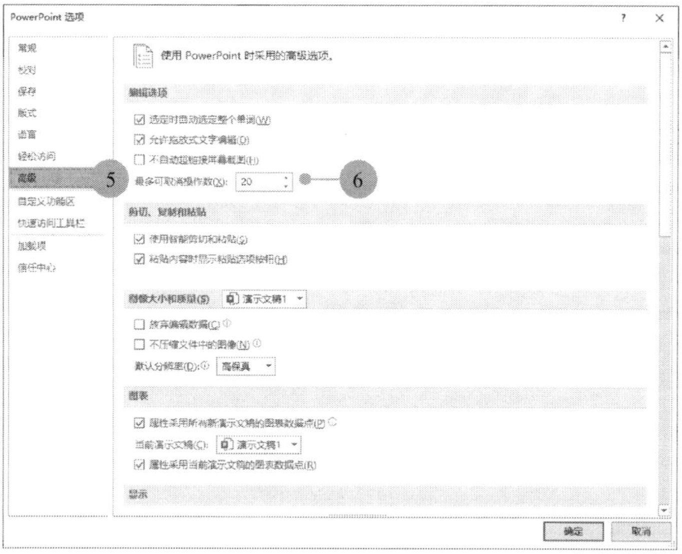

续图 2.10

同时,图 2.10 中编号 4 给出的“将字体嵌入文件”功能可以解决“换了电脑字体显示就不正常”的问题,对于使用了个性化字体的演示文稿,当将制作好演示文稿复制到其他电脑中进行播放时,由于其他电脑没有相应的字体,因此播放时很可能出现文字串行和变形。采用编号 4 对应的“将字体嵌入文件”功能,把演示文稿所用字体嵌入到演示文稿中,则字体会一直跟随着文稿,避免了新计算机没有字体引起的问题。

“将字体嵌入文件”功能提供两种选项,其中“仅嵌入演示文稿中使用的字符”适用于减少文件大小,虽不影响放映和观看,但当需要在新电脑进行再次修改时,如果这种字体新电脑中未安装,那么将自动替换为该新电脑中默认的中文字体,而不再是精心挑选的字体。“嵌入所有字符”适用于其他人编辑,将所用字体程序库一同打包并嵌入演示文稿中,修改时依然为文稿制作者所选择的特殊字体,不过这种设置的缺点就是文本过大。

在“PowerPoint 选项”对话框中,选择“高级”子对话框(编号 5),可以对 PowerPoint 进行高级设置,如设置“最多可取消操作数”(编号 6)等,可以根据需要选择设置。

图 2.11 所示为自定义“功能区”和“快速访问工具栏”的操作步骤,在“自定义功能区”子对话框中(编号 1),可以从编号 2 的功能类别中选择对应命令(编号 3),再使用“添加”命令(编号 4)增加到功能区中。同理,可以使用“删除”命令从功能区中移除。“快速访问工具栏”的操作步骤与此类似,此处不再赘述。需要说明的是,自定义“功能区”和“快速访问工具栏”除可以通过“PowerPoint 选项”设置外,还可以直接在“功能区”单击鼠标右键后选择“自定义功能区”,或从“快速访问工具栏”的“向下箭头”中进行设置,该方法使用时更加便捷。

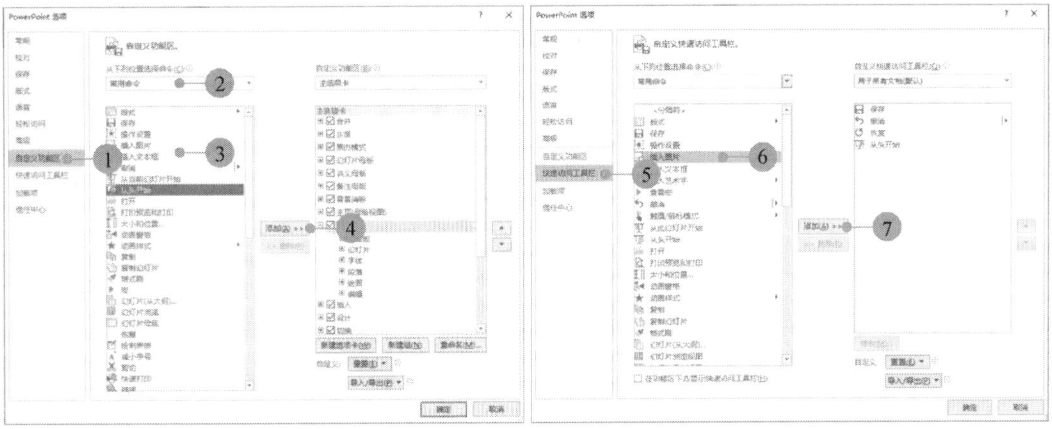

图 2.11　自定义“功能区”和“快速访问工具栏”的操作步骤

2.2　演示文稿的操作与编辑

2.2.1　演示文稿的操作

1. 新建演示文稿文件

启动 PowerPoint 2019 程序,系统自动创建一个名为“演示文稿 1”的空白文档。除此方法外,还可以使用以下方法新建一个演示文稿。

方法一:选择“文件”按钮下的“新建”命令。

方法二:在 PowerPoint 窗口中,使用“Ctrl+N” 组合键创建一个新的幻灯片演示文稿。

方法三:首先将“新建空白文档”功能增加到“快捷工具访问栏”,然后在“快捷工具访问栏”上直接点击“新建空白文档”快捷菜单,如图 2.12 所示。“快捷工具访问栏”设置可以参考 1.1.2 节的介绍。

2. 通过模板新建演示文稿文件

PowerPoint 的模版就是一个包含初始设置(有时还有初始内容)的文件,可以根据它来新建演示文稿。模板所提供的具体设置与内容有所不同,但可能包括一些示例幻灯片、背景图片、自定义颜色和字体主题,以及对象占位符的自定义定位。对于需要直接新建演示文稿提供的模板,在“文件”按钮下的选项中,可以通过以下两种方法获取模板文件。

方法一:选择 PowerPoint 程序自带的模板,如最近打开的模板、样本模板等,直接单击即可打开。

方法二:在“搜索联机模板和主题”框中输入要创建的演示文稿类型,然后按下回车键,从 Microsoft Office Online 中下载模板。

此处需要注意,PowerPoint 中的“模板”与“主题”并不相同,主题并不完全是模板,但二者相似。主题一般是指定义好的颜色、字体和效果等,而模板所涵盖的内容会广于主题,不仅有自定义颜色和字体主题,还包括对象占位符的自定义定位等。

3. 在演示文稿中新建一张空白幻灯片

如果需要在“演示文稿”文件中新建一张幻灯片,可以采取以下三种方法。

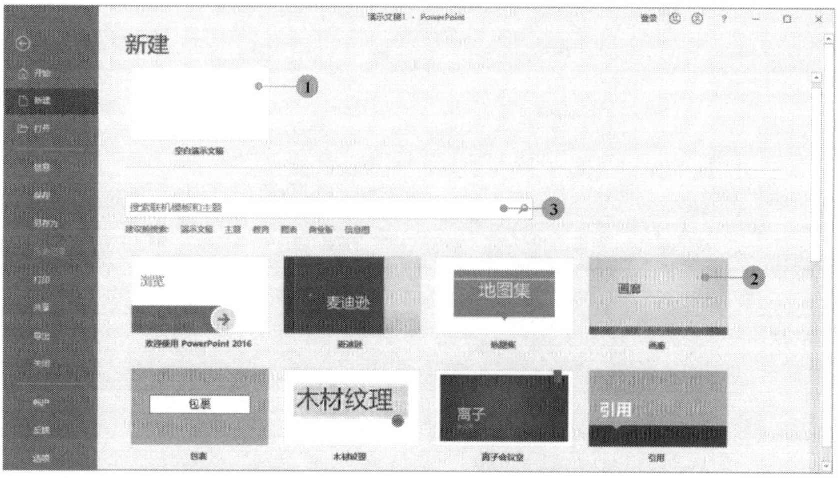

图 2.12　通过模板新建演示文稿操作步骤

方法一：在“普通视图”下,用鼠标定在“演示文稿编辑区域”左侧的“导航窗口”中,然后按下回车键,则可以在鼠标对应位置插入一张新的幻灯片。

方法二:在 PowerPoint 窗口中,按 “Ctrl+M”组合键新建一张幻灯片。

方法三:如图 2. 13 所示,在功能区“开始”或“插入”选项卡(编号 1)下选择“新建幻灯片”命令(编号 2),“新建幻灯片”选项下支持直接选择幻灯片的版式(编号 3),可以根据设计需求直接选择。如果需要修改之前已经新建的幻灯片,则只需要在“开始”选项卡下选择“版式”选项(编号 4),在弹出的选项卡中选择所需版式(编号 5)即可。

4. 保存文档

方法一:在新建的文档中单击“文件”按钮下的“保存”按钮,在弹出的“另存为”对话框中设置保存路径、文件名及保存类型,再单击“保存”即可。

方法二:在“快捷工具栏”中单击“保存”图标

方法三:在 PowerPoint 窗口中按“Ctrl+S”组合键保存文件。

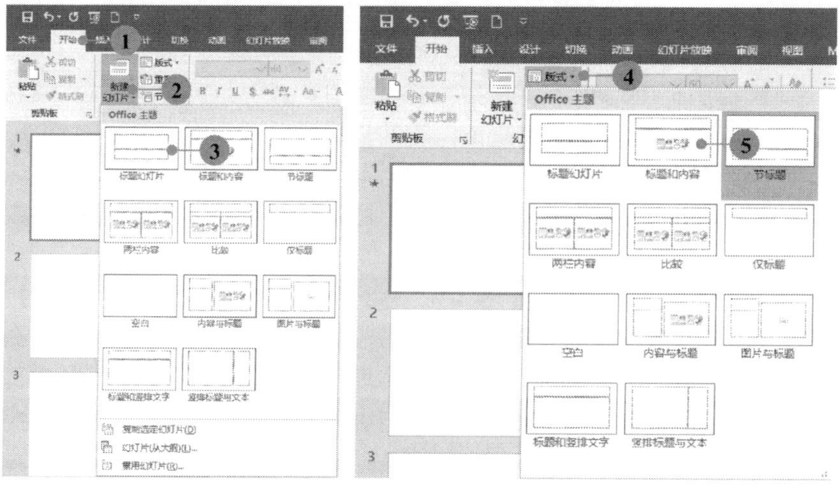

图 2. 13　“新建幻灯片”命令

对于已有的文档，在编辑过程中要及时保存，以防因断电、死机或系统自动关闭等情况而造成信息丢失。也可以通过选项设置自动保存时间，具体方法参见 1.1.2 节的介绍。

5. 另存演示文稿

在对原文档进行各种编辑后，如果希望不改变原文档的内容，可将修改后的文档另存为一个新的文档。另存演示文稿操作步骤如图 2.14 所示，选择“文件”选项卡，单击左侧窗格中的“另存为”命令，在“另存为”对话框中设置与前文档不同的保存位置、不同的保存名称（编号 1）或不同的保存类型（编号 2、编号 3），设置完成后单击“保存”。PowerPoint 的保存类型支持 PDF、PowerPoint 97 ~ 2003 演示文稿、PowerPoint 模板、XPS 文档等格式，可以满足不同需求。

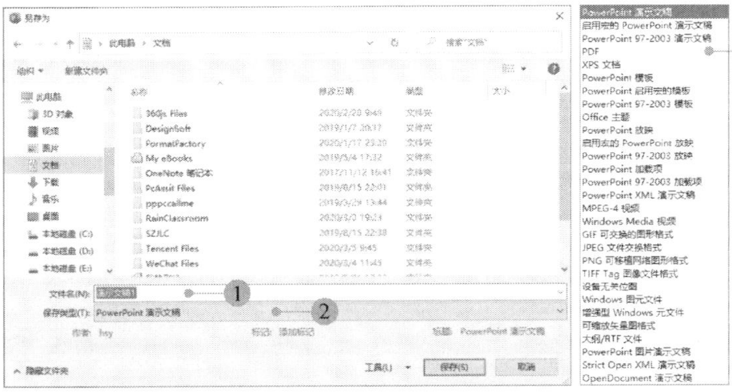

图 2.14　另存演示文稿操作步骤

6. 打开演示文稿

方法一：进入需要打开演示文稿的存放路径，再双击文档图标即可将其打开。

方法二：在 PowerPoint 窗口中选择“文件”按钮，在左侧窗格中单击“打开”命令，在弹出的“打开”对话框中找到需要打开的文档并将其选中，然后单击“打开”即可。PowerPoint 2019 在“文件”选项卡的“开始”命令或“打开”命令下会列出最近所编辑的 PowerPoint 演示文稿名称及路径，可以直接打开。

7. 关闭文档

方法一：选择“文件”选项卡，在弹出的菜单中选择“关闭”命令。

方法二：直接单击文档右上方“关闭”按钮 。

此处需要注意，PowerPoint 2019 针对每一个打开的演示文稿均有一个独立的页面，因此选择关闭 PPT 时，除非在 Windows 的任务栏点击鼠标右键后，使用“关闭所有窗口”命令后，才能将所有打开的 PowerPoint 演示文稿关闭，而通过上述方法一和方法二只能关闭当前工作的 PowerPoint 演示文稿。

8. 导出视频

在对演示文稿进行录制时，其所有元素（如旁白、动画、指针运动轨迹、计时等）都保存在演示文稿中。从本质上来说，演示文稿变成了可以在 PowerPoint 中观看的视频。要将演示文稿转换为可供观看的视频，有以下三种方法。

方法一：使用“另存为”将演示文稿另存为 PowerPoint 放映文件（.ppsx）。

方法二:使用“另存为”将演示文稿另存为 MPEG-4(文件格式.mp4)或 Windows Media(文件格式. wmv)视频文件。

方法三:使用“导出”将演示文稿另存为 MPEG-4(文件格式.mp4)或 Windows Media(文件格式. wmv)视频文件。

(1)另存为“PowerPoint 放映文件”。

“PowerPoint 放映文件”即 PowerPoint Show 文件.ppsx,打开该类型文件时,它在幻灯片放映中全屏显示,而不是在编辑模式下显示。.ppsx 文件从严格意义上来说不是视频文件,而且需要播放的电脑已经安装了高版本的 PowerPoint 才可以,具体操作步骤可以参考 2.2.1 节“演示文稿的基本操作”中“另存文档”部分,此处不再赘述(或者在“功能区”的“录制”选项卡上直接选择“另存为幻灯片放映”)。

(2)另存为“视频文件”。

与(1)操作步骤类似,只在另存的文档类型中选择“MPEG-4 视频”或“Windows Media 视频”即可。

(3)直接导出为“视频文件”。

步骤 1:如图 2.15 所示,在“文件”菜单上选择“导出”(编号 1),然后选择“创建视频”选项(编号 2)(或者在“功能区”的“录制”选项卡上直接选择“导出到视频”)。

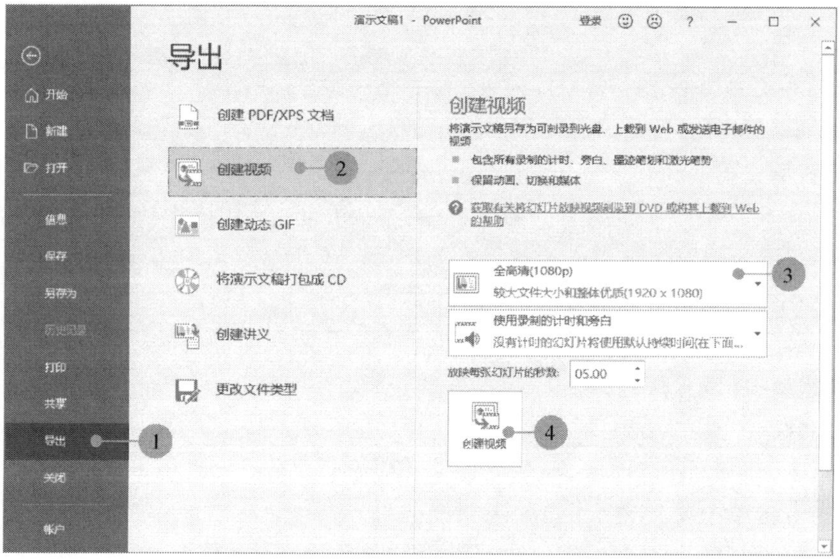

图 2.15 直接导出为“视频文件”操作过程

步骤 2:在“创建视频”选项下提供“所需的视频质量”和“是否涵盖旁白和计时”选项(编号 3)。“所需的视频质量”选项见表 2.1,分辨率越高,视频的质量越高,文件越大。

表 2.1 “所需的视频质量”选项

选项	分辨率(像素)	适合显示器
超高清(4K)	3 840×2 160,最大文件大小	大型显示器(只适合 Windows 10)
全高清(1 080p)	1 920×1 080,较大文件大小	计算机和 HD 屏幕
高清(720p)	1 280×720,中等文件大小	互联网和 DVD
标准(480p)	852×480,最小文件大小	便携式设备

“是否涵盖旁白和计时”选项中，如果演示文稿没有录制计时旁白，则默认值是“不使用录制计时和旁白”，此时每张幻灯片花费的时间默认为 5 s，并支持在对话框中自定义。反之，如果演示文稿已录制计时旁白，则默认值为“使用录制计时和旁白”。

步骤 3：单击“创建视频”，在弹出的“保存”对话框中设置视频文件名和保存路径，单击“保存”完成创建视频操作。

9. 创建动态 GIF

步骤 1：在“导出”界面下选择“创建动态 GIF”选项。

步骤 2：在“创建动态 GIF”选项下默认质量为“中”，可以根据需要在下拉框中将其设置为更高或更低。

步骤 3：设置每张幻灯片的秒数，完成设置后直接点击“创建视频”，完成 GIF 创建。

除上述操作方法外，还可以直接利用“另存为”将幻灯片设置为动态 GIF 文件。

10. 复制幻灯片

复制幻灯片是指在演示文稿中生成与原幻灯片一样的新幻灯片，操作步骤如图 2.16 所示。首先，在演示文稿的“导航窗口”中选中需要复制的幻灯片(编号 1)，如图 2.16 中的第二张幻灯片，单击鼠标右键，在弹出的快捷菜单中选择“复制幻灯片”选项(编号 2)。此时，演示文稿自动复制了一个与第二张幻灯片一模一样的幻灯片，并命名为“3”，用户可以根据需求，套用此幻灯片中的样式，将幻灯片中的内容稍做修改，完成新幻灯片的制作(编号 3)。

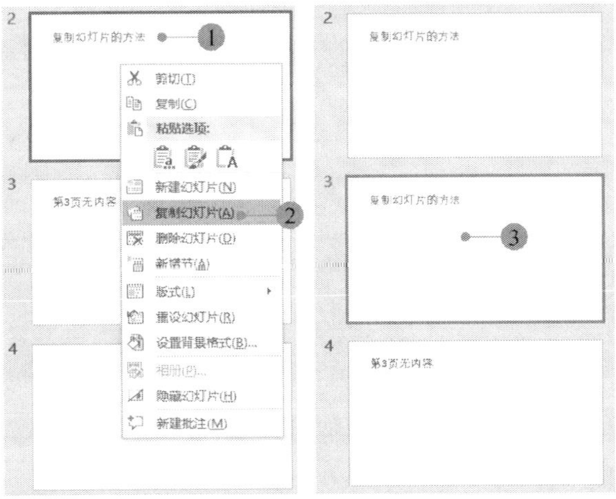

图 2.16　复制幻灯片的操作步骤

除此方法外，也可以在“导航窗口”中使用组合快捷键“Ctrl+C”与“Ctrl+V”配合完成复制幻灯片的操作。

11. 移动幻灯片

在编辑演示文稿时，有时需要调整幻灯片的播放顺序。除可以使用“剪切(Ctrl+X)”+“粘贴(Ctrl+V)”的传统操作方法外，PowerPoint 还支持一种更简便的方法。

在演示文稿的“导航窗口”中选中需要移动的幻灯片，按下鼠标左键，然后直接将该被选中的幻灯片移动到目标位置即可。

2.2.2　播放演示文稿

设计好演示文稿后,下一步是掌握播放演示文稿的技巧,如图 2.17 所示,播放演示文稿需要用到“功能区”“幻灯片放映”选项卡中的相关功能。

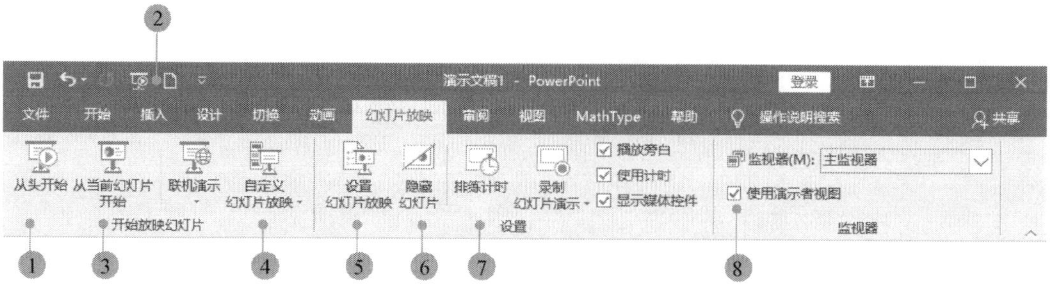

图 2.17　使用“幻灯片放映”选项卡播放演示文稿

1. 播放演示文稿

方法一:在“功能区”“幻灯片放映”选项卡中选择“从头开始”,直接播放演示文稿(编号 1)。

方法二:在“快速工具栏”中加入“从头播放”按钮,然后再直接单击该按钮即可(编号 2)。

方法三:在 PowerPoint 演示文稿中按快捷键“F5”直接播放演示文稿。

方法四:在“演示文稿编辑区”下方的“视图按钮”中直接选择“幻灯片放映”按钮,如图 2.18 所示。

图 2.18　使用“视图按钮”中的“幻灯片放映”按钮直接播放幻灯片

2. 从当前幻灯片开始播放

方法一:从“功能区”“幻灯片放映”选项卡中选择“从当前幻灯片开始”,直接播放演示文稿(图 2.17 中的编号 3)。

方法二:在 PowerPoint 演示文稿中按快捷键“Shift+F5”。

3. 自定义幻灯片放映

自定义幻灯片是指在一份完整内容的 PPT 中,根据 PPT 演讲对象的不同,可以设置播放 PPT 中不同的内容。例如,幻灯片共有 10 页,如果只想挑选其中的几页幻灯片来播放,如只播放第 1、3、5、6 页,则需要使用“自定义幻灯片放映”功能。如图 2.19 所示,该功能操作步骤如下。

步骤 1:从“功能区”“幻灯片放映”选项卡中选择“自定义幻灯片放映”,打开“自定义放映”对话框。

步骤 2:在该对话框中选择“新建”(编号 1),打开“定义自定义放映”子对话框。在该对话框中,可以自定义幻灯片放映名称(编号 2),再勾选需要放映的幻灯片前面的复选框(编号 3),然后通过“添加”功能键(编号 4)增加到“在自定义放映中的幻灯片”栏。同时,可以编辑幻灯片的放映顺序等(编号 5),完成设置后,可以点击确定后退出。

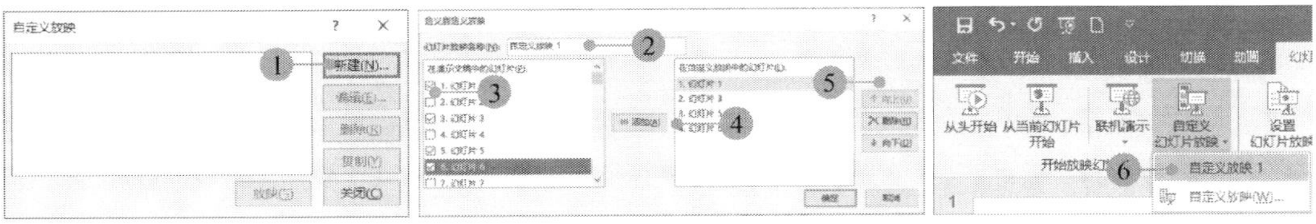

图 2.19　“自定义幻灯片放映”功能设置步骤

步骤 3:退出设置后,再从“功能区”的“幻灯片放映”选项卡中点击“自定义幻灯片放映”选项,可以看到之前设置的“自定义放映 1”已经设置成功(编号 6),此时鼠标单击该选项,则自动全屏播放该幻灯片。

4. 设置幻灯片放映参数

在使用 PowerPoint 2019 放映幻灯片时,除单纯地使用“从头开始”播放外,还可以通过设置幻灯片放映参数实现更灵活的放映方式。从“功能区”“幻灯片放映”选项卡中选择“设置幻灯片放映”选项(编号 5),打开图 2.20 所示的“设置放映方式”对话框,通过该对话框可以进行放映类型、放映选项、放映幻灯片、推进幻灯片及多监视器等设置。

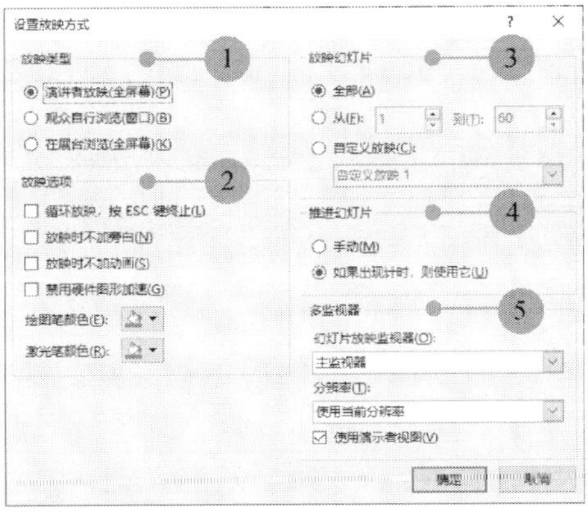

图 2.20　通过“设置放映方式”对话框设置幻灯片放映参数

(1)放映类型。

①演讲者放映。演讲者放映是指由演讲者一边讲解,一边放映幻灯片,此演示方式一般用于较正式的场合,如专题讲座、学术报告等。

②观众自行浏览。观众自行浏览是指由观众自己动手使用计算机观看幻灯片。如果希望让观众自己浏览多媒体幻灯片,则可以将多媒体演讲的放映方式设置成观众自行浏览。

③在展台浏览。在展台浏览的放映方式可以让多媒体幻灯片自动放映而不需要演讲者操作,如放在展览会的产品展示等。

(2)放映选项。

①循环放映,按 ESC 键终止。“循环放映,按 ESC 键终止”选项将幻灯片一直循环进行播放,直到按“ESC”退出键后终止,本操作一般可以用于展台展示,或者演讲前的暖场幻灯片。对于循环播放的幻灯片,一般均用到“幻灯片自动切换”功能,可以参考 2.2.3 节中“设置幻灯片切换效果”的内容。

②放映时不加旁白。“旁白”是指在在幻灯片中加入的“音频”文件(在幻灯片中加入

“音频”文件的方法可以参见2.2.3节中“插入其他对象”的内容)。“放映时不加旁白”选项是指在放映时是否播放对应的音频文件。

③放映时不加动画。“动画”是指幻灯片中各个对象的动作(在幻灯片中加入“动作”的方法可以参见2.2.3节中“为幻灯片中的对象添加动画效果”的内容)。“放映时不加动画”选项是指在放映时是否按照动画的方式播放幻灯片。

④禁用硬件图形加速。“禁用硬件图形加速”选项用来关闭硬件图形加速功能。性能一般的计算机在放映PPT时可能会出现卡顿甚至花屏现象,此时可以启动硬件图形加速功能来改善幻灯片放映的性能。禁用则是关闭此功能。

⑤绘图笔/激光笔颜色。“绘图笔/激光笔颜色”选项用于设置播放时使用的绘图笔和激光笔的颜色。

(3)放映幻灯片。

“放映幻灯片”选项组主要用于设置播放幻灯片的具体页面,如可以选择“全部”、按照顺序选择“从××页到××页”或按照“自定义放映”的设置进行播放。掌握本选项组的功能将不再受限于一个PPT从头到尾全部播放。

(4)推进幻灯片。

推进幻灯片是指各页幻灯片之间的切换方式,尤其是前文在“放映选项”中选择的“循环播放、按ESC键终止”选项,如果在循环播放时每一页幻灯片均需要“手动”切换,则会增加额外的工作。因此,往往在这种循环播放的PPT中会设置每一页“自动切换”的“计时”时间。因此,“如果出现计时,则使用它”就是针对这类情况,在自动播放过程中,某页幻灯片中涵盖计时信息,则在计时时间到后即刻跳转到下一页。

(5)多监视器。

本选项组用于设置幻灯片放映时的监视器和分辨率,以及是否使用“演示者视图”。有关演示者视图的内容参见后续“演示者视图”。

5. 隐藏幻灯片

对于制作好的幻灯片,如果希望其中的部分幻灯片在放映时不显示出来,除可以通过前文的“自定义幻灯片放映”方法设置哪些幻灯片可以放映外,还可以使用“隐藏幻灯片”功能对某些不希望放映的幻灯片进行隐藏。设置隐藏幻灯片的方法有以下两种。

方法一:在“导航窗口”中选择好待隐藏的幻灯片后,再在“功能区”“幻灯片放映”选项卡“设置”选项组中选择“隐藏幻灯片”即可。

方法二:在“导航窗口”中选择好待隐藏的幻灯片后,点击鼠标右键后在弹出的菜单选项中选择“隐藏幻灯片”。

已经被设置成隐藏的幻灯片在“导航窗口”中显示具有不透明度,同时其左上角的幻灯片标号已经被斜线“划掉”,以此与正常显示的幻灯片加以区别。

6. 排练计时

在设置演示文稿自动播放时,往往需要精确设定每张幻灯片的切换时间,或者是在进行大一年度项目、毕业论文等答辩时对答辩时间要求严格,此时均可以采用“排练计时”功能进行幻灯片播放时的准确计时。设置“排练计时”操作步骤如图2.21所示,具体操作步骤如下。

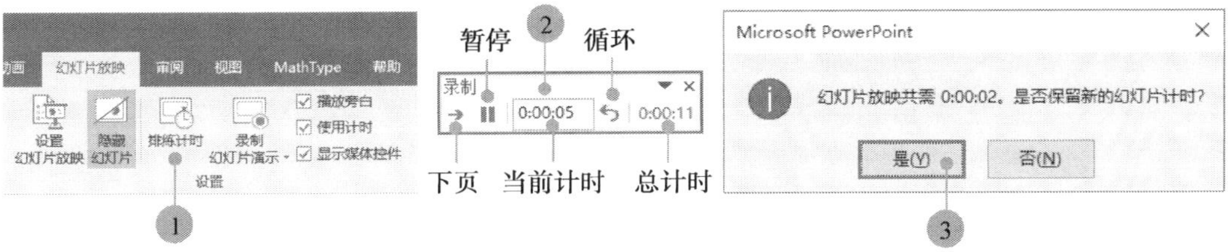

图 2.21　设置“排练计时”操作步骤

步骤 1:从“功能区”“幻灯片放映”选项卡“设置”选项组中选择“排练计时”功能(编号 1)。

步骤 2:此时,幻灯片将自动进行播放,播放时在屏幕左上角将会出现一个“录制”浮动工具栏(编号 2),显示当前放映时间(当前计时)和总放映时间(总计时)。演讲者按照正常需求切换幻灯片,进入新一页幻灯片时,“录制”浮动工具栏将重新开始计时,而总放映时间将继续计时。在“录制”浮动工具栏中单击“下页”按钮将能够切换到下一张幻灯片,如果需要暂停计时,则可以单击工具栏中的“暂停”按钮,此时 PowerPoint 会给出提示对话框,单击“继续录制”按钮将能够继续幻灯片播放过程的录制。在“录制”浮动工具栏中单击“循环”按钮,可以重新开始记录当前幻灯片的放映时间。

步骤 3:完成演示文稿全部幻灯片的排练计时,保留新的幻灯片计时,然后退出幻灯片放映状态。此时,PowerPoint 2019 给出提示对话框(编号 3),提示是否保留新的幻灯片计时,单击“是”按钮保存排练时间。如图 2.22 所示,此时如果切换到“功能区”“视图”选项卡“演示文稿视图”选项组中的“幻灯片浏览视图”模式下,则在每张幻灯片右下方将会出现幻灯片播放需要的时间(编号 1),而按照前文“隐藏”的幻灯片也会在其中显示出来(编号 2)。

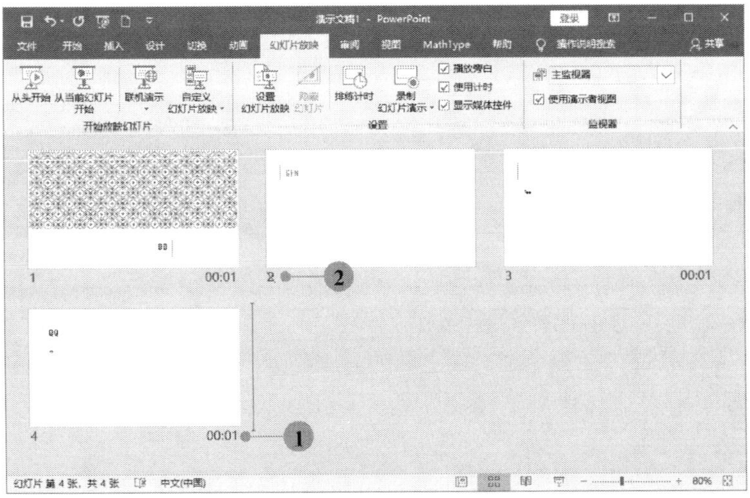

图 2.22　在“幻灯片浏览视图”模式下显示“排练计时”结果

7. 录制幻灯片演示

旁白和排练时间可增强基于 Web 的或自运行的幻灯片放映效果。如果对幻灯片有配音、记录演讲笔迹等需求,则可以录制 PowerPoint 演示文稿并捕获旁白、幻灯片排练时间和墨迹笔势。录制完成后,音频或笔迹均可以嵌入幻灯片中,在播放时展现出来,或者可以将演示文稿另存为一个具有音频、笔迹的视频文件。

步骤1:参考2.1.2节“软件其他设置”内容,打开“功能区”的“录制”选项卡。在功能区的“文件”选项卡上单击“选项”,在“选项”对话框中单击左侧的“自定义功能区”选项卡,然后在列出的可用“功能区”选项卡的右框中选择“录制”复选框,单击“确定”。得到的“功能区”的“录制”选项卡如图2.23所示。

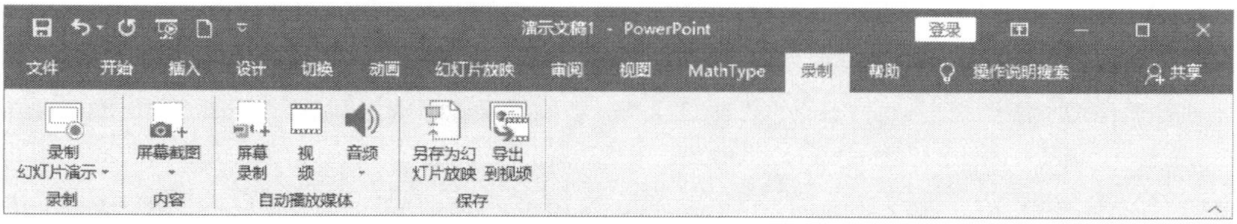

图2.23 “功能区”的“录制”选项卡

步骤2:如图2.24所示,在功能区的“录制”选项卡或“幻灯片放映”选项卡上选择“录制幻灯片演示”(编号1)(注意,除使用本方法外,还可以直接从“功能区”的“幻灯片放映”选项卡中进入)。在“录制幻灯片演示”选项下,有“从当前幻灯片开始录制”“从头开始录制”和“清除”三个选项。其中,“清除”命令会删除旁白或排练时间,使用时务必小心。除非以前录制了幻灯片,否则“清除”将显示为灰色。

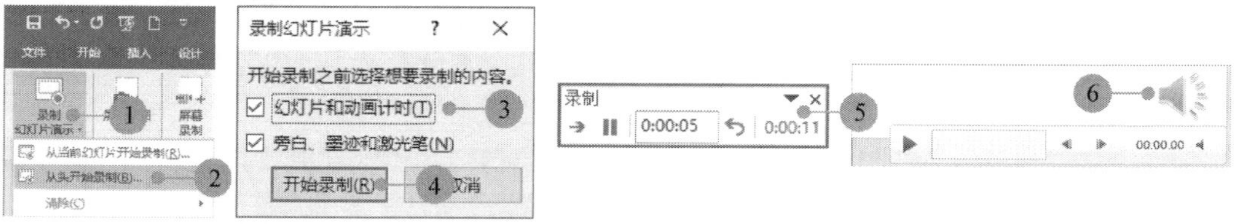

图2.24 录制幻灯片演示操作步骤

步骤3:选择“从头开始录制”选项后,进入“录制幻灯片演示”对话框,可以设置想录制的内容,包括“幻灯片和动画计时”和“旁白、墨迹和激光笔”两个选项(编号3),选择完成后点击“开始录制”(编号4)。

步骤4:此时,幻灯片将自动进行播放,播放时在屏幕左上角将会出现一个“录制”浮动工具栏(编号5),与“排练计时”类似。

步骤5:将幻灯片按照正常播放需求录制完成后,“排练计时”“旁白”“墨迹”等也加入到幻灯片中,此时参考查询“排练计时”效果的方法,切换到“功能区”“视图”选项卡“演示文稿视图”选项组中的“幻灯片浏览视图”模式下,即可看到“排练计时”“旁白”“墨迹”等。而对于插入了“旁白”的幻灯片,则在其页面右下角增加了“音频”符号(编号6)。

步骤7:按照上述步骤录制完成后,PowerPoint 2019已经将“排练计时”“旁白”“墨迹”等内容自动添加到演示文稿的参数设置中,此时直接播放演示文稿,即可展现“录制”时的实际效果。可以参考“设置幻灯片放映参数”的内容进行相关放映参数设置。如果希望将录制的幻灯片制作成一个视频文件,也可以参考“导出章节”中的“导出为视频”内容,此处不再赘述。

8. 使用演示者视图

在科技创新项目报告、毕业论文答辩等正式的场合中，使用“演示者视图”可以区分演讲者的屏幕（如便携式计算机）和观众的投影大屏幕，从而在演讲者的屏幕上能够查看幻灯片的备注。图 2.25 所示为“演示者视图”下演讲者的计算机屏幕效果，此时演讲者可以在演示时看到页面备注，而观众从投影仪屏幕上只能看到幻灯片。同时，图中给出了相关的控件说明，各个控件功能均较简单，此处不再赘述。

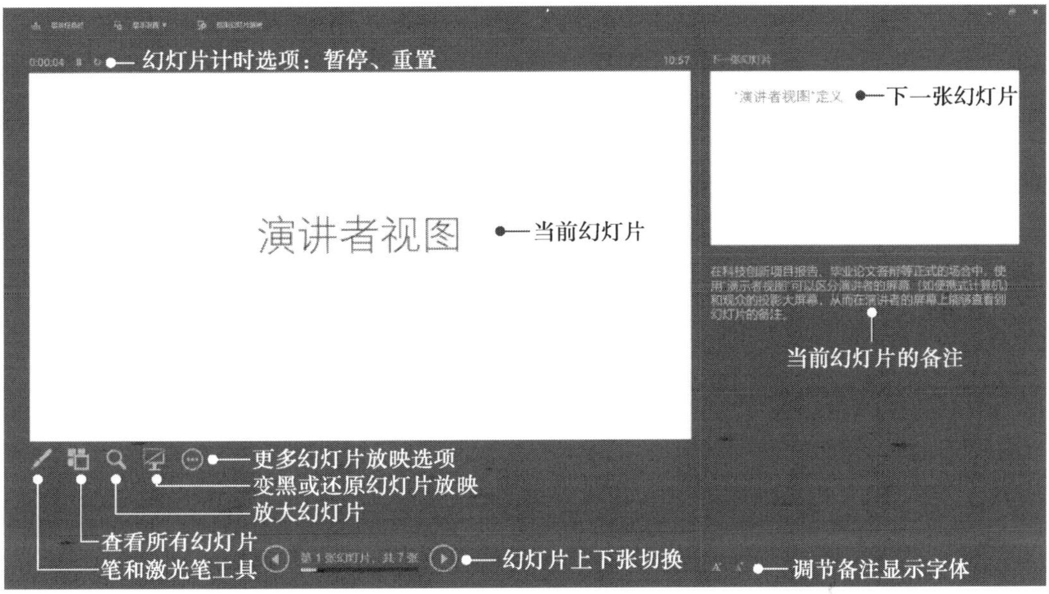

图 2.25　“演讲者视图”下演讲者的计算机屏幕效果

微软公司自 PowerPoint 2013 后，只需连接显示器，PowerPoint 自动设置为“演示者视图”。如果只有一台显示器上使用 PowerPoint，并且需要显示演示者视图，则在“幻灯片放映”视图左下角的控制栏上选择“更多幻灯片放映选项”，点击 PowerPoint 中的“显示演示者视图”按钮，然后选择“显示演示者视图”即可。

如果需要打开或关闭“演示者视图”，可以通过功能区的“幻灯片放映”选项卡下“监视器”选项组中“显示演示者视图”复选框选择或取消。而在放映幻灯片时，可以通过鼠标右键选择“显示演示者视图”或“隐藏演示者视图”。

2.2.3　幻灯片的编辑

1. 在幻灯片中输入文本

文本是幻灯片中必不可少的信息来源，在 PowerPoint 2019 中主要有两种文本输入方式，分别介绍如下。

(1)使用占位符输入文本。

占位符是 PowerPoint 中含有虚线边缘的框,在绝大部分的幻灯片版式中均有这种虚线边框。在该虚线边框中,既可以放置标题及正文,也可以放置图、表等对象。在创建幻灯片时所选择的幻灯片版式即 Office 通过版式预置了占位符的位置。

使用占位符输入文本的方法如图 2.26 所示。首先确定新建幻灯片的版式,即选择占位符的类型和位置,然后即可在占位符中输入包括文本在内的各种所支持的对象。

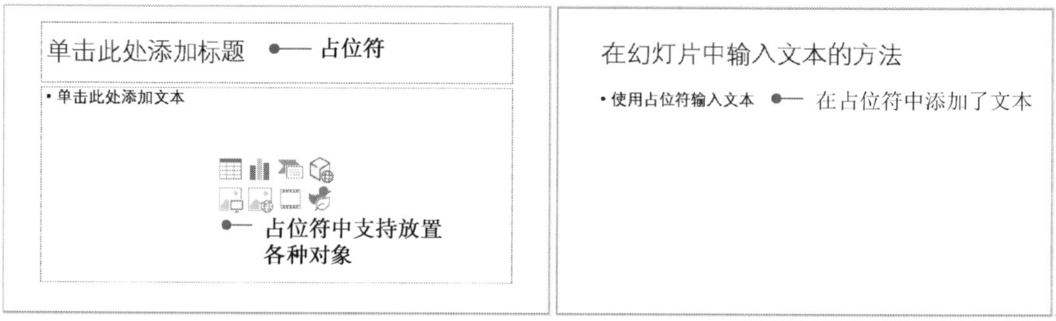

图 2.26　使用占位符输入文本的方法

(2)使用文本框。

幻灯片中的占位符实际上是一个包含了位置、文本格式的特殊文本框。因此,PowerPoint 也支持根据用户需求在幻灯片中任意位置绘制文本框,并能设置文本框的文本格式,从而灵活地创建各种形式的文字。在幻灯片中创建文本框的具体操作步骤如下。

步骤 1:选择需要插入文本框的幻灯片,然后在功能区中打开“插入”选项卡(编号 1),在“文本”选项组中单击“文本框”按钮(编号 2),此时拖动鼠标即可在幻灯片中形成一个文本框,或者单击“文本框”下的下三角按钮,选择下拉列表中的“横排文本框”或者“竖排文本框”(编号 3),即可自动在幻灯片中插入一个文本框,如图 2.27 所示。

图 2.27　插入文本框的方法

步骤 2:在文本框中输入文字,并且通过“开始”选项卡编辑文字格式,设置好字体、字号和字符颜色等,再调整好文本框的大小,并将其定位在幻灯片的合适位置上即可。

注意:除上述方法外,也可以用“绘图”工具栏上的“文本框”按钮来插入文本框,或者使用插入“形状”按钮输入文本(可能涉及填充颜色的修改)等,可以按需求选择。

(3)设置文本格式。

在 PowerPoint 中完成文本框的输入后,需要对文本框中包括字体、字号、颜色、段落参数等在内的文字格式进行设置。这些设置与 Word 中文本及段落的设置方法相同,主要用到功能区中“开始”选项卡内“字体”“段落”“绘图”选项组中的功能，如图 2.28 所示。其中，“字体”选项组主要对文本框的字体格式进行修改；“段落”选项组主要对文本框的段落格式进行修改；“绘图”选项组主要对文本框的外形、填充和叠放次序等进行修改。此方法均与 Word 中文本及段落的设置方法类似，此处不再赘述。

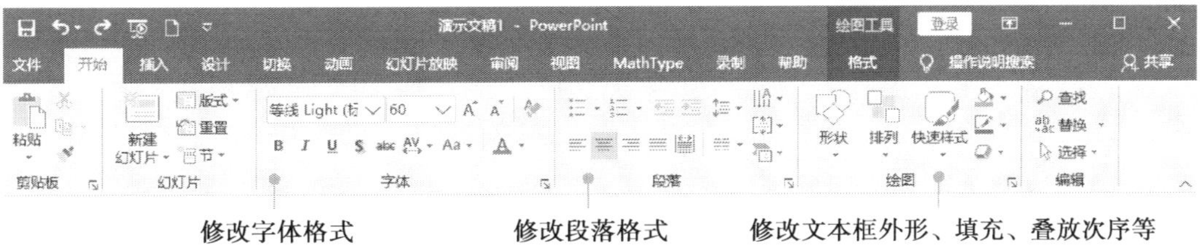

图 2.28　利用“开始”选项卡的功能设置文本格式

需要说明，“绘图”选项组中的“排列”选项主要用于对幻灯片中多个对象的“方次序”等功能进行设置，如图 2.29 所示。“排列”选项中可以设置对象的叠放次序（编号 1），也可以组合多个对象（编号 2），还可以设置多个对象的对齐方式（编号 3）和旋转参数（编号 4）等。

图 2.29　利用“排列”设置文本框的参数

（4）编辑文本框的样式。

添加完文本框后，如果需要修改文本框的填充颜色、外框颜色等，则需要对文本中的形状样式进行编辑设置。这些设置与 Word 中图形样式的设置方法相同，主要用到功能区中“格式”选项卡中的功能，如图 2.30 所示。在幻灯片中选择文本框，即在功能区会弹出“格式”选项卡，在“格式”选项卡可以设置“形状样式”“艺术字样式”等，相关操作步骤与 Word 中图形样式的设置方法相同，相关内容可以参考 1.4.3 节的内容，此处不再赘述。

2. 在幻灯片中输入图片

演示文稿中插入图片的方法与 Word 的操作一致，可以直接使用“复制”“粘贴”方式将图片从一个文件粘贴到幻灯片中。如果需要插入的图片是一个文件，则选择“插入”选项卡，在“插图”选项组中单击“图片”按钮，打开“插入图片”对话框，在对话框中找到所需插入的图片,单击“插入”按钮,即可将所需图片插入文档中。单击所插入的图片,即可显示出图 2.31 所示的“格式”选项卡,使用“格式”选项卡可以对图片参数进行设置。

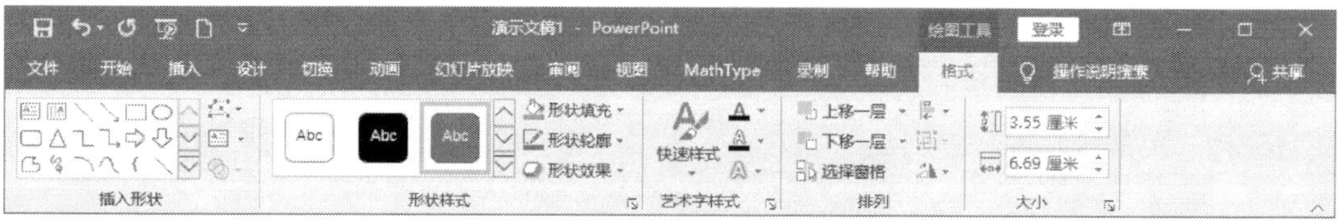

图 2.30 编辑文本框的样式

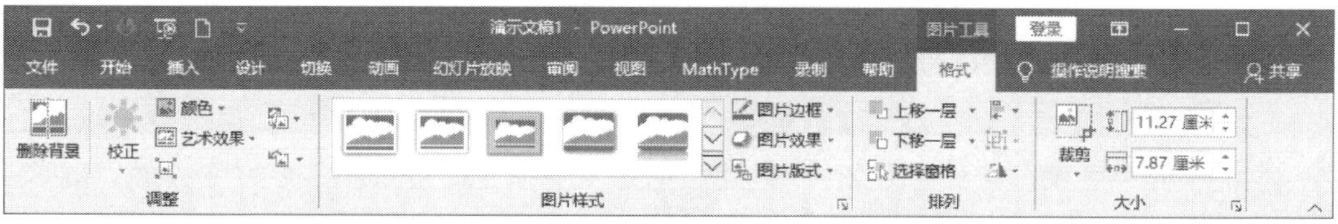

图 2.31 PowerPoint 插入图片后的“格式”选项卡

此外,图片的大小编辑、格式编辑及 SmartArt 图形等操作均与 Word 操作一致,相关内容可以参考 1.4.3 节的内容,此处不再赘述。

3. 插入其他对象

(1)在幻灯片中插入音频。

为演示文稿配上声音,可以大大增强演示文稿的播放效果。在 2.2.2 节使用“录制”功能可以为幻灯片插入音频。除此方法外,还可以在功能区“插入”选项卡中选择“媒体”“音频”,在其下拉选项中选择“PC 上的音频”或者“录制音频”。

选择“PC 上的音频”后,打开“插入音频”对话框,选择需要插入声音文件所在的文件夹,选中相应的声音文件,然后按下“确定”按钮,即可将音频文件导入到幻灯片中。演示文稿支持.mp3、.wma、.wav、.mid、.flac 等多种格式的音频文件。插入音频文件后,会在幻灯片中显示出一个小喇叭图片,在幻灯片放映时通常会显示在画面中,为不影响播放效果,通常将该图标移到幻灯片边缘处。

(2)在幻灯片中插入视频。

在演示文稿中插入视频的方法与插入音频方法一致,在功能区“插入”选项卡中选择“媒体”“视频”,在其下拉选项中选择“PC 上的视频”。

选择“PC 上的视频”后,打开“插入视频文件”对话框,选择需要插入视频文件所在的文件夹,选中相应的视频文件,然后按下“确定”按钮,即可将视频文件导入幻灯片中。演示文稿支持.flv、.avi、.wmv、.mp4 等多种格式的视频文件。拖动影片即可改变其在幻灯片中的位置,拖动影片边框上的控制柄可以改变视频放映时的大小。

4. 设置幻灯片切换效果

PowerPoint 2019 提供了多种不同的幻灯片切换效果,包括细微型、华丽型、动态内容这三大类型。如图 2.32 所示,幻灯片切换效果设置在功能区“切换”选项卡下,设置幻灯片切换效果的操作步骤如下。

编号 1 所对应的即幻灯片切换效果选项,点击右侧向下的三角箭头,可以呈现所有支持

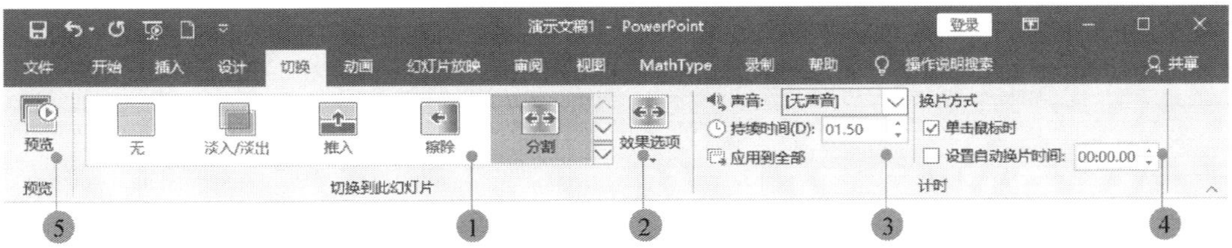

图 2.32　“切换”选项卡下的幻灯片切换效果设置

的效果，如图 2.33 所示，可以根据需要进行选择。同时，选择完某一种切换效果后，仍可以设置“效果选项”（图 2.32 中的编号 2）。针对不同的切换效果，其“效果选项”不一样。例如，选择“风”，对应的效果选项为“向左”“向右”；选择“时钟”，则有“顺时针”“逆时针”和“楔入”三种不同的效果选项，可以根据需要选取。选取了切换效果后，幻灯片立即会有效果预览，如果需要再次预览，可以点击图 2.32 中的编号 5 对应的“预览”选项。

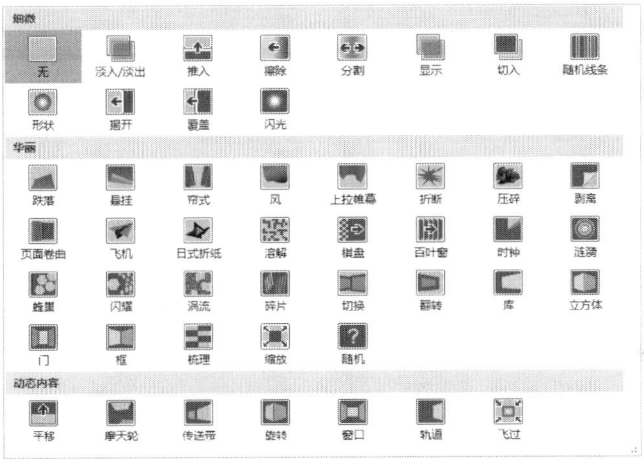

图 2.33　PowerPoint 2019 支持的幻灯片切换效果

图 2.32 中的编号 3 对应设置当前幻灯片的声音效果和持续时间，声音效果支持“爆炸”“抽气”“捶打”等十几种声音，并且支持自定义，持续时间是指“声音效果”的播放时间。为展示效果，可以在幻灯片中加入声音。但是需要注意的是，声音效果一般不适合在答辩、演讲等重要场合的演示文稿中出现，会显得比较突兀，往往适得其反。

图 2.32 中的编号 4 为设置当前幻灯片的切换时间，默认切换为通过单击鼠标进行切换。如果需要自动切换，则可以在下方的“设置自动换片时间”中设置预期的时间。勾选“设置自动换片时间”并设置好时间后，在播放到本页幻灯片时，将按照预设时间切换幻灯片。如果在设置时间前已经进行过“排练计时”演示，则“排练计时”时每页幻灯片的计时时间将自动填入到“设置自动换片时间”时间选择框中，可以直接应用。

5. 为幻灯片中的对象添加动画效果

PPT 幻灯片中，动画效果分为三大类：一是对象出现时的进入动画；二是对象在展示过程中的强调动画；三是对象退出幻灯片时的退出动画。如图 2.34 所示，幻灯片切换效果设置在功能区“动画”选项卡下。下面针对 PPT 幻灯片中设置动画效果的方法进行简单介绍。

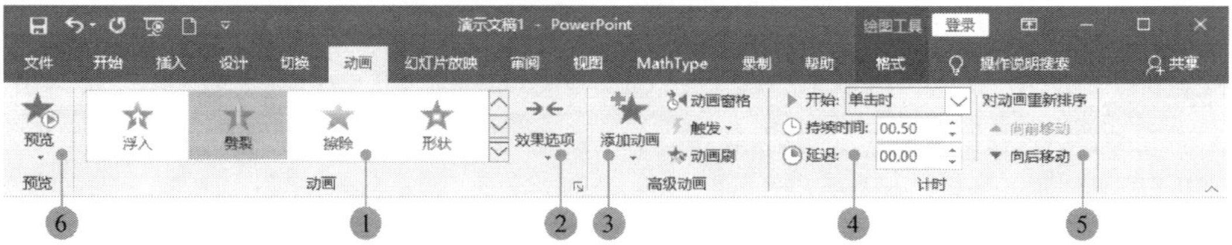

图 2.34　使用“动画”选项卡为幻灯片中的对象添加动画效果

(1)添加动画效果。

在幻灯片中选择目标单元格中的对象,切换到功能区“动画”选项卡中,点击“动画”选项组(编号 1)右侧向下的“三角箭头”,弹出下拉列表,可以呈现 PowerPoint 2019 所有支持的效果,如图 2.35 所示,可以根据需要进行选择。如果列表中没有合适的动画效果,可以点击列表中的“更多进入效果”“更多强调效果”“更多退出效果”“其他动作路径”按钮,在弹出的对话框中选择合适的动画即可。

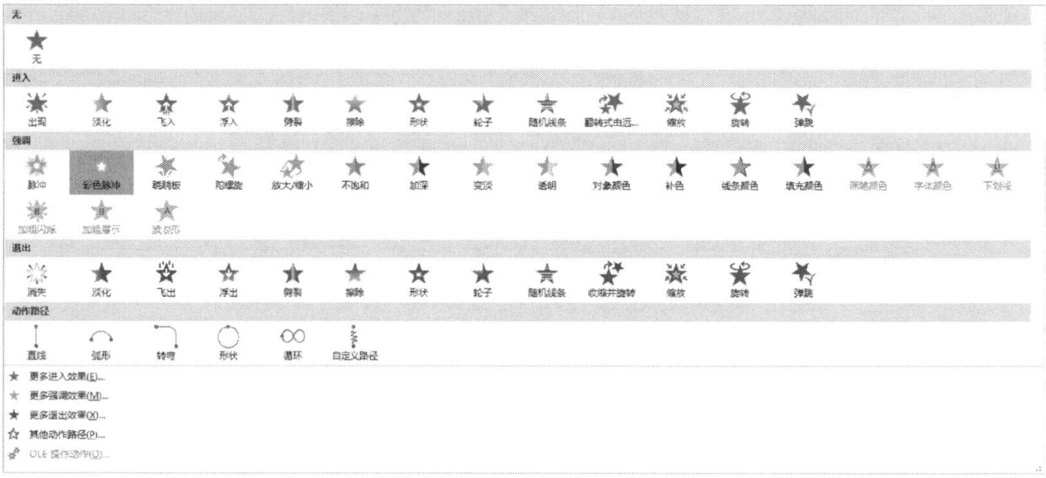

图 2.35　动画效果选项

同时,选择完某一种动画效果后,可以设置“效果选项”(图 2.34 中的编号 2)。针对不同的动画效果,其“效果选项”不一样,可以根据需要选取,选取了切换效果后,幻灯片立即会有效果预览,如果需要再次预览,可以点击图 2.34 中的编号 6 对应的“预览”选项。

图 2.34 中的编号 4 对应设置当前幻灯片的动画效果的切换方式和持续时间,切换方式支持“鼠标单击”“与上一动画同时”“上一动画之后”三种选择方式,切换持续时间和延迟可以根据需要设置,此处不再赘述。

(2)同一对象设置多个动画效果。

前文介绍的“添加动画”的方法只能给一个对象添加一个动画,如果需要对同一对象设置多个动画效果,则需要用到图 2.34 中编号 3 对应的“高级动画”功能。在“高级动画”选项组中点击“添加动画”的下三角按钮,将弹出图 2.35 所示的动画效果列表,在弹出的列表中再次选择需要的动画,即可为同一对象设置多个动画效果,且效果连续。

点击“动画窗格”,将会在幻灯片编辑界面右侧列出当前幻灯片的所有“动画”,可以在

“动画窗格”中选择播放所有项，并支持调整各个动画之间的播放顺序，如图 2.36 所示。

除可以通过“动画窗格”调整各个动画之间的播放顺序外，也可以通过“计时”选项组中的“对动画重新排序”选项进行设置，按需选择“向前移动”或“向后移动”。

“高级动画”选项组中还有“动画刷”选项，其功能类似于“格式刷”，使用“动画刷”可以将某对象设置好的动画直接复制到一个新的对象上，这个新对象具备与原对象一致的动画操作。

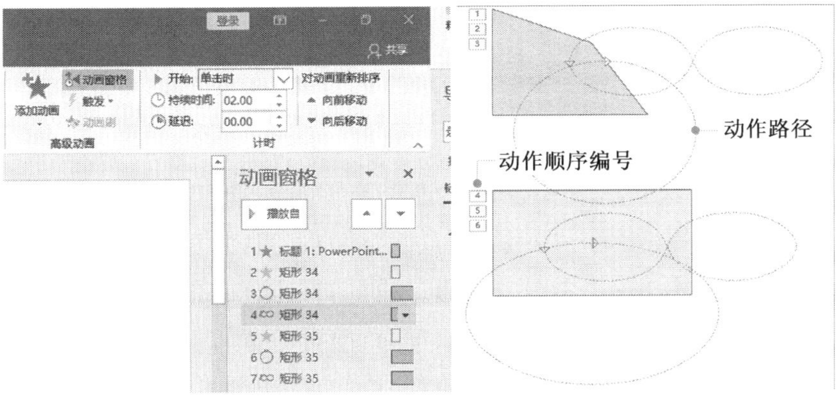

图 2.36　通过动画窗格调整动画之间的播放顺序

如果需要删除某一个动画动作，则可以选中幻灯片对象附近的数字提示，使用“Del”键即可清除已有动画。切换到“动画”选项卡中，在“高级动画”组中点击“动画窗格”按钮，在弹出的“动画窗格”中使用组合键“Ctrl+A”全选所有动画，再点击鼠标右键，在弹出的快捷菜单中点击“删除”，即可完成所有动画的清除。

6. 制作幻灯片母版

若要使所有的幻灯片包含相同的字体和图像（如校徽、院徽、团队 logo 等），可以在幻灯片中进行统一修改。母版是存储版式、主题、背景和幻灯片大小等信息的模板，其主要作用是便于修改幻灯片，如果要修改幻灯片，特别是修改多个幻灯片上的相同对象，只要修改母版，则所有使用该母版的幻灯片都随之修改，不必一个个修改。

母版分为幻灯片母版、讲义母版和备注母版，制作母版通常涉及母版与版式的添加、删除、重命名与调整顺序，占位插入与设置，主题设置，字体和颜色设置，效果和背景样式设置，大小设置等内容。本节主要介绍制作幻灯片母版的操作过程。

步骤 1：在演示文稿中，在功能区“视图”选项卡上选择“幻灯片母版”，则进入母版编辑状态，如图 2.37 所示。

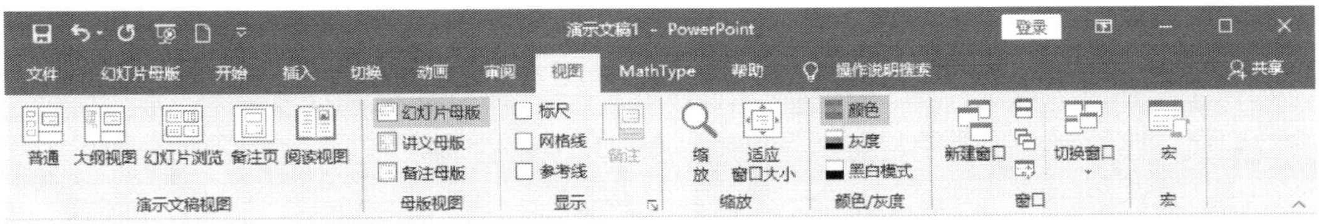

图 2.37　“功能区”“视图”选项卡上选择“幻灯片母版”进入母版编辑状态

步骤 2：在功能区“幻灯片母版”选项卡的“导航窗口”中出现当前演示文稿的母版，如

图 2.38 所示。该母版与演示文稿的幻灯片类似,可以使用幻灯片的编辑操作对其进行复制、粘贴、调整顺序、删除、重命名等操作,此处不再赘述。

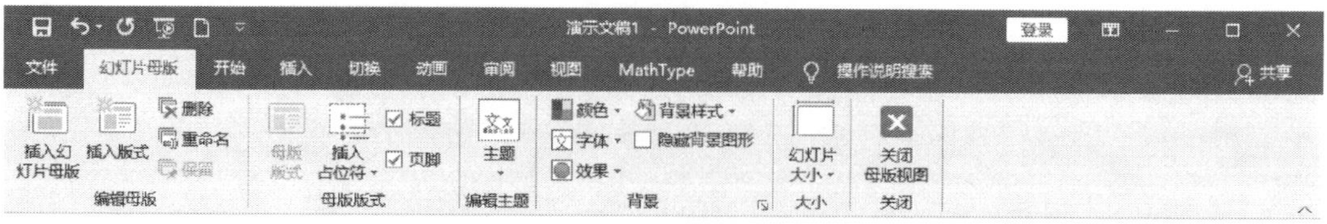

图 2.38　功能区“幻灯片母版”选项卡

步骤 3:利用图 2.38 所示的“幻灯片母版”选项卡,可以按照编辑幻灯片的方法进行插入版式、插入占位符、主题、颜色、字体、效果和背景样式选择等,此处不再赘述。

步骤 4:所有母版设置完成后,关闭母版视图,即可保存母版设置。

第 3 章

Excel 2019 的基本使用方法

Excel 是微软公司 Office 办公软件中用于电子表格的软件,支持复杂的数据运算、数据分析和数据预测,并且具有强大的图表功能。Excel 软件自面世以来,依靠其直观的界面、出色的计算功能和图表工具,已经成为最流行的个人计算机数据处理软件。本章将以 Excel 2019 为例,在学习 Excel 基本操作和基本编辑方法的基础上,重点介绍 Excel 中的函数与公式,以及相关图表的创建方法。Excel 功能强大,需要通过实际操作掌握相关知识。

1. Excel 的基本概念和术语

(1)工作簿。

Excel 中创建的文件称为工作簿,工作簿由一个或多个独立的工作表组成。

(2)工作表。

工作表用于存储和处理数据的主要文档,又称电子表格。一个工作簿可以由多个工作表组成,默认情况下包含三张工作表:Sheet1、Sheet2、Sheet3。工作表是由横向和纵向的网格组成的。其中,横向网格称为行;纵向网格称为列;网格称为单元格。

(3)行号。

工作表对每一行表格均采用数字进行编号,这个数字就是行号。

(4)列标。

工作表对每一列表格均采用字母进行编号,这个字母就是列标。

(5)单元格。

单元格一行与一列的交叉处为一个单元格,单元格是组成工作表的最小单位,用于输入各种各样类型的数据和公式。

(6)单元格地址。

单元格地址即单元格名称,用列的字母加上行的数字来表示。例如,B2 就表示第二列第二行对应的单元格。

2. Excel 2019 各部分作用

Excel 2019 工作界面介绍如图 3.1 所示。Excel 2019 窗口组成部分主要有标题栏、“文件”按钮、快速访问工具栏、功能区、工作表编辑区、公式输入区、工作表标签、“视图”按钮、单元格、单元格行号及单元格列标。

(1)标题栏工作表。

标题栏显示当前正在编辑的 Excel 电子表格的文件名及所使用的软件名。在标题栏右侧还有控制按钮,由“最小化”“最大化/还原”和“关闭”按钮组成,用于实现窗口的最小化、

图 3.1　Excel 2019 工作界面介绍

最大化、还原及关闭。

(2)快速访问工具栏。

常用命令位于快速访问工具栏,如"保存"和"撤销",单击某个按钮即可实现相应的功能,用户也可以根据需要添加个人常用命令。

(3)功能区。

Excel 2019 的功能区由多个选项卡组成,每个选项卡中包含了不同的工具按钮。选项卡位于标题栏下方,由"开始""插入"和"设计"等选项卡组成。单击各个选项卡名,即可切换到相应的选项卡。

(4)工作表编辑区。

工作表编辑区显示正在编辑的工作表,是由多个单元格行和单元格列组成的网状编辑区域,用户可以在此区域内进行数据处理。

(5)公式输入区。

公式输入区用于选中单元格的公式编辑与输入。

(6)工作表标签。

工作表标签包括当前工作簿文件所含的所有工作表标签,如 Sheet1、Sheet2、Sheet3 等。单击左侧的工作表切换按钮或直接单击右侧得到工作表标签,可以实现工作表间的切换。

(7)"视图"按钮。

"视图"按钮可用于更改正在编辑的工作表的显示模式以符合要求。

其余部分已在前文介绍过,此处不再赘述。

由 Excel 2019 界面可知,Excel 2019 和 Word 2019 在操作界面上有很大的相似之处,在使用 Excel 2019 时可以借鉴 Word 2019 的操作方式。

在开始 Excel 电子表格编辑前,需要对 Excel 2019 进行一系列的参数设置工作。打开"功能区""文件"选项卡下的"选项"按钮,在弹出的"Excel 选项"对话框中可以对 Excel 的常规、公式、保存等参数进行设置，也可以自定义功能区和快速访问工具栏，其设置方法和操作步骤与 Word 和 PowerPoint 均一致，可以参考相关章节内容，此处不再赘述。

3.1　Excel 的基本操作

3.1.1　工作表的基本操作

1. 创建工作表

方法一：打开 Excel 2019，在功能区“文件”选项卡中选择“新建”选项，在右侧单击“空白工作簿”就可以新建一个空白的表格。

方法二：在 Word 窗口中按“Ctrl+N”组合键。

方法三：首先将“新建空白文档”功能增加到“快捷工具访问栏”，然后在“快捷工具访问栏”上直接点击“新建空白文档”快捷菜单，如图 3.2 所示。“快捷工具访问栏”设置可以参考 1.1.2 节的介绍。

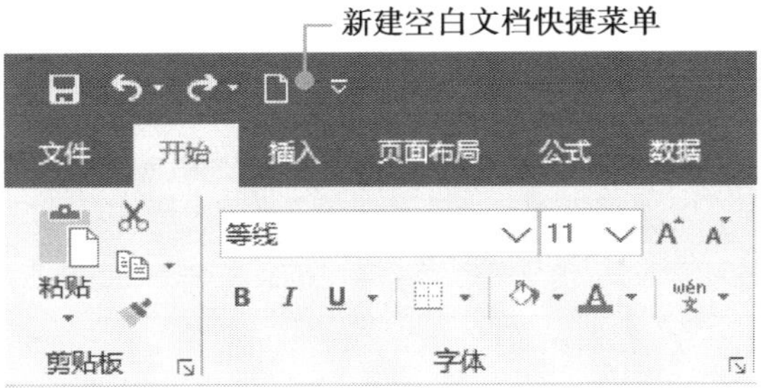

图 3.2　通过“快捷工具访问栏”快捷菜单新建空白文档

2. 通过模板创建文档

对于日历、工作日程、公司预算和库存清单等需要利用 Excel 模板创建的文档，可以通过以下两种方法获取模板文件，如图 3.3 所示。

方法一：Excel 程序自带模板，如最近打开的模板、样本模板等，直接单击即可打开。

方法二：在“搜索联机模板”框中，输入要创建的文档类型，然后按回车键，从 Microsoft Office Online 中下载模板。

3. 保存文件

方法一：单击“文件”菜单下的“保存”按钮，在弹出的“另存为”对话框中设置保存路径、文件名及保存类型，再单击“保存”即可。

方法二：按组合快捷键“Ctrl+S”后可以调出“另存为”界面，再按上述步骤设置即可保存文件。

方法三：在“文件”菜单中选择“选项”，在打开的“Excel 选项”对话框中，通过“保存”对话框，设置 Excel 文件的自动保存时间，具体操作可以参考 Word 或 PowerPoint 的参数设置过程。

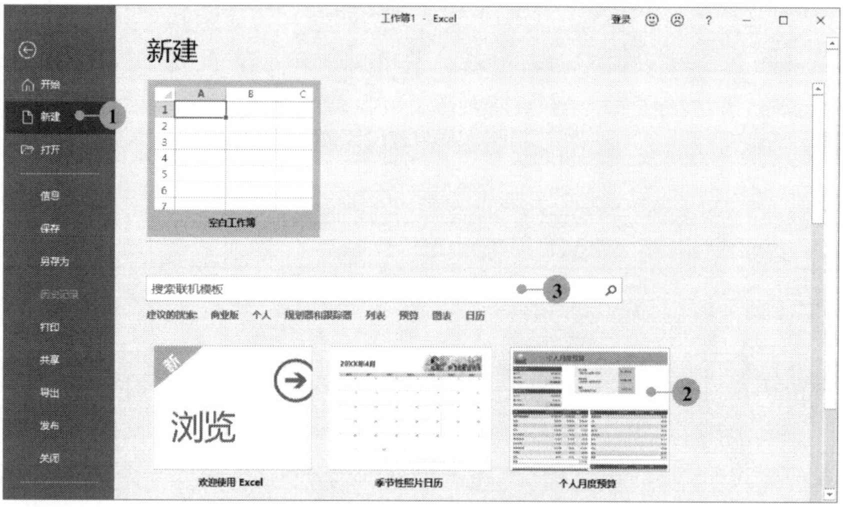

图 3.3　通过 Excel 模板创建文档

4. 撤销操作

在 Excel 电子表格编辑过程中,如果需要对操作进行撤销,可以按照以下方法进行。

方法一:单击“快速访问工具栏”上的“撤销”按钮,撤销最近的一次操作,如图 3.4 所示。要同时撤销之前的多项操作,可以单击“撤销”右侧的向下箭头,从列表中选择要撤销的操作,然后单击列表,Excel 将撤销选中操作之前的全部操作。

方法二:使用组合快捷键“Ctrl+Z”撤销最近的一次操作,如果需要撤销多次操作,则需要多次按下“Ctrl+Z”。

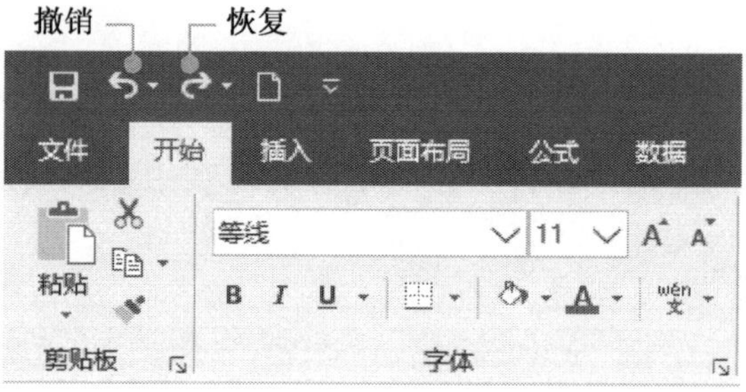

图 3.4　“快速访问工具栏”上的“撤销”与“恢复”按钮

5. 恢复操作

Excel 电子表格的恢复操作与撤销操作类似,有以下两种方法。

方法一:单击“快速访问工具栏”上的“恢复”按钮,恢复最近的一次操作。如果需要同时恢复之前的多项操作,可以单击“恢复”右侧的向下箭头,从列表中选择要恢复的操作,然后单击列表,Excel 将恢复选中操作之前的全部操作。

方法二:使用组合快捷键“Ctrl+Y”恢复最近的一次操作,如果需要恢复多次操作,则需要多次按下“Ctrl+Y”。

6. 插入、重命名或删除工作表

Excel 工作簿对工作表可以进行插入、重命名或删除操作。在工作簿中插入一个新的工作表,可以点击“工作表标签”右侧“+”按钮,也可以在功能区“开始”选项卡下“单元格”选项组中选择“插入”选项,在下拉列表中选择“插入工作表”即可。

重命名工作表时,在目标工作表的标签上双击鼠标左键,原工作表名称变灰色后填写新的工作表名称,再敲击键盘上的回车键,或点击屏幕中的其他任意位置,即可完成重命名工作表操作。此外,也可以在目标工作表标签上单击鼠标右键,然后在弹出的菜单中点选“重命名”选项来实现。

要删除工作表,只需要在目标工作表标签上单击鼠标右键,然后在弹出菜单中点选“删除”选项即可。此外,也可以在功能区“开始”选项卡下“单元格”选项组中选择“删除”选项,在下拉列表中选择“删除工作表”即可。

7. 移动或复制工作表

移动工作表(即调整工作表标签的前后顺序)时,先将鼠标光标置于目标工作表标签上,然后按下鼠标左键,再将其拖动到目标位置(新标签位置)即可。

复制工作表时,将鼠标光标置于目标工作表标签上,按住键盘上的“Ctrl”键,然后按下鼠标左键,再将其拖动到目标位置(新标签位置)即可,此时复制的工作表标签为原名称后面增加了编号“(2)”。

除此方法外,还可以在任意目标工作表标签上单击鼠标右键,在弹出的右键菜单中点选“移动或复制”选项,在弹出“移动或复制”对话框中选择需要将工作表复制到的位置(如哪个工作簿中、哪个工作表前),勾选对话窗口底部“建立副本”选框,然后点击“确定”按钮,即可完成工作表的复制操作。通过本方法可知,除可以在工作簿内部复制工作表外,还可以通过“移动或复制”对话框将工作表复制到其他已经打开的工作簿中。

3.1.2 工作表的基本编辑

1. 输入数据

单击需要输入数据的某个单元格,然后在该单元格中键入数据,按“Enter”或“Tab”键移到下一个单元格(同一行的下一列)。若要在同一个单元格中另起一行输入数据,请按组合键“Alt+Enter”输入一个换行符。

2. 数据的自动填充

Excel 具有强大的数据自动填充功能,它可以极大地节省时间。

(1)时间和日期的自动填充。

在 Excel 工作表中实现时间或日期自动填充的操作步骤如图 3.5 所示,首先选中一个或连续的几个包含时间信息的单元格,然后按照目标方向拖动单元格右下角的填充柄(编号 1 向下自动填充,编号 2 向右自动填充),直至符合需求为止(编号 3 和编号 4),此时在自动填充数据的右侧有“填充柄”选项(编号 5),可以设置自动填充的数据格式。

(2)数字的自动填充。

数字的自动填充与时间或日期自动填充的操作步骤类似,只需选中一个或连续的几个包含数字的单元格,然后向左或向右拖动单元格右下角的填充柄即可,如图 3.6 所示。

3. 设置单元格数据类型

在使用 Excel 时,常会遇到输入的数字不能按照需要的数值形式进行显示的情况,如输

图 3.5　时间和日期自动填充的操作步骤

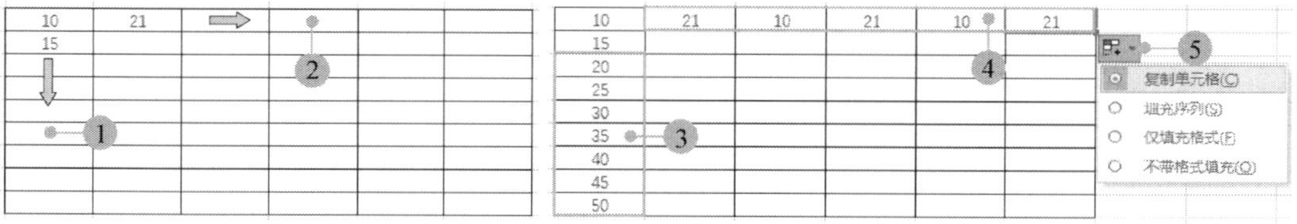

图 3.6　数字的自动填充操作步骤

入 2/11,Excel 却显示为 2 月 11 日。这是因为 Excel 把所有的数字和日都以数字形式保存,软件默认把 2/11 这样的分数自动识别为日期,在屏幕显示时默认按日期的格式进行显示。如果要修改这种默认格式,就需要对单元格数据格式进行设置。

通过鼠标右键菜单设置单元格数据格式的操作步骤如图 3.7 所示。首先选中需要设置数字格式的单元格或区域,点击鼠标右键,在右键菜单中选择“设置单元格格式”,再在打开的“设置单元格格式”对话框中选择单元格数字类别,并设置其相关格式即可。

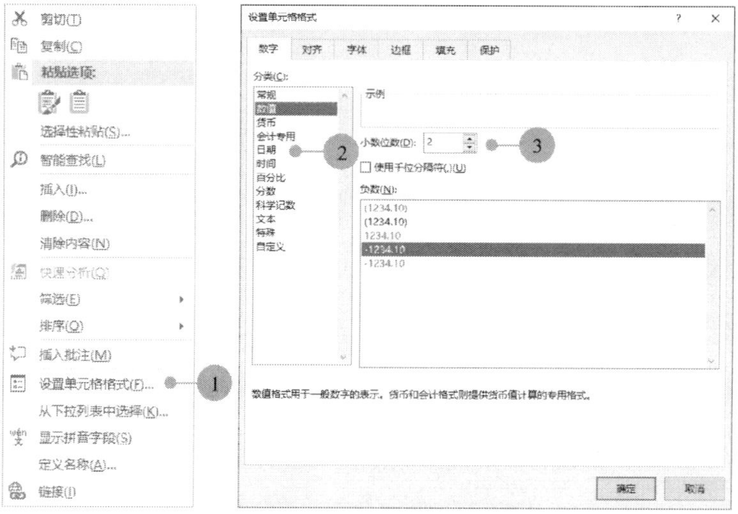

图 3.7　通过鼠标右键菜单设置单元格数据格式的操作步骤

除上述方法外,也可以通过功能区“开始”选项卡“数字”选项组中的数据格式选项直接设置,操作步骤如图 3.8 所示。选中需要设置数字格式的单元格或者区域后,在功能区“开始”选项卡的“数字”选项组中直接点击图中编号 2 对应的下拉菜单,从中间选择对应的数据格式,如果下拉菜单中给定的格式不符合要求,则可以通过下拉菜单中的“其他数字格式”选项,或者点击“数字”选项组右下角的箭头,打开“设置单元格格式”对话框,再进行设置，或者可以使用组合快捷键“Ctrl + 1”直接打开“设置单元格格式”对话框。

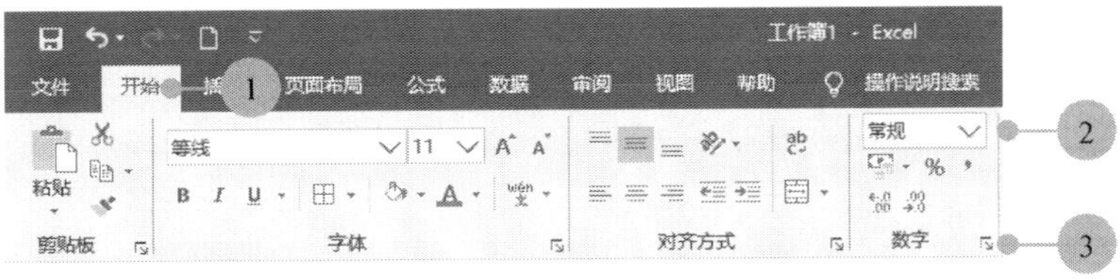

图 3.8　通过功能区“开始”选项卡设置单元格数据格式的操作步骤

Excel 提供了大量的数据格式，并将它们分成常规、数值、货币、会计专用、日期、时间、百分比、分数、科学记数、文本、特殊和自定义等 12 个类别。如果不做特殊设置，则单元格的默认输入格式为“常规”。为更好地说明数据格式的定义，将数字“12345. 67”分别设置为不同形式的数据格式，观察在 Excel 工作表中的表现形式，如图 3. 9 所示。其中，C 列为 A 列数字格式中的具体格式参数设置。

	A	B	C
1	数据格式	显示结果	具体格式参数设置
2	数值：	12345.67	小数位数2位
3	货币：	¥12,345.67	小数位数2位，货币符号“¥”
4	会计专用：	¥ 12,345.67	小数位数2位，货币符号“¥”
5	日期：	1933年10月18日	2012年3月14日
6	时间：	16时04分48秒	13时30分55秒
7	百分比：	1234567.00%	小数位数2位
8	分数：	12345 67/100	分母为三位数（312/943）
9	科学计数：	1.23E+04	小数位数2位
10	文本：	12345.67	
11	特殊：	壹万贰仟叁佰肆拾伍.陆柒	中文大写数字
12	自定义：	00012346	0000000

图 3. 9　不同数据格式下的 12345. 67 的表现形式

4. 自定义数字格式

Excel 在“设置单元格格式”对话框中预设了大量常用的数据格式供使用，但对于一些特殊场合的要求，则需要对数据格式进行自定义。如图 3. 10 所示，在“设置单元格格式”对话框的“自定义”选项下，可以通过使用内置代码组成的规则实现任意格式数字的显示。

图 3. 10　自定义数字格式对话框

在格式代码中,最多可以指定“四个节”,每个节之间用英文分号“;”进行分隔,见表3.1,这“四个节”顺序定义了格式中的正数、负数、零值和文本。如果只指定“两个节”,则第一部分用于表示正数和零值,第二部分用于表示负数;如果只指定了“一个节”,那么所有数字都会使用该格式;如果要跳过某一节,则对该节仅使用分号即可。

表3.1 自定义单元格数据格式不同的区段数对应的代码含义

区段	组成
4	正数、负数、零值、文本
3	正数、负数、零值
2	正数和零值、负数
1	所有数字

自定义单元格数据格式的占位符见表3.2,相关的自定义单元格数据格式的应用示例见表3.3~3.5,可以根据实际需要参考,此处不再赘述。

表3.2 自定义单元格数据格式的占位符

<table>
<tr><th>占位符</th><th>注释</th><th>自定义</th><th>输入</th><th>效果</th></tr>
<tr><td></td><td>以常规的数字显示,相当于“分类”列表中的“常规”选项</td><td></td><td>47.5</td><td>47.5</td></tr>
<tr><td rowspan="2">#</td><td rowspan="2">数字占位符。只显有意义的零而不显示无意义的零。小数点后数字若大于“#”的数量,则按“#”的位数四舍五入</td><td>#,##0</td><td>1 556.122</td><td>1 556</td></tr>
<tr><td>###.##</td><td>1 810.2</td><td>1 810.20</td></tr>
<tr><td rowspan="5">0</td><td rowspan="5">数字占位符。如果单元格的内容大于占位符,则显示实际数字;如果小于点位符的数量,则用0补足</td><td rowspan="2">00000</td><td>1234567</td><td>1234567</td></tr>
<tr><td>123</td><td>00123</td></tr>
<tr><td rowspan="3">00.000</td><td>1234.1</td><td>1234.100</td></tr>
<tr><td>12.2</td><td>12.200</td></tr>
<tr><td>2.3</td><td>02.300</td></tr>
<tr><td rowspan="2">?</td><td rowspan="2">数字占位符。在小数点两边为无意义的零添加空格,以便当按固定宽度时,小数点可对齐</td><td>??.??</td><td rowspan="2">12.1234</td><td>12.12</td></tr>
<tr><td>???.???</td><td>12.123</td></tr>
<tr><td rowspan="2">\\</td><td rowspan="2">相当于""。都是显示输入的文本,且输入后会自动转变为双引号表达</td><td>\\人民币#,##0,,\\百万</td><td>1234567890</td><td>人民币1,235百万</td></tr>
<tr><td>"¥"#,##0,,/百万</td><td>1234567890</td><td>¥1,235百万</td></tr>
<tr><td rowspan="2">!</td><td rowspan="2">显示""(由于""是代码中常用的符号,因此在单元格中无法用""直接输入,此时可以在前面加“!”来实现)</td><td>#!"</td><td>12</td><td>12"</td></tr>
<tr><td>#!"!"</td><td></td><td>12""</td></tr>
</table>

续表3.2

占位符	注释	自定义	输入	效果
@	文本占位符。若只使用单个@,其作用是引用原始文本。要在输入数字数据之后自动添加文本,则使用自定义格式“"文本内容"@”;要在输入数字数据之前自动添加文本,则使用自定义格式“@"文本内容"”。@符号的位置决定了Excel输入的数字数据相对于添加文本的位置。如果使用多个@,则可以重复文本	"有限公司"@"部"	财务	有限公司财务部
		@@@		财务财务财务
*	重复下一次字符,直到充满列宽	@*-	123	123------
		;;**;**		*******
_	在数字格式中创建 *N* 个字符宽的空格	____###	123	123
,	千位分隔符	#,###	12	12,000
[ ]	[条件]对单元格内容进行判断后再设置格式。只限于使用三个条件,其中两个条件是明确的,另一个是“所有的其他”。条件要放到方括号中进行简单的比较	[>0]"正数";[=0];"零";"负数"	1	正数
			-6	-负数
			0	零
	将条件配合颜色使用。[颜色 *N*]是调用调色板中颜色,*N* 是 0~56 范围内的整数,如 1 是红色、2 是黑色、3 是黄色	[红色][<=100];[蓝色][>100]	59	59(说明:显示红色)
			123	123(说明:显示蓝色)
		[颜色 4]	123	123(说明:显示绿色)
空	表示隐藏	;;;	hit	

表 3.3 自定义单元格数据格式的常用格式和数字格式应用实例

要求	设置自定义格式	输入	效果
显示四个节意义	正数;"负数";"零";"文本"	-65	负数
在原有的文本上加上新文本或数字	@"有限公司"	深圳	深圳有限公司
数值的大写格式 1	[DBNum1]G/通用格式"元整"	1112	一千一百一十二元整
数值的大写格式 2	[DBNum2]G/通用格式	1112	壹仟壹佰壹拾贰
带单位符号的数值	0.00"元"	1112.2	1112.20 元
电话区号输入[包含 3 或 4 位]	[<=400]000;0000	755	0755
仿真密码保护	* *;* *;* *;* *	1111	* * * * * * * * *
隐藏单元格中的所有值	;;;	12345	
重复的字符[用星号之后的字符填充]	0*-	12	12-------------
将 1234.59 显示为 1234.6	####.#	100.2	100.2
将 8.9 显示为 8.900	#.000	0.88	.880
将 .631 显示为 0.6	0.#	12	12.
12 显示为 12.0;4.568 显示为 4.57	#.0#	12	12.0
对齐小数点	???.???	1	1.
分数时除号对齐	# ???/???	2.25	2 1/4
科学计数法	#.###E+00	3456	3.456E+03
千位分隔符	#,###	12000	12,000
千位分隔符[将数字放大为原来的 1 000 倍]	#,	12000	12
千位分隔符[以百万为单位]	0.0,,	12000000	12.0
千位分隔符[以万为单位]	0!.0,万元	1230000	123.0 万元
颜色	[红色][<=100];[蓝色][>100]	99	99(数字红色显示)

表 3.4　自定义单元格数据格式的日期和时间的应用实例

格式要求	设置自定义格式	输入	效果
将月份显示为 1 ~ 12	m	=NOW()	3
将月份显示为 01 ~ 12	mm	=NOW()	03
将月份显示为 Jan ~ Dec	mmm	=NOW()	Mar
将月份显示为 January ~ December	mmmm	=NOW()	March
将月份显示为该月份的第一个字母	mmmmm	=NOW()	M
将日期显示为 1 ~ 31	d	=NOW()	11
将日期显示为 01 ~ 31	dd	=NOW()	11
将日期显示为 Sun ~ Sat	ddd	=NOW()	Wed
将日期显示为 Sunday ~ Saturday	dddd	=NOW()	Wednesday
将年份显示为 00 ~ 99	yy	=NOW()	99
将年份显示为 1900 ~ 9999	yyyy	=NOW()	2020
将小时显示为 0 ~ 23	H	=NOW()	19
将小时显示为 00 ~ 23	hh	=NOW()	19
将分钟显示为 0 ~ 59	H:m	=NOW()	19:3
将分钟显示为 00 ~ 59	H:mm	=NOW()	19:03
将秒显示为 0 ~ 59	s	=NOW()	20
将秒显示为 00 ~ 59	ss	=NOW()	20
使小时显示类似于 4 AM	h AM/PM	=NOW()	7 PM
使时间显示类似于 4:36 PM	h:mm AM/PM	=NOW()	7:24 PM
使时间显示类似于 下午 4 时 36 分	上午/下午 h"时"mm"分"	=NOW()	下午 7 时 24 分
使时间显示类似于 4:36:03 P	h:mm:ss A/P	=NOW()	7:24:20 P
按小时计算的一段时间	[h]:mm	1	24:00
按分钟计算的一段时间	[mm]:ss	1	1440:00
按秒计算的一段时间	[ss]	1	86400
百分之几秒	h:mm:ss.00	=NOW()	19 : 24 : 20.15

注：日[d]、月[m]、年[y]、小时[h]、分钟[m]、秒[s]。

表 3.5　自定义单元格数据格式的组合与拓展应用实例

格式要求	设置自定义格式	输入	效果	说明
显示数据意义	0.00 "剩余"; -0.00 "短缺""	-112	-112.00 短缺	
正数与括号内负数对齐	#,##0_);(#,##0);-0-_)	4	4	下划线+右括号:
页码格式	"-"?? 0"-"	56	- 56-	使正数和括号内的负数对齐
将日期显示为年月日(数字)	yyyy"年"m"月"d"日"	2005/5/10	2005 年 5 月 10 日	

续表3.5

格式要求	设置自定义格式	输入	效果	说明
将日期显示为年月日(全中文)	[DBNum1]yyyy"年"m"月"d"日"	2005/12/1	二〇〇五年十二月一日	
将月份显示为一~十二月	[$-804]mmmm	=NOW()	3月	
将日期显示为"一~日"	aaa	=NOW()	三	或:[$-804]ddd
将日期显示为"星期一~日"	aaaa	=NOW()	星期三	或:[$-804]dddd
添加空格	_ ￥ * #,##0_ ;_ ￥ * -#,##0_ ;_ ￥ * "-"_ ;_ @_	89	￥ 89	￥在左端(空一格),输入的数字在右端(空一格)
英寸(分数)	# ##/##!"	2.25	2 1/4"	1,依此类推,还有:0!?及0.00! * 等 2,! 符号也可用\\代替
角度显示	[hh]°m!'s!"	56:12:34	56°12'34"	
角度计算	[hh]°m′s″	80:7:19	80°7′19″	
角度转换为秒	[ss]!"	23:54:45	86085"	

3.2 Excel的高级操作

3.2.1 公式与函数简介

强大的数据处理功能是Excel软件的特色,Excel提供了丰富的公式和函数以供使用。在处理各类数据时,学习和掌握Excel数据处理知识有助于提高使用Excel的工作效率。本节主要针对Excel的公式和函数使用方法进行简单的介绍。

1. Excel中的函数

Excel中的函数是软件中预定义的,执行计算、分析等处理数据任务的特殊公式,使用一些被称为参数的特定数值以特定的顺序或结构执行计算。函数可用于执行简单或复杂的计算。可以在功能区的"公式"选项卡上找到Excel的所有函数,如图3.11所示。

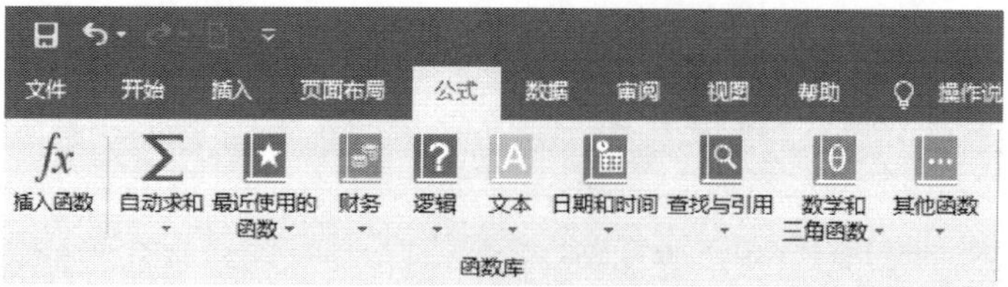

图3.11 功能区的"公式"选项卡上列出的Excel的所有函数

图3.12所示为Excel常用求和函数SUM的应用实例。在单元格E7中,需要统计E3~E6的价格,此时可以直接使用"SUM"求和函数,在E7单元格直接输入"=sum(E3:E6)"即可得到累加和。

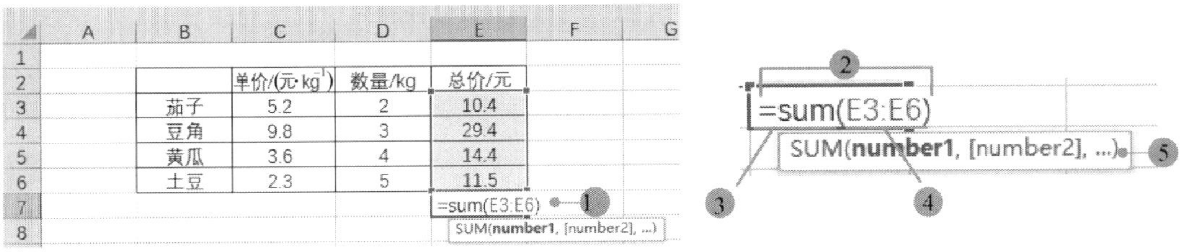

图 3.12　Excel 常用求和函数 SUM 的应用实例

在图 3.12 中,编号 2 对应的“=sum(E3:E6)”称为函数的“结构”,函数的“结构”以等号(=)开始,后面紧跟函数名称和左括号,然后以逗号分隔输入该函数的参数,最后是右括号。

编号 3 对应的是函数名称,一个 Excel 函数只有唯一的名称,它决定了函数的功能和用途。在 Excel 中调出可用函数列表,除可以从“公式”选项卡选择外,在指定单元格中也可以使用“Shift+F3”快捷键启动“插入函数”对话框,如图 3.13 所示,然后可以从“选择类别”“选择函数”选框中选择所需函数。

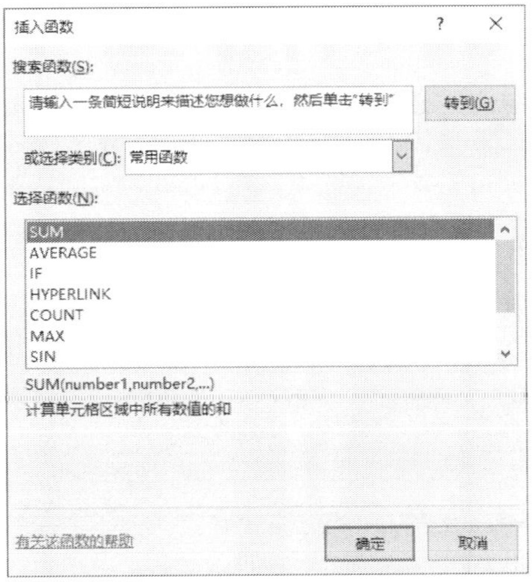

图 3.13　使用“Shift+F3”快捷键启动“插入函数”对话框

图 3.12 中的编号 4 对应的是函数的参数,参数在括号内,用逗号分隔,规定了函数的运算对象、顺序或结构等,用户通过定义参数可以对某个单元格或区域进行处理。参数与所使用的函数语法相关,可以是数字、文本、逻辑值(如 TRUE 或 FALSE)、数组、错误值(如#N/a 或单元格引用)等。指定的参数也可以是常量、公式或其他函数,但都必须为有效参数值。

图 3.12 中的编号 5 对应的是 Excel 函数的参数工具提示。在键入内置函数时,会出现带有语法和参数的工具函数提示,便于输入函数的正确性检查。例如,键入“=sum(”时,Excel 软件会自动出现工具提示。

2. Excel 中的公式

在 Excel 软件中,函数与公式既有区别又互相联系。函数是 Excel 预先定义好的特殊公式,而公式就是用户对工作表进行计算、返回信息、操作其他单元格的内容、调试条件等的自定义处理方式。执行计算、返回信息、操作其他单元格的内容、调试条件等,始终以等号(=)开头,一个复杂的公式可以包括等号、引用、字符串、常量、常量数组、表达式、函数、括号、名称及运算符。Excel 软件中的三种求和方式如图 3.14 所示,仍以在 Excel 软件中求和为例,如果只需计算个别单元格的和值,则可以直接使用“+”运算符。例如,计算单元格“A1”和“B1”的和值,可以在和值单元格中直接输入“=A1+B1”,即可得到单元格 A1 和 B1 所存储的数据之和。此时需要注意,即使 A1、B1 单元格中的存储的数据为“10”和“20”,在输入公式时也尽量不要直接输入 A1、B1 单元格所存储的数据,而应该直接引用“A1”和“B1”,这样在后续修改了单元格中对应数据时,就不需要去修改公式中的数值,而可以自动进行调整。如果需要对指定区域进行求和,直接使用“+”运算符工作量巨大,可以使用 SUM 函数,采用单元格引用或指定区域的参数设置方式,并对它们求和。“=SUM(A1:A10)”表示对单元格 A1~A10 所存储的数据求和。如果求和区域不是连续的一个区域,则需要使用逗号对多个参数进行分隔。“=SUM(A1:A10,C1:C10)”表示“返回单元格 A1~A10 中的所有值及 C1~C10 的所有值的总和”。

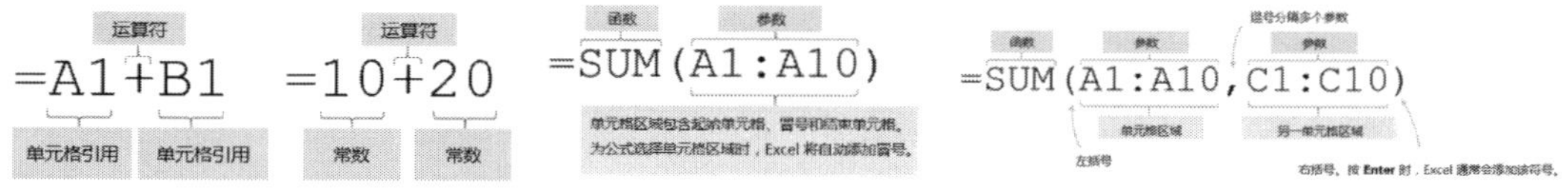

图 3.14　Excel 软件中的三种求和方式

3. 函数的参数

在函数的括号中所定义的数据格式称为参数,参数控制着函数的计算对象及计算方式与规则,利用好参数也可以更好地发挥函数的潜力。如果一个函数支持使用多个参数,则参数与参数之间默认使用半角逗号进行分隔。根据函数定义的不同,参数可以是常量、逻辑值、数组、单元格引用,甚至可以是另一个或几个函数等。参数的类型和位置必须满足函数语法的要求,否则将返回错误信息。

(1)常量。

常量是直接输入到单元格或公式中的数字或文本,或由名称所代表的数字或文本值,如数字“1234”、日期“2020-03-28”和文本“哈工大”都是常量。但是公式或由公式计算出的结果都不是常量,因为只要公式的参数发生了变化,它自身或计算出来的结果就会发生变化。以图 3.15 为例,使用 SUMIF 函数计算答辩教室的总成绩。在 F2 单元格中输入“=SUMIF(C2:C7,E2,B2:B7)”,即如果 C2:C7 区域的答辩教室等于 E2 单元格中的“正心 101”,则对 B2:B7 中的对应单元格数据进行累加。图 3.15 中在“正心 101”教室的答辩成绩为“81+65”,即得到总成绩 146 分,“正心 101”等就是 SUMIF 函数中用到的文本常量。

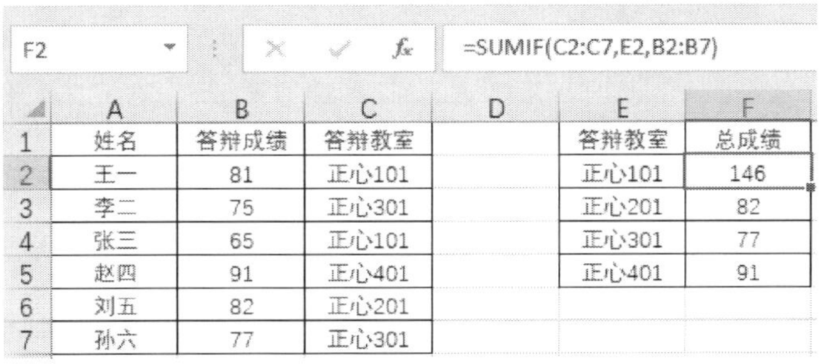
F2　=SUMIF(C2:C7,E2,B2:B7)

	A	B	C	D	E	F
1	姓名	答辩成绩	答辩教室		答辩教室	总成绩
2	王一	81	正心101		正心101	146
3	李二	75	正心301		正心201	82
4	张三	65	正心101		正心301	77
5	赵四	91	正心401		正心401	91
6	刘五	82	正心201			
7	孙六	77	正心301			

图 3.15　在 SUMIF 函数的参数中使用文本常量

（2）逻辑值。

逻辑值是一类特殊的参数，只有 TRUE（真）或 FALSE（假）两种类型。如图 3.16 所示，使用 IF 函数对预算与实际支出进行逻辑比较。其中，IF 函数的语法为 IF（logical_test，[value_if_true]，[value_if_False]）。在 C2 单元格中输入“=IF（B2>A2，"超出预算"，"在预算范围内"）”，表示对 B2 和 A2 的数据进行比较。当 B2>A2 成立（即该表达式为“真”）时，C2 单元格显示“超出预算”；当 B2>A2 不成立（即该表达式为“假”）时，C2 单元格显示“在预算范围内”。

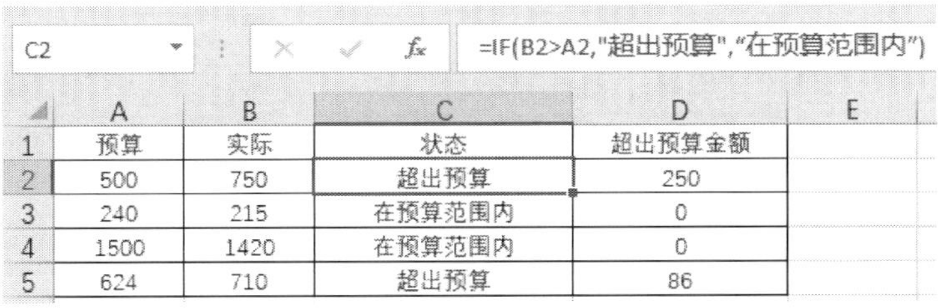
C2　=IF(B2>A2,"超出预算","在预算范围内")

	A	B	C	D	E
1	预算	实际	状态	超出预算金额	
2	500	750	超出预算	250	
3	240	215	在预算范围内	0	
4	1500	1420	在预算范围内	0	
5	624	710	超出预算	86	

图 3.16　使用 IF 函数对单元格数值和期待值进行逻辑比较

（3）数组。

Excel 中的数组包括常量数组和区域数组两类，常量数组放在“{}”中，内部各列的数值用逗号“，”隔开，各行的数值用分号“；”隔开。假如要表示第一行中的 56、78、89 和第二行中的 90、76、80，应该建立一个两行三列的常量数组“{56，78，89；90，76，80}”。区域数组是一个矩形的单元格区域，该区域中的单元格共用一个公式。如图 3.17 所示，使用 Index 函数返回区域数组中行与列交叉处的单元格数值。在单元格 F2 处输入“=INDEX（A1：C7，3，2）”，表示将选定区域数组 A1：C7 的第三行与第二列交叉处的单元格值写入到 F2 中。公式“=INDEX（A1：C7，3，2）”中的 3 和 2 是指选定区域 A1：C7 的第三行与第二列。

（4）单元格引用。

单元格引用是函数中最常见的参数，其目的是标识工作表单元格或单元格区域，并指明公式或函数所使用的数据的位置，便于工作表各处的数据交叉引用。单元格引用不局限于当前工作表，还可以引用同一工作簿不同工作表的单元格，甚至引用其他工作簿中的数据。根据公式所在单元格的位置发生变化时单元格引用的变化情况，有相对引用、绝对引用、混合引用和三维引用四种类型。

①相对引用。相对引用是指公式中所引用的单元格与位置的单元格保持一致，如果位

F2　=INDEX(A1:C7,3,2)

	A	B	C	D	E	F
1	姓名	答辩成绩	答辩教室		姓名	答辩成绩
2	王一	81	正心101		李二	75
3	李二	75	正心301		张三	65
4	张三	65	正心101		赵四	91
5	赵四	91	正心401		刘五	82
6	刘五	82	正心201			
7	孙六	77	正心301			

图 3.17　使用 Index 函数返回区域数组中行与列交叉处的单元格数值

置单元格通过复制变到新的位置,则对应公式中的引用单元格也做相应改变。公式中单元格的表示形式为 A1、B2 等。如图 3.18 所示,在 D2 单元格中输入“=B2+C2”,则返回累加和“88”,此时鼠标在单元格 D2 右下角出现“+”时向下拖动,进行数据自动填充,则每个同学的“总成绩”单元格公式会随着引用单元格的位置变化而变化,“行标”每增加一行,公式中的行标也自动加 1。例如,到李二总成绩 D3 单元格处,公式将变为“=B3+C3”,D4 单元格处的公式将变为“=B4+C4”,等等。

D2　=B2+C2

	A	B	C	D
1	姓名	考试成绩	实验成绩	总成绩
2	王一	81	7	88
3	李二	75	8	
4	张三	65	7	
5	赵四	91	6	
6	刘五	82	8	
7	孙六	77	9	

图 3.18　使用相对引用计算总成绩

②绝对引用。绝对引用是指公式不随所引用的单元格变化而变化。如图 3.19 所示,为计算各个员工的奖金提成,需要将总奖金与各位员工的销售比例相乘,总奖金放在 B9 单元格中。如果按照上述相对引用的方式,在 C2 单元格中输入“=B3 * B9”,然后对其他单元格使用自动填充,则在 C3 单元格中会得到“=B4 * B10”,C4 单元格为“=B5 * B11”,显然与预期目的不符,此时应将 B9 单元格的数据进行绝对引用,格式为“$ B $ 9”,则在自动填充计算每位员工“奖金提成”时,所求单元格公式中“销售比例”单元格发生变化,而“奖金总额”单元格并不会发生改变。

③混合引用。只绝对引用固定的单列或单行,而别的行或列用相对引用的方式称为混合引用。在输入公式的过程中,选定单元格后重复按 F4 键,单元格号就会发生以下变化,如“A2”→“$ A $ 2”→“A $ 2”→“$ A2”→“A2”。其中,“A2”表示相对引用,“$ A $ 2”表示绝对引用,“A $ 2”表示“绝对行和相对列”,“$ A2”表示“绝对列和相对行”。

如图 3.20 所示,在 C4 单元格中输入“=$ B4-$ B4 * $ C $ 2”,表示销售价格=定价-定价×折扣率,符号“$”起到固定作用。例如,公式中的$ B4 表示固定 B 列不变,行数随单元格变化而变化,$ C $ 2 是指折扣率 C2 固定不变。因此,“定价”是相对引用,“折扣率”是绝对引用,所以公式用“混合引用”。$ B4、$ C $ 2 等不需要直接输入“$”,只需输入对应单元格

C2 =B2*$B$9

	A	B	C	D
1	姓名	销售比例	奖金提成	
2	王一	12%	2400	
3	李二	25%	5000	
4	张三	18%	3600	
5	赵四	15%	3000	
6	刘五	10%	2000	
7	孙六	20%	4000	
8				
9	奖金总额	20000		

图 3.19　使用绝对引用计算奖金

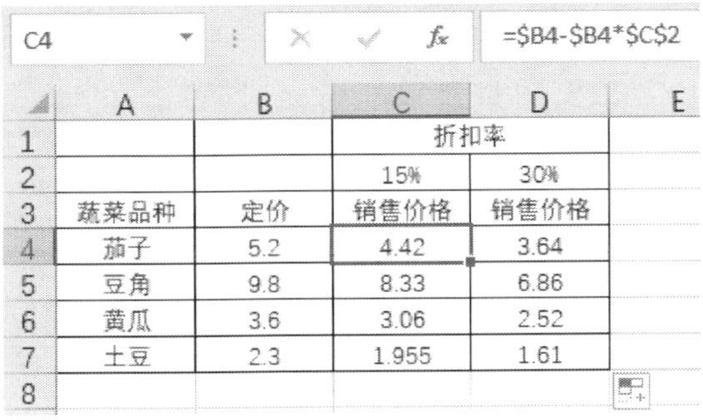
C4 =$B4-$B4*$C$2

	A	B	C	D	E
1			折扣率		
2			15%	30%	
3	蔬菜品种	定价	销售价格	销售价格	
4	茄子	5.2	4.42	3.64	
5	豆角	9.8	8.33	6.86	
6	黄瓜	3.6	3.06	2.52	
7	土豆	2.3	1.955	1.61	
8					

图 3.20　利用混合引用计算销售价格

号后，重复按 F4 键即可。

④三维引用。三维引用是指对两个或多个工作表上相同单元格或单元格区域的引用方式。假如公式放在工作表 Sheet1 的 C6 单元格，要引用工作表 Sheet2 的“A1：A6”和 Sheet3 的“B2：B9”区域进行求和运算，则公式中的引用形式为“=SUM（Sheet2！A1：A6，Sheet3！B2：B9）”，即在三维引用中，不仅包含单元格或区域引用，还要在前面加上带“！”的工作表名称。假如需要引用的数据来自另一个工作簿，如工作簿 Book1 中的 SUM 函数要绝对引用工作簿 Book2 中的数据，则其公式为“SUM（[Book2]Sheet1！SAS1：SAS8，[Book2]Sheet2！SBS1：SBS9）”，也就是在原来单元格引用的前面加上“[Book2]Sheet1！”。放在中括号里的是工作簿名称，带“！”的则是其中的工作表名称，即跨工作簿引用单元格或区域时，引用对象的前面必须用“！”作为工作表分隔符，再用中括号作为工作簿分隔符。

（5）嵌套函数。

在使用 Excel 函数计算数据的过程中，有时需要将某个公式或函数的返回值作为另外一个函数的参数来使用，此类函数称为嵌套函数。嵌套函数支持多个函数同时使用，可以实现某种复杂的统计功能。如图 3.21 所示，计算费用合计时，若不单独计算每一项支出后再求和，则可在单元格 C6 中直接使用公式“=SUM（PRODUCT（B2，C2），PRODUCT（B3，C3），PRODUCT（B4，C4），PRODUCT（B5，C5））”。其中，PRODUCT（B2，C2）计算茄子的总价，PRODUCT（B3，C3）计算豆角的总价，等等。再将各个总价进行求和。函数可以进行多层的参数嵌套，但是在实际工作中，不要过于追求函数和复杂程度，解决问题才是关键，实现方式越简单越好。

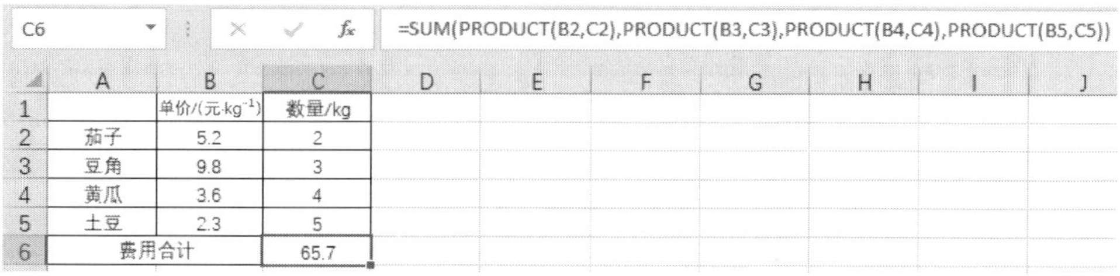

图 3.21 使用嵌套函数计算费用

(6)名称。

为更加直观地标识单元格或单元格区域,可以赋予单元格或单元格区域名称,从而在公式或函数中直接引用。如图 3.22 所示,将菜价所在的单元格区域通过“公式”选项卡中的“定义名称”选项命名为“菜价”,则在计算总价格时,可以在 D2 单元格直接输入公式“=C2 * 菜价”。

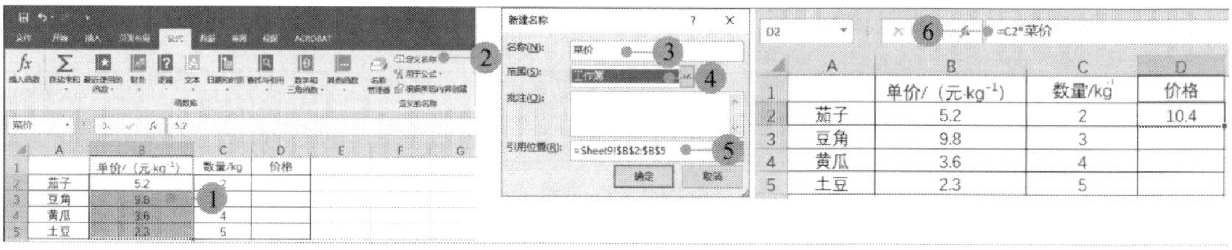

图 3.22 使用名称简化单元格输入形式的操作步骤

在图 3.22 中,可以在编号 4 的位置设置所创建的名称的应用范围为只局限为某个工作表或整个工作簿。如果设置为整个工作簿可用,则在引用时不需要在名称前面添加工作表名(这就是使用名称的主要优点),因此名称引用实际上是一种绝对引用。

3. 公式中的运算符

运算符用于指定要对公式中的元素执行的计算类型。Excel 遵循用于计算的常规数学规则,即括号、指数、乘法和除法及加法和减法,使用括号可更改该计算顺序。

Excel 中公式运算符共有四种不同类型:算术运算符、比较运算符、文本运算符和引用运算符。学习函数公式,必须先了解公式运算符。

(1)算术运算符。

算术运算符是所有运算符中最简单、最常用的,可以完成基本的数学加、减、乘、除等运算,常用的算术运算符见表 3.6。

表 3.6 常用的算术运算符

算术运算符	含义	示例
+	加	=3+3
-	减法	=3-3
	负数	=-3
*	乘	=3 *
/	除	=3/3
%	百分比	=15%
^	求幂	=3^3

(2)比较运算符。

比较运算符用于两个数值之间的大小比较,其计算结果为逻辑值真(True)或假(False)。常用的比较运算符见表3.7。

表3.7　常用的比较运算符

比较运算符	含义	示例
=(等号)	等于	=A1=B1
>(大于号)	大于	=A1>B1
<(小于号)	小于	=A1<B1
>=(大于或等于号)	大于等于	=A1>=B1
<=(小于或等于号)	小于等于	=A1<=B1
<>(不等号)	不等于	=A1<>B1

(3)文本运算符。

文本运算符见表3.8,是指与号(&),用于连接一个或多个文本字符串,以生成一段文本。

表3.8　文本运算符

文本运算符	含义	实例
&	将两个文本值连接或串起来产生一个连续的文本值	单元格A1中文本为“North”,B1中文本为“Face”,在C1单元格中输入“=A1&B1”,回车后将会得到“NorthFace”

(4)引用运算符。

引用运算符见表3.9,主要用于合并单元格区域,主要有英文冒号“:”、英文逗号“,”和空格。

表3.9　引用运算符简介

引用运算符	含义	示例
:	区域运算符,生成一个对两个引用之间所有单元格的引用(包括这两个引用)	B5:B15
,	联合运算符,将多个引用合并为一个引用	=SUM(B5:B15,D5:D15)
	交集运算符,生成一个对两个引用中共有单元格的引用	B7:D7 C6:C8

(5)运算符的优先级。

四种不同的运算符中,优先级分别为引用运算符、算术运算符、连接运算符、比较运算符。

相同类别运算符中,引用运算符优先级为英文冒号(:)、单个空格、英文逗号(,);算术运算符优先级为负数(-)、百分比(%)、乘方(^)、乘和除(*和/)、加和减(+和-);比较运算符中的等于(=)、小于或大于(<或>)、不大于(<=)、不小于(>=)、不等于(<>)属于同级运算。

如果公式中包含相同优先级的运算符,如公式中同时包含乘法和除法运算符,则Excel将从左到右进行计算。在有小括号时,与平常的数学运算一样,会优先计算最里层中的数据。

4. 函数的输入方法

Excel 中支持“插入函数”对话框输入和编辑栏直接输入两种函数输入方法。Excel 中的输入方法如图3.23所示,在计算总价的 D6 单元格中,如果熟悉 SUM 函数用法,则可以直接从编号 2 对应的函数编辑栏中直接输入“=SUM(D2:D5)”,回车后即可得到总价;如果不熟悉 SUM 函数的用法,则可以通过功能区“公式”选项卡下“插入函数”选项打开“插入函数”对话框,在对话框中进行选择函数并输入,操作相对也较简单,此处不再赘述。

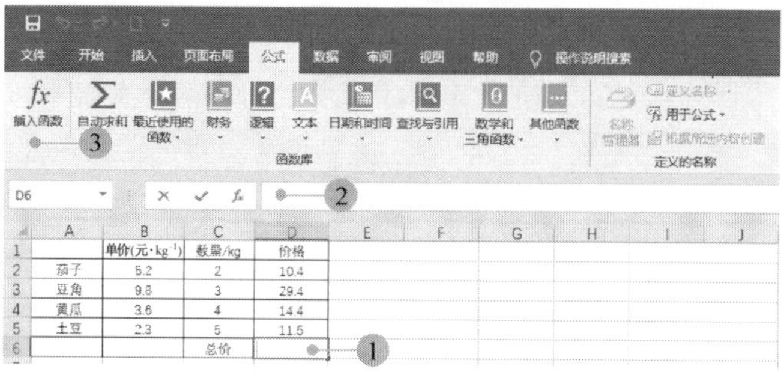

图 3.23 Excel 中函数的输入方法

3.2.2 常用函数介绍

1. IF 函数

用途:执行逻辑判断,可以根据逻辑表达式的真假返回不同的结果,从而执行数值或公式的条件检测任务。

语法:IF(logical_test,value_if_true,value_if_false)。

参数:logical_test 计算结果为 TRUE 或 FALSE 的任何数值或表达式。value_if_true 是 logical_test 为 TRUE 时函数的返回值,如果 logical_test 为 TRUE 并且省略了 value_if_true,则返回 TRUE。value_if_false 是 logical_test 为 FALSE 时函数的返回值,如果 logical_test 为 FALSE 并且省略了 value_if_false,则返回 FALSE。value_if_true 和 value_if_false 均可以是一个表达式。简言之,“=IF(判断的条件,符合条件时的结果,不符合条件时结果)”。

实例:如图 3.24(a)所示,考试成绩高于 60 分即判定合格,因此直接输入“=IF(B2>60,"合格","不合格")”即可。如果需要更深层次的判断,则可以使用嵌套函数,如图 3.24(b)所示,要求满足岗位为“门卫”并且性别为“女”的人员才可以领取户外补贴,则输入的函数为“=IF(AND(B2="保安",C2="女"),"有","无")”,IF 函数中的 logical_test 参数为 AND 嵌套函数,AND 函数对两个条件判断。如果同时符合,则 IF 函数返回“有”;否则,返回“无”。

图 3.25 所示为 IF 函数的多层嵌套,给出了使用多级嵌套函数实现考试成绩等级划分的功能,使用公式“=IF(B2>=85,"A",IF(B2>=70,"B",IF(B2>=60,"C",IF(B2<60,"D"))))”。其中,第二个 IF 语句同时也是第一个 IF 语句的参数,第三个 IF 语句是第二个 IF 语句的参数,依此类推。例如,若第一个逻辑判断表达式 B2>=85 成立,则 C2 单元格被赋值“A”;若第一个逻辑判断表达式 B2>=85 不成立,则计算第二个 IF 语句“IF(B2>=70”,依此类推,直至计算结束。该函数广泛用于需要进行逻辑判断的场合。

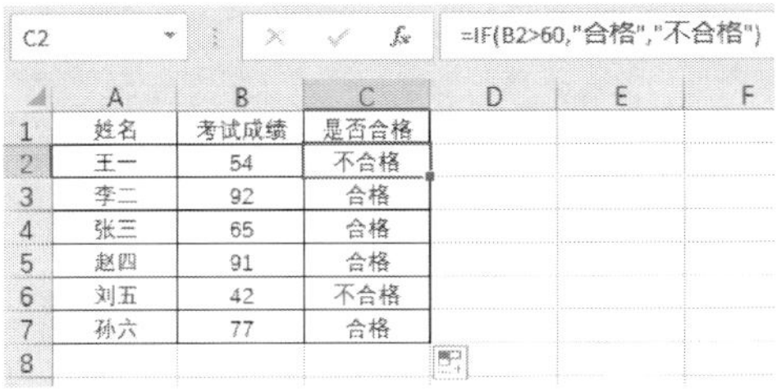
C2 =IF(B2>60,"合格","不合格")

	A	B	C
1	姓名	考试成绩	是否合格
2	王一	54	不合格
3	李二	92	合格
4	张三	65	合格
5	赵四	91	合格
6	刘五	42	不合格
7	孙六	77	合格

(a) 基本条件判断

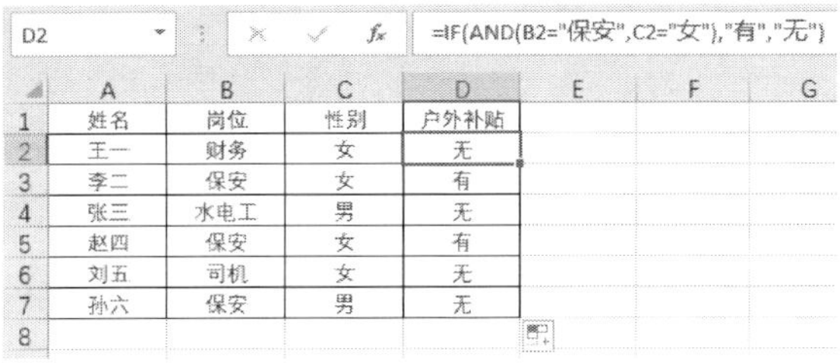
D2 =IF(AND(B2="保安",C2="女"),"有","无")

	A	B	C	D
1	姓名	岗位	性别	户外补贴
2	王一	财务	女	无
3	李二	保安	女	有
4	张三	水电工	男	无
5	赵四	保安	女	有
6	刘五	司机	女	无
7	孙六	保安	男	无

(b) 多条件判断

图 3.24　IF 函数的应用实例

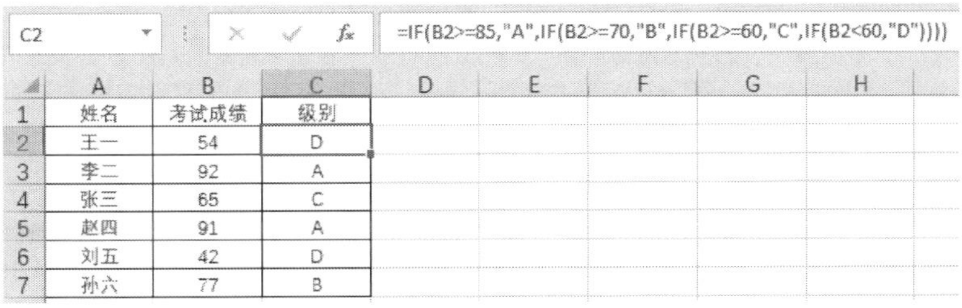
C2 =IF(B2>=85,"A",IF(B2>=70,"B",IF(B2>=60,"C",IF(B2<60,"D"))))

	A	B	C
1	姓名	考试成绩	级别
2	王一	54	D
3	李二	92	A
4	张三	65	C
5	赵四	91	A
6	刘五	42	D
7	孙六	77	B

图 3.25　IF 函数的多层嵌套

2. SUM

用途：返回某一单元格区域中所有数字之和。

语法：SUM(number1,number2,…)。

参数：number1,number2,…为 1～30 个需要求和的数值(包括逻辑值及文本表达式)、区域或引用。注意，参数表中的数字、逻辑值及数字的文本表达式可以参与计算。其中，逻辑值被转换为 1；文本被转换为数字。如果参数为数组或引用，则只有其中的数字将被计算，数组或引用中的空白单元格、逻辑值、文本或错误值将被忽略。

实例："=SUM(A2:A10)"表示将单元格 A2:10 中的值相加。"=SUM(A2:A10,C2:C10)"表示将单元格 A2:10 以及单元格 C2:C10 中的值相加。如果 A1=1,A2=2,A3=3，则公式"=SUM(A1:A3)"的返回值为 6，公式"=SUM("3",2,TRUE)"的返回值也是 6，因为"3"被转换成数字 3，而逻辑值 TRUE 被转换成数字 1。该公式表示当前单元格的数值为3+2+1=6。

3. SUMIF

用途：对指定范围中符合指定条件的值求和。

语法：SUMIF(range,criteria,sum_range)。

参数：range 为用于条件判断的单元格区域；criteria 是由数字、逻辑表达式等组成的判定条件；sum_range 为需要求和的单元格、区域或引用。上述公式可以改写为"=SUMIF(条件区域,指定的求和条件,求和的区域)"。

实例：如图 3.26 所示，统计各个班级的总成绩，在 E2 单元格输入公式"=SUMIF(C2:C7,D2,B2:B7)"。该公式含义为，如果 C2:C7 区域中的班级等于 D2 单元格的"一班"，则对 B2:B7 单元格对应的区域求和。

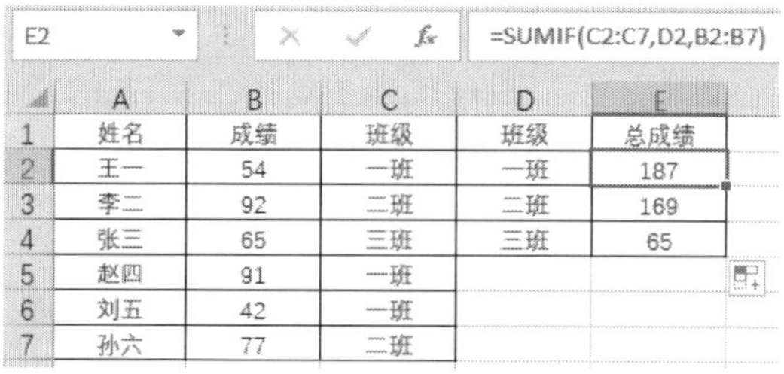

E2 =SUMIF(C2:C7,D2,B2:B7)

	A	B	C	D	E
1	姓名	成绩	班级	班级	总成绩
2	王一	54	一班	一班	187
3	李二	92	二班	二班	169
4	张三	65	三班	三班	65
5	赵四	91	一班		
6	刘五	42	一班		
7	孙六	77	二班		

图 3.26　SUMIF 函数应用实例

4. SUMIFS

用途:计算单元格区域或数组中符合多个指定条件的数字的总和。

语法:SUMIFS(sum_range,criteria_range1,criteria1,[criteria_range2],[criteria2],…)。

参数:sum_range(必选)表示要求和的单元格区域;criteria_range1(必选)表示要作为条件进行判断的第 1 个单元格区域;criteria_range2,…(可选)表示要作为条件进行判断的第 2 ~ 127个单元格区域;criteria1(必选)表示要进行判断的第 1 个条件,形式可以为数字、文本或表达式,如可以将条件输入为 32、">32"、B4、"苹果"或"32";criteria2,…(可选)表示要进行判断的第 2 ~ 127 个条件,形式可以为数字、文本或表达式。可以在参数 criteria 中使用问号(?)和星号(*)通配符扩展参数范围。

实例:如图 3.27 所示,在单元格 E1 中统计"卢宁"销售"香蕉"和"香梨"的数量,可以键入公式"=SUMIFS(A2:A9, B2:B9, "=香*", C2:C9, "卢宁")"。其中,A2:A9 是累加区域;B2:B9 是条件判断的区域;"=香*"是判断条件;C2:C9 是第二判断条件的区域;"卢宁"则是第二判断条件。如果需要统计卢宁除香蕉外的销售数量,则输入公式"=SUMIFS(A2:A9, B2:B9, "<>香蕉", C2:C9, "卢宁")",计算卢宁售出的非香蕉产品的总量。该公式在 criteria1 中使用<>(即"<>香蕉")排除香蕉,在 criterial_range2 C2:C9 中查找姓名"卢宁",然后计算 sum_range A2:A9 中同时满足这两个条件的单元格的总量,最终结果为 30。

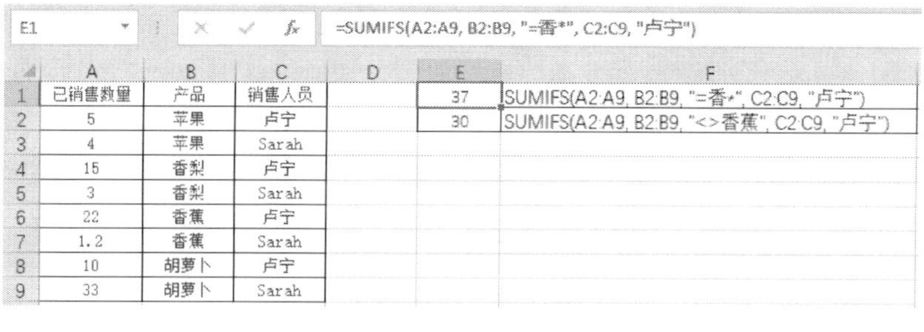

E1 =SUMIFS(A2:A9, B2:B9, "=香*", C2:C9, "卢宁")

	A	B	C	D	E	F
1	已销售数量	产品	销售人员		37	SUMIFS(A2:A9, B2:B9, "=香*", C2:C9, "卢宁")
2	5	苹果	卢宁		30	SUMIFS(A2:A9, B2:B9, "<>香蕉", C2:C9, "卢宁")
3	4	苹果	Sarah			
4	15	香梨	卢宁			
5	3	香梨	Sarah			
6	22	香蕉	卢宁			
7	1.2	香蕉	Sarah			
8	10	胡萝卜	卢宁			
9	33	胡萝卜	Sarah			

图 3.27　SUMIFS 函数应用实例

5. SUMPRODUCT

用途:在给定的几组数组中,将数组间对应的元素相乘,并返回乘积之和。

语法:SUMPRODUCT(array1,array2,array3,…)。

参数:array1,array2,array3,…为 2 ~ 30 个数组,其相应元素需要进行相乘并求和,array1(必选)表示要参与计算的第 1 个数组。如果只有一个参数,那么 SUMPRODUCT 函数直接返回该参数中的各元素之和;如果有多个数组参数,那么每个数组参数的维数必须相同,否则 SUMPRODUCT 函数将返回错误值#VALUE!。例如,如果第一个参数为 A1:A5,那么第二参数就不能是 B1:B6;如果参数中包含非数值型的数据,SUMPRODUCT 函数将按 0 来处理。

实例:如图 3.28 所示,计算总价需要将 B2:B10、C2:C10 和 D2:D10 各列分别对应相乘后再累加,应用公式“=SUMPRODUCT(B2:B10,C2:C10,D2:D10)”可以直接得到总价 158.58元。

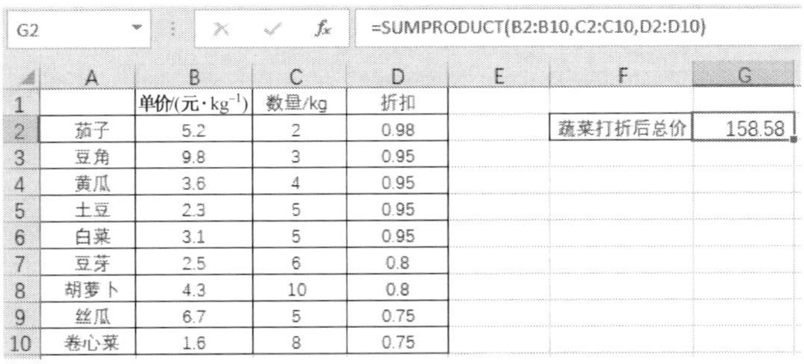

G2　=SUMPRODUCT(B2:B10,C2:C10,D2:D10)

	A	B	C	D	E	F	G
1		单价/(元·kg^{-1})	数量/kg	折扣			
2	茄子	5.2	2	0.98		蔬菜打折后总价	158.58
3	豆角	9.8	3	0.95			
4	黄瓜	3.6	4	0.95			
5	土豆	2.3	5	0.95			
6	白菜	3.1	5	0.95			
7	豆芽	2.5	6	0.8			
8	胡萝卜	4.3	10	0.8			
9	丝瓜	6.7	5	0.75			
10	卷心菜	1.6	8	0.75			

图 3.28　SUMPRODUCT 函数应用实例

6. AVERAGE

用途:计算所有参数的算术平均值。

语法:AVERAGE(number1,number2,…)。

参数:number1,number2,…是要计算平均值的 1 ~ 30 个参数。

实例:如果 B1:B5 区域的数值分别为 82、99、81、93 和 38,则公式“=AVERAGE(B1:B5)”返回 78.6。

7. AVERAGEA

用途:计算参数清单中数值的平均值。与 AVERAGE 函数的区别在于不仅数字,而且文本和逻辑值(如 TRUE 和 FALSE)也参与计算。

语法:AVERAGEA(value1,value2,…)。

参数:value1,value2,…为需要计算平均值的 1 ~ 30 个单元格、单元格区域或数值。

实例:如果 A1=66,A2=95,A3=TRUE,则公式“=AVERAGEA(A1:A3)”返回 54(即(66+95+1)/3=54)。

8. VLOOKUP

用途:在表格或数值数组的首列查找指定的数值,并由此返回表格或数组当前行中指定列处的数值。当比较值位于数据表首列时,可以使用函数 VLOOKUP 代替函数 HLOOKUP。

语法:VLOOKUP(lookup_value,table_array,col_index_num,range_lookup)。

参数:lookup_value 为需要在数据表第一列中查找的数值,它可以是数值、引用或文字串;table_array 为需要在其中查找数据的数据表,可以使用对区域或区域名称的引用;col_index_num 为 table_array 中待返回的匹配值的列序号,col_index_num 为 1 时返回 table_array 第一列中的数值,col_index_num 为 2 时返回 table_array 第二列中的数值,依此类推;range_lookup 为一逻辑值,指明函数 VLOOKUP 返回时是精确匹配还是近似匹配。如果为 TRUE 或省略,则返回近似匹配值。也就是说,如果找不到精确匹配值,则返回小于 lookup_value

的最大数值,如果 range_value 为 FALSE,函数 VLOOKUP 将返回精确匹配值,如果找不到,则返回错误值#N/A。上述公式可以描述为“=VLOOKUP(想要查找的内容,要查找的位置,包含要返回的值的区域中的列号,返回近似或精确匹配(表示为 1/TRUE 或 0/假))。”

实例:如图 3.29 所示,统计打乱姓名后的职务,可以在 G2 单元格中输入“=VLOOKUP(F2,$A$1:$C$7,3,FALSE)”,表示查找条件为 F2 单元格对应的“刘五”,查找区域采用绝对引用,限制为 A1:C7 区域,数字“3”表示从 A 列开始的第三列(即 C 列)摘取符合条件的数据填入到 G2 中,FALSE 要求结果为精确匹配。VLOOKUP 函数是常用的函数之一,广泛用于顺序打乱后的数据重新整理。

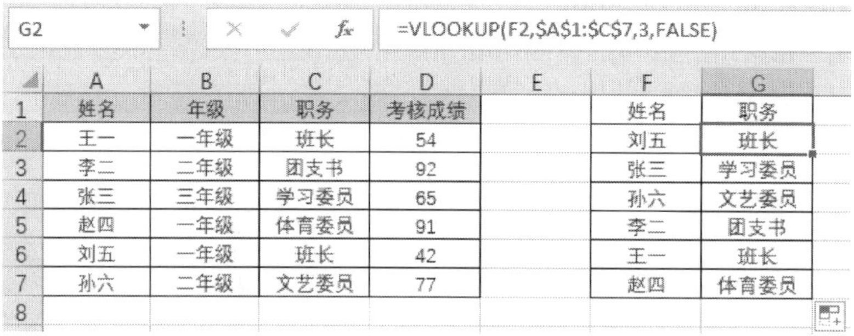

	A	B	C	D	E	F	G
1	姓名	年级	职务	考核成绩		姓名	职务
2	王一	一年级	班长	54		刘五	班长
3	李二	二年级	团支书	92		张三	学习委员
4	张三	三年级	学习委员	65		孙六	文艺委员
5	赵四	一年级	体育委员	91		李二	团支书
6	刘五	一年级	班长	42		王一	班长
7	孙六	二年级	文艺委员	77		赵四	体育委员
8							

图 3.29　VLOOKUP 函数的应用实例

9. ABS

用途:返回某一参数的绝对值。

语法:ABS(number)。

参数:number 是需要计算其绝对值的一个实数,必须为数值类型,即数字、文本格式的数字或逻辑值。如果是文本,则返回错误值#VALUE!。

实例:如果 A1=-16,则公式“=ABS(A1)”返回 16。

10. COUNT

用途:统计数值格式的单元格个数及参数列表中数字的个数,忽略非数值格式的数据。

语法:COUNT(value1,value2,…)。

参数:value1,value2,…是包含或引用各种类型数据的参数(1~30 个),其中只有数字类型的数据才能被统计。

实例:如果 A1=哈尔滨,A2=12,A3=＊,A4=52,A5=工业大学,A6=17,则公式“=COUNT(A1:A6)”的返回值为 3。

11. COUNTIF

用途:统计某一区域中符合给定条件的单元格数目。

语法:COUNTIF(range,criteria)。

参数:range 为需要统计的符合条件的单元格数目的区域;criteria 为参与计算的单元格条件,其形式可以为数字、表达式或文本(如 36、">160"和"男"等)。其中,数字可以直接写入,表达式和文本必须加引号。

实例:图 3.30 所示的销售数据中,COUNTIF 在不同的参数设置下得到的不同结果见表 3.10。

	A	B
1	日期	数据
2	苹果	32
3	橙子	54
4	桃子	75
5	苹果	86

图 3.30　COUNTIF 函数应用实例数据

表 3.10　COUNTIF 在不同的参数设置下得到的不同结果

公式	说明
=COUNTIF(A2:A5,"苹果")	统计单元格 A2～A5 中包含“苹果”的单元格的数量，返回值为 2
=COUNTIF(A2:A5,A4)	统计单元格 A2 到 A5 中包含“桃子”(A4 中的值)的单元格的数量，返回值为 1
=COUNTIF(A2:A5,A2)+COUNTIF(A2:A5,A3)	计算单元格 A2～A5 中苹果(A2 中的值)和橙子(A3 中的值)的数量，返回值为 3。此公式两次使用 COUNTIF 表达式来指定多个条件，每个表达式一个条件。也可以使用 COUNTIFS 函数
=COUNTIF(B2:B5,">55")	统计单元格 B2～B5 中值大于 55 的单元格的数量，返回值为 2
=COUNTIF(B2:B5,"<>"&B4)	统计单元格 B2～B5 中值不等于 75 的单元格的数量。与号(&)合并比较运算符不等于(<>)和 B4 中的值，因此为 =COUNTIF(B2:B5,"<>75")，返回值为 3
=COUNTIF(B2:B5,">=32")-COUNTIF(B2:B5,">85")	统计单元格 B2～B5 中值大于(>)或等于(=)32 且小于(<)或等于(=)85 的单元格的数量，返回值为 3
=COUNTIF(A2:A5,"*")	统计单元格 A2～A5 中包含任何文本的单元格的数量。通配符星号(*)用于匹配任意字符，返回值为 4
=COUNTIF(A2:A5,"?????es")	统计单元格 A2～A5 中正好为 7 个字符且以字母“es”结尾的单元格的数量。通配符问号(?)用于匹配单个字符，返回值为 2

3.2.3　创建图表

图表可以直观地显示数据，Excel 的重要功能之一就是能快速方便地将工作表数据生成柱状、圆饼、折线等分析图形。本节将主要介绍图表的创建方法。

Excel 2016 中提供了多达 17 种图表类型，分别为柱形图、折线图、饼图/圆环图、条形图、面积图、XY 散点图/气泡图、股价图、曲面图、雷达图、树状图、旭日图、直方图、箱形图、瀑布图、漏斗图、组合图、地图图表等。如图 3.31 所示，通过单击“插入”选项卡中“图表”组内的相应按钮，可以选择任何一种图表类型，图表类型十分直观，下面就一些常用的图表类型进行简单介绍。

1. 柱形图

柱形图主要用于数量的对比和高低变化，在工作表中以列或行的形式排列的数据可以绘制为柱形图。柱形图通常沿水平(类别)轴显示类别，沿垂直(值)轴显示值，如图3.32(a)的数据所示，用鼠标选择中区域 A1:B7 后，在插入选项卡中“插入图表”对话框选择柱状图类型，得到图 3.32(b)所示的簇状柱形图(Excel 会根据所选区域的数据特点推荐图表，可以

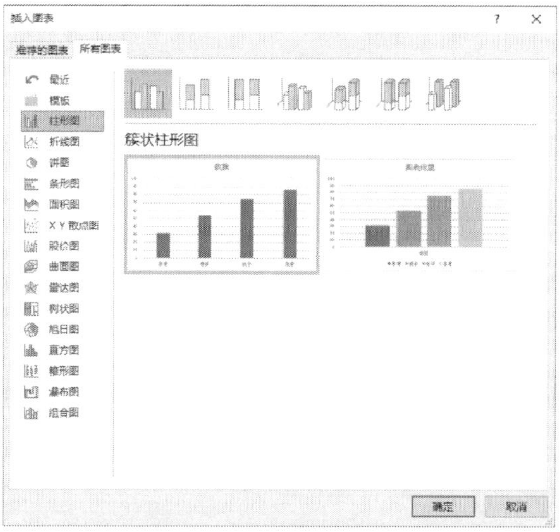

图 3.31　通过功能区插入选项卡打开“插入图表”对话框

从“推荐的图表”对话框中选择,也可以从“所有图表”对话框中选择)。柱状图类型中包括簇状柱形图、三维簇状柱形图、堆积柱形图、三维堆积柱形图、百分比堆积柱形图、三维百分比堆积柱形图和三维柱形图,可根据需要进行选择,此处不再赘述。

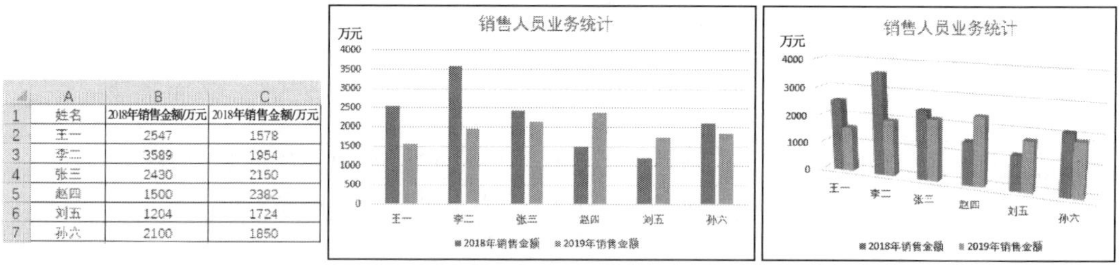

	A	B	C
1	姓名	2018年销售金额/万元	2018年销售金额/万元
2	王一	2547	1578
3	李二	3589	1954
4	张三	2430	2150
5	赵四	1500	2382
6	刘五	1204	1724
7	孙六	2100	1850

(a) 柱状图示例数据　　(b) 簇状柱状图　　(c) 三维簇状柱形图

图 3.32　柱状图示例

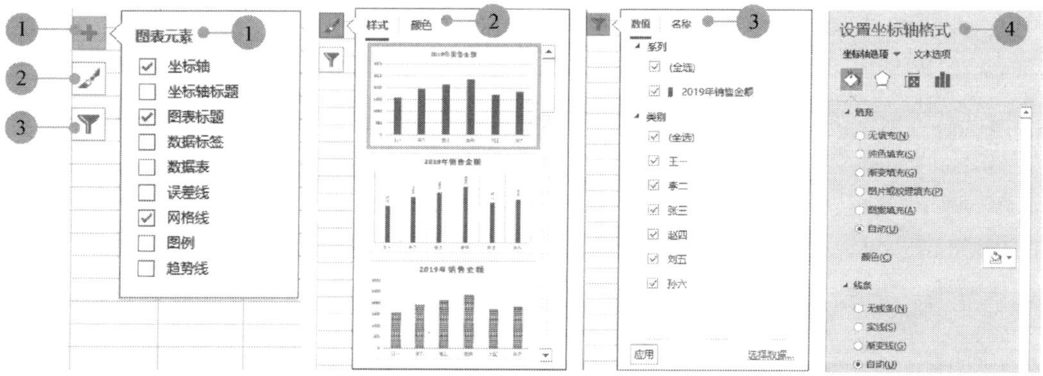

图 3.33　通过参数设置选项卡对图形设置

在 Excel 工作界面单击生成的柱状图,在图形右侧会出现编辑选项卡,如图 3.33 的编号 1、2、3 所示,点击不同的选项,可以对图形的图表元素、样式/颜色、数值/名称等进行编辑。同时,会在工作界面右侧出现编号 4 所示的对话框,可以对坐标轴、文本等格式进行设置。

除通过图形右侧的选项进行图形参数设置外,也可以在功能区选择“设计”选项卡下的对应选项进行设置。通过“设计”选项卡对图形设置如图 3.34 所示,其功能与通过参数设置选项卡功能类似,此处不再赘述。

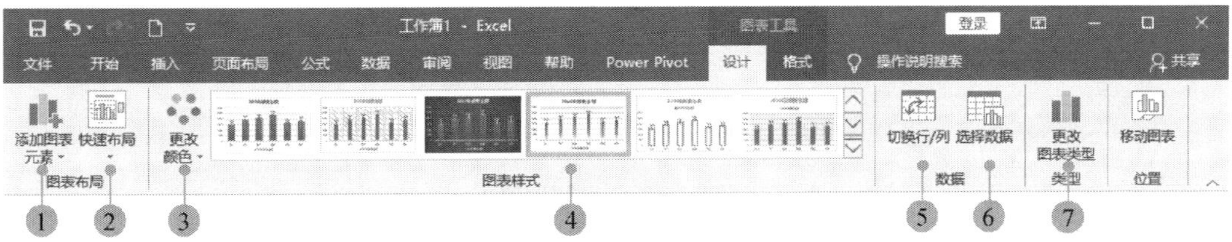

图 3.34　通过“设计”选项卡对图形设置

2. 折线图

折线图主要用于显示参数的趋势变化和走势的比较,在工作表中以列或行的形式排列的数据可以绘制为折线图。在折线图中,类别数据沿水平轴均匀分布,所有值数据沿垂直轴均匀分布。折线图可在均匀按比例缩放的坐标轴上显示一段时间的连续数据,因此非常适合显示相等时间间隔(如月、季度或会计年度)下数据的趋势。

折线图分为普通折线图、数据点折线图、堆积折线图、数据点堆积折线图、百分比堆积折线图、数据点百分比堆积折线图和三维折线图等几类,可以根据需要进行选择。图 3.35 所示为 1—12 月的销售数据,通过折线图可以看出销售数量随月份的趋势变化。需要注意,图表中有多个数据系列时最适合使用折线图,如果只有一个数据系列,则可以考虑改用散点图。

	A	B	C
1	月份	商品A销售金额/元	商品B销售金额/元
2	1月	1250	8475
3	2月	3157	13210
4	3月	1896	3412
5	4月	1145	6875
6	5月	8475	5784
7	6月	13210	4698
8	7月	3412	2351
9	8月	6875	2783
10	9月	5784	1250
11	10月	4698	3157
12	11月	2351	1896
13	12月	2783	1145

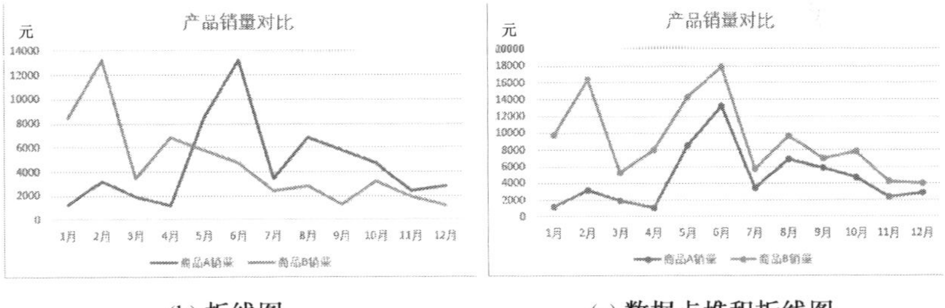

(a) 折线图示例数据　　(b) 折线图　　(c) 数据点堆积折线图

图 3.35　折线图示例

3. 饼图

饼图主要查看一个数据系列中各项的大小与各项总和的比例,在工作表中以列或行的形式排列的数据可以绘制为饼图。饼图中的数据点显示为整个饼图的百分比,如果待绘图的数据中只有一个数据系列,数据值没有负数,几乎没有零值,类别不超过 7 个,并且结构上这些类别可以共同构成整个饼图,那么可考虑使用饼图。

饼图分成普通饼图、三维饼图、复合饼图、复合条饼图和圆环图等几类,可以根据需要进行选择。如图 3.36 所示,根据每个人的销售金额占总销售金额的比例绘制出的饼图,销售占比一目了然。

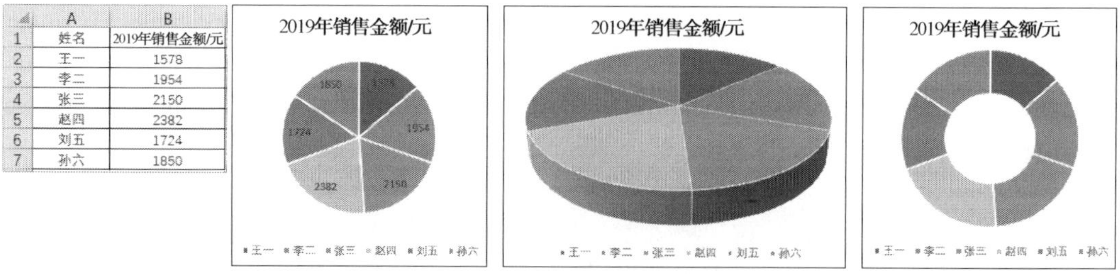

(a) 饼图示例数据　(b) 饼图　(c) 三维饼图　(d) 圆环图

图 3.36　饼图示例

4. 条形图

条形图可以看作水平放置的柱形图,以水平的条形图来表示数据点,条形的长度表示数值的大小,因此工作表中以列或行的形式排列的数据可以绘制为条形图。如果轴标签很长,且显示的值为持续时间,则可以考虑使用条形图。

与柱形图类似,条形图包括簇状条形图、三维簇状条形图、堆积条形图、三维堆积条形图、百分比堆积条形图和三维百分比堆积条形图,可根据需要进行选择,此处不再赘述。条形图示例如图 3.37 所示。

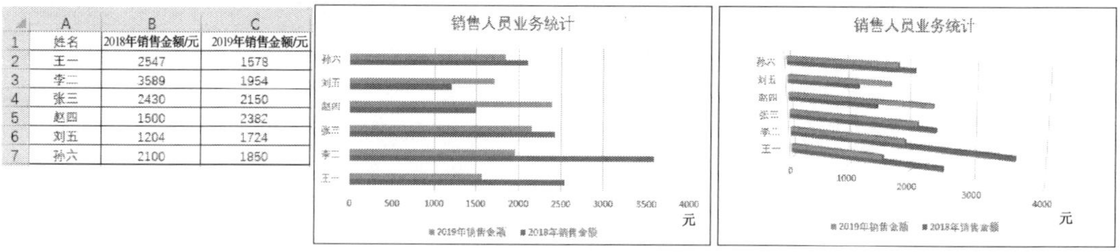

(a) 条形图示例数据　(b) 簇状条形图　(c) 三维簇状条形图

图 3.37　条形图示例

5. 面积图

面积图实际上是折线图的另一种表现形式,利用各系列折线与坐标间围成的图形表达数据随时间推移的变化趋势,在工作表中以列或行的形式排列的数据可以绘制为面积图。通过显示所绘制的值的总和,面积图还可以显示部分与整体的关系。

面积图可以分为普通面积图、三维面积图、堆积面积图、三维堆积面积图、百分比堆积面积图和三维百分比堆积面积图,可以根据需要进行选择,面积图示例如图 3.38 所示。

6. XY 散点图/气泡图

XY 散点图可以用来说明一组或多组变量间的相互关系,其每一个数据点都由两个分别对应于 *XY* 坐标轴的变量构成,在工作表中以列或行的形式排列的数据可以绘制为 XY (散点)图。散点图通常用于显示和比较数值,如科学数据、统计数据和工程数据。

XY 散点图可以分为普通散点图、带平滑线和标记的散点图、带平滑线的散点图、带有直线的散点图和带直线的散点图四种,可以根据需要进行选择,XY 散点图示例如图 3.39 所示。

气泡图与散点图非常相似,增加第三个柱形来指定所显示的气泡的大小,以便表示数据系统中的数据点。气泡图分为普通气泡图或三维气泡图,如图 3.40 所示,此处不再赘述。

姓名	第一季度/元	第二季度/元	第三季度/元	第四季度/元
黑龙江	15000	21500	37120	18952
吉林	18000	26417	47145	23897
辽宁	24000	35140	54185	27669

(a) 面积图示例数据

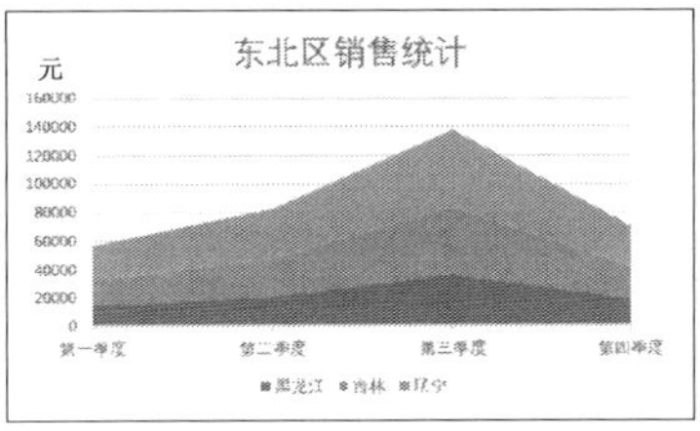

(b) 普通面积图

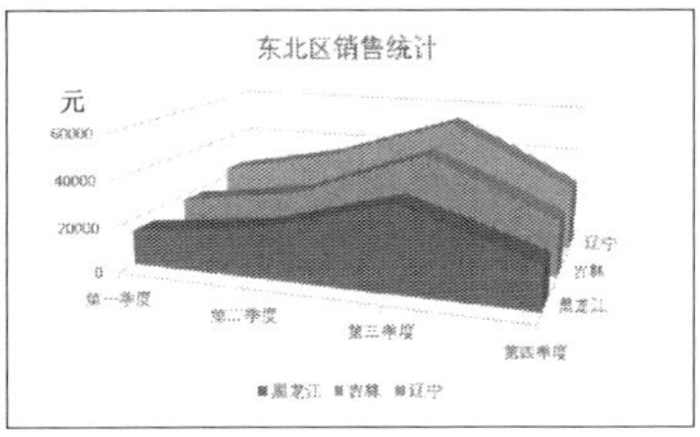

(c) 三维面积图

图 3.38 面积图示例

姓名	2018年销售金额/元	2019年销售金额/元
王一	2547	1578
李二	3589	1954
张三	2430	2150
赵四	1500	2382
刘五	1204	1724
孙六	2100	1850

(a) XY散点图示例数据

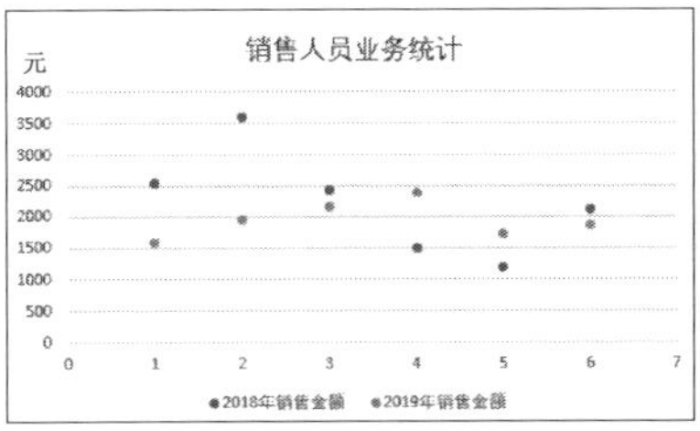

(b) 普通散点图

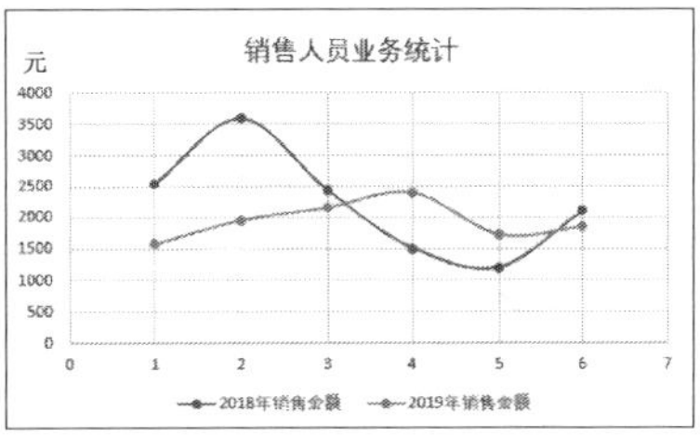

(c) 带平滑线和标记的散点图

图 3.39 XY 散点图示例

产品	总数量/个	销售额/元	百分比
001	61025	35784	58.64%
002	47832	29865	62.44%
003	19546	17952	91.84%
004	54678	48248	88.24%
005	98540	79845	81.03%
006	23156	19754	85.31%
007	62189	41562	66.83%

(a) 气泡图示例数据

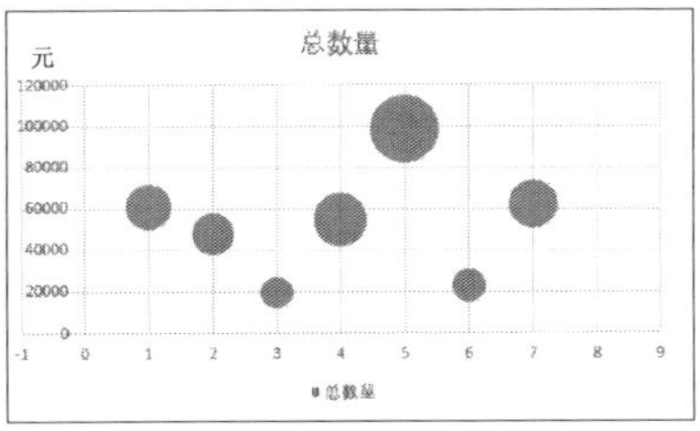

(b) 普通气泡图

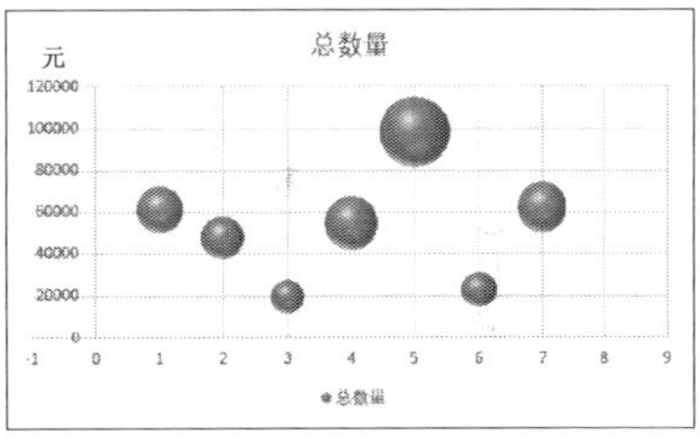

(c) 三维气泡图

图 3.40 气泡图示例

7. 曲面图

曲面图采用曲面的形式显示数据的变化情况和趋势。在寻找两组数据的最优组合时,曲面图十分有效。曲面图就像一张地质学的地图,图中的颜色和图案表明具有相同范围的值的区域。与其他图表类型不同,曲面图中的颜色不用于区别“数据系列”,而用于区别数值大小。曲面图包括普通曲面图、曲面图(俯视框架图)、三维曲面图和三维线框曲面图,可以根据需要选用。曲面图示例如图 3.41 所示。

8. 雷达图

雷达图可以比较若干数据系列的聚合值,是专门用来进行多指标体系比较分析的专业图表。从雷达图中可以看出指标的实际值与参照值的偏离程度,从而为分析者提供有益的信息。雷达图一般用于成绩展示、效果对比量化、多维数据对比等,只要有前后两组三项以上数据,均可制作雷达图,其展示效果非常直观,而且图像清晰。雷达图可以分成普通雷达图、带数据标记的雷达图和填充雷达图。雷达图示例如图 3.42 所示。

	A	B	C	D
1	产品	销售额/元	总数量/个	销售奖金/元
2	001	21025	75784	2774.33
3	002	27832	39865	6981.56
4	003	9546	187952	507.90
5	004	14678	48248	3042.20
6	005	18540	179845	1030.89
7	006	23156	29754	7782.48
8	007	12189	41562	2932.73

(a) 曲面图示例数据

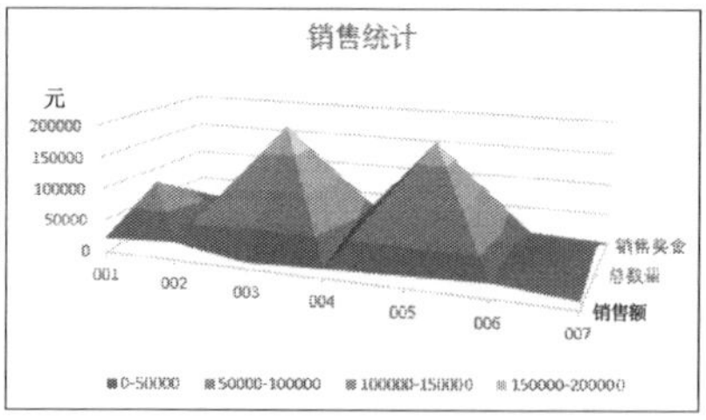

(b) 三维曲面图

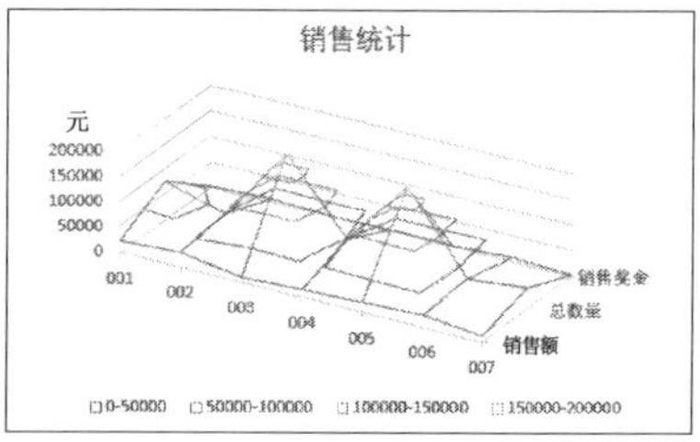

(c) 三维线框曲面图

图 3.41　曲面图示例

	A	B	C	D	E
1	姓名	语文	数学	外语	政治
2	王一	81	95	72	75
3	李二	73	60	92	79
4	张三	80	79	65	89
5	赵四	70	88	89	75
6	刘五	97	73	80	81
7	孙六	85	85	76	83

(a) 雷达图示例数据

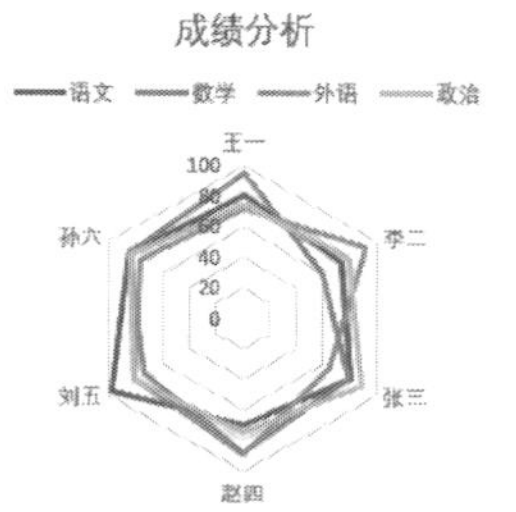

(b) 普通雷达图

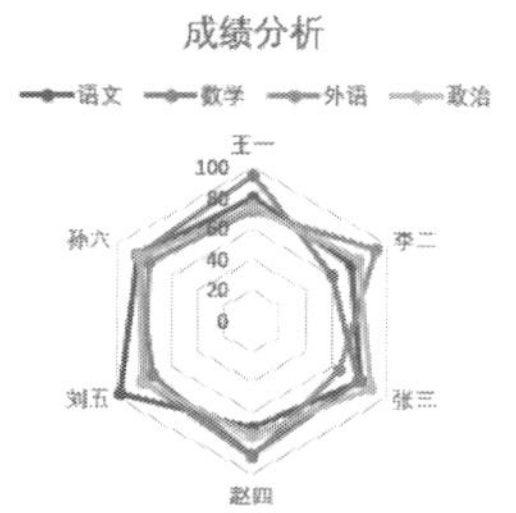

(c) 带数据标记的雷达图

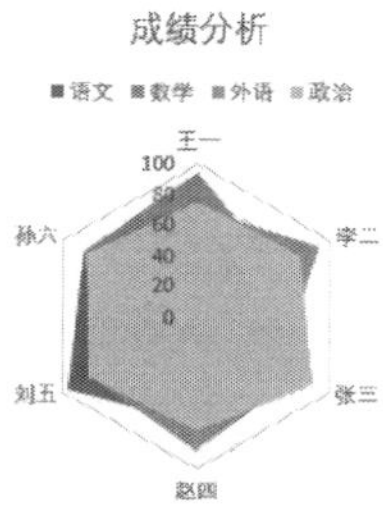

(d) 填充雷达图

图 3.42　雷达图示例

9. 树状图

树状图是 Excel 2019 新增加的功能,可以提供数据的分级视图,非常适合比较层次结构内的比例,通常用于展示热销产品、业绩排名等。它通过矩形的面积、颜色和排列来显示数据关系,使大量数据的展示变得一目了然。树状图示例如图 3.43 所示。

	A	B	C	D	E	F	G
1		鸡蛋	华夫饼	薄煎饼	茶	咖啡	牛奶
2	早餐	30	25	15	10	12	8

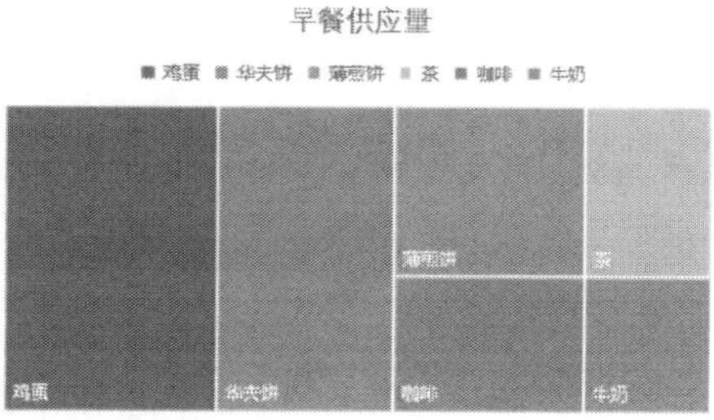

图 3.43　树状图示例

10. 旭日图

旭日图是 Excel 2019 新增加的功能,多用于展示多层级数据之间的占比及对比关系,非常适用于显示分层数据, 并且可以在层次结构结构中存在空(空白)单元格时进行绘制。层次结构的每个级别均通过一个环或圆形表示,最内层的圆表示层次结构的顶级。不含任何分层数据(类别的一个级别)的旭日图与圆环图类似,但具有多个级别的类别的旭日图显示外环与内环的关系,旭日图在显示一个环如何被划分为作用片段时最有效。旭日图示例如图 3.44 所示,如果数据层级在周数基础上进一步细分,则旭日图仍能继续胜任。

11. 直方图

直方图是 Excel 2019 新增加的功能,又称质量分布图,是一种用于显示频率数据的柱形

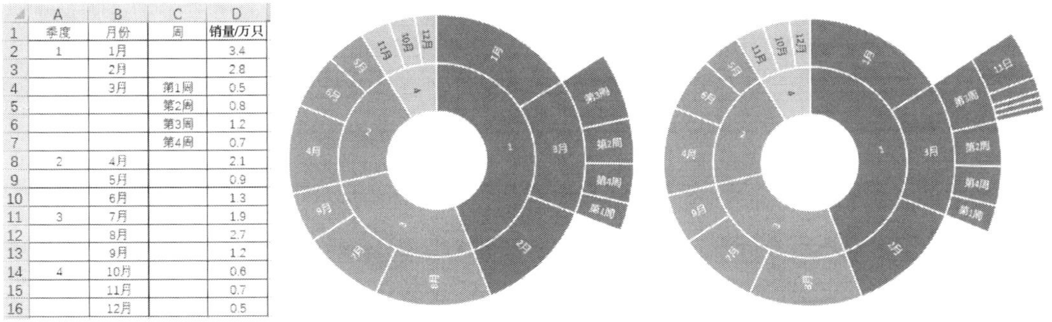

	A	B	C	D
1	季度	月份	周	销量/万只
2	1	1月		3.4
3		2月		2.8
4		3月	第1周	0.5
5			第2周	0.8
6			第3周	1.2
7			第4周	0.7
8	2	4月		2.1
9		5月		0.9
10		6月		1.3
11	3	7月		1.9
12		8月		2.7
13		9月		1.2
14	4	10月		0.6
15		11月		0.7
16		12月		0.5

图 3.44　旭日图示例

图，一般用来展示数据分布情况，是分析数据分布比重和分布频率的利器。在直方图中，横轴代表数据类型，数轴代表数据分布情况，图表中的每一列称为箱，可以更改以便进一步分析数据。直方图可以分为普通直方图和排列图。直方图示例如图 3.45 所示。

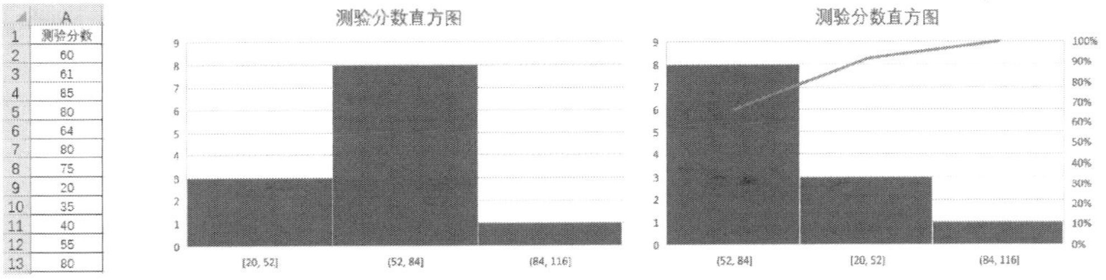

	A
1	测验分数
2	60
3	61
4	85
5	80
6	64
7	80
8	75
9	20
10	35
11	40
12	55
13	80

(a) 直方图示例数据　　(b) 直方图　　(c) 排列图

图 3.45　直方图示例

图 3.45 所示的直方图中，自动设置箱区域跨度为[20，52]、[52，84]和[84，116]，可以双击直方图中的 X 轴坐标轴，然后在工作区域右侧弹出的“设置坐标轴格式”对话框中修改这一数据。如图 3.46 所示，可以设置“箱宽度”或“箱数”数据，改变箱的数据跨度至理想值。

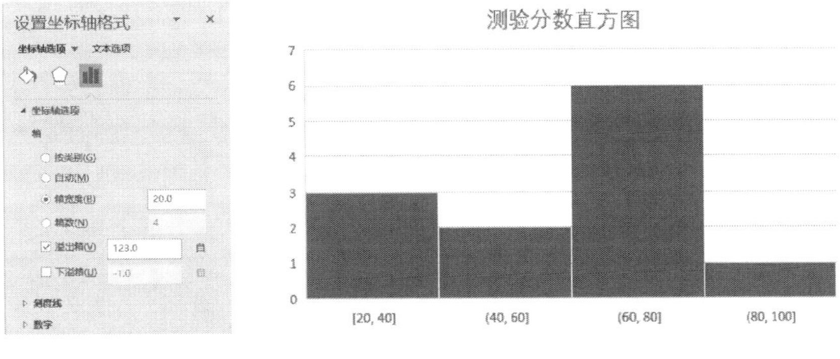

图 3.46　通过“坐标轴选项”改变直方图显示形式

12. 瀑布图

瀑布图是 Excel 2019 新增加的功能，一般用于显示加上或减去值时的财务数据累计汇总。瀑布图中的数据点看似悬空，既可以说明数据的大小，又能直观地展现出数据的增减变化,可用于反映数据在不同时期或受不同因素影响的程度及结果。瀑布图的列采用彩色编码,可以快速将正数与负数区分开来。瀑布图示例如图 3.47 所示。

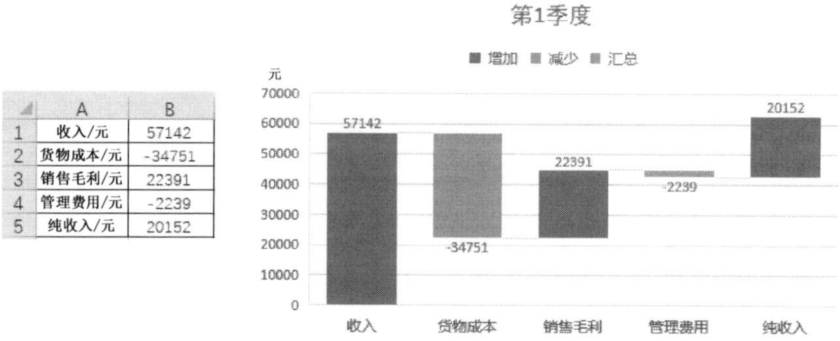

图 3.47　瀑布图示例

对于将瀑布图应用于财务报统计时,如果数据包含被视为小计或汇总的值(如纯收入),则可以设置这些值,以便它们从零开始水平轴,而不是“float”。如图 3.48 所示,双击数据点以打开“设置数据点格式”任务窗格,并选中“设为汇总”框(还可以通过右键单击数据点并从快捷菜单中选取“设为汇总”来设置汇总)。若要使列再次变为“浮动”,请取消选中“设为汇总”复选框。

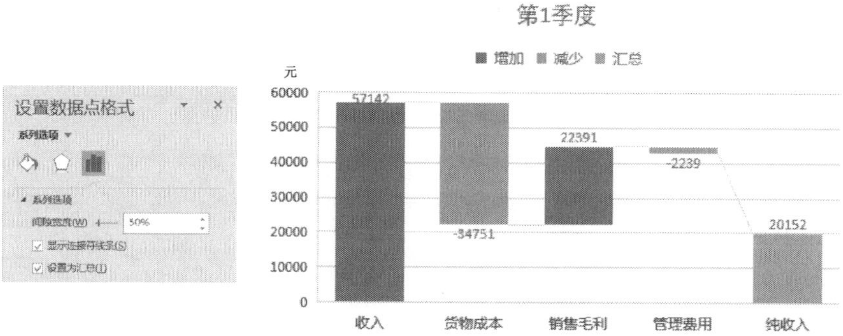

图 3.48　设置为数据汇总的操作

13. 组合图

组合图就是将两种或两种以上不同的图表组合起来表示数据,以便让数据更容易理解,特别是数据变化范围较大时。图 3.49 所示为一个组合图的应用示例,2019 年每个月的销量和同比增长率均需要在图表中显示出来,如果使用单一的图表显示,则因为每月的销量和同比增长率数据相差太大而无法准确显示。按照图 3.49 所示的方法采用组合图后,使用柱形图来显示 1—12 月销量数据,然后使用折线图显示每月的同比增长率,就会十分直观。在插入图表对话框中,可以设置每一项数据的图表类型和 X、Y 轴参数,十分便捷。

	A	B	C
1	产品	销量/元	同比增长/%
2	1月	61025	14.20
3	2月	47832	8.90
4	3月	19546	12.10
5	4月	54678	9.60
6	5月	98540	21.50
7	6月	23156	10.40
8	7月	62189	19.50
9	8月	35784	12.10
10	9月	29865	15.30
11	10月	17952	17.60
12	11月	48248	16.90
13	12月	79845	19.80

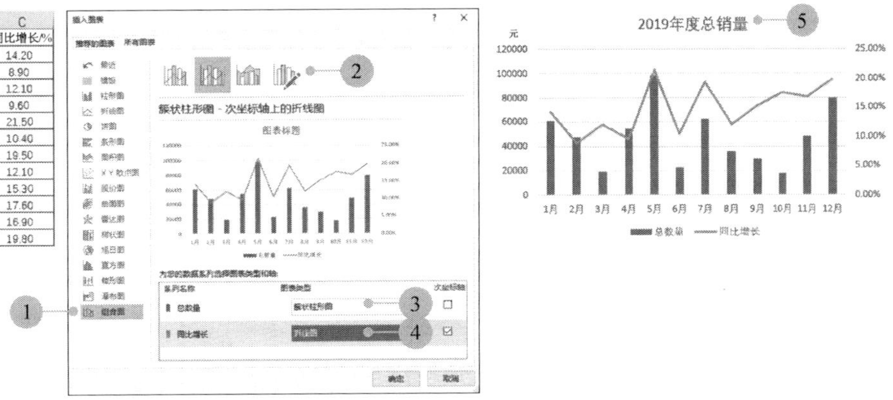

图 3.49　组合图示例

第 4 章

Visio 2019 的基本使用方法

Visio 2019 是微软公司推出的流程图、矢量绘图、商业图表专业绘制软件，具有操作简单、功能强大、可视化等优点，能够帮助用户将复杂的信息程序化、步骤化，让整个工作流程变得简洁明了，同时提供多种模板，在使用过程中帮助企业编制最好的方案、自定义流程，让整个信息步骤化。Visio 2019 已经模拟了各种办公场景、生活实用场景、网络场景、过程场景等，制作了具有代表性的绘图模板，帮助用户在绘图时制造出好的思路。Visio 2019 非常适合 IT 人士使用，已经广泛应用于办公自动化、软件设计、项目管理、建筑、电子与信息等众多领域。

安装完成 Visio 2019 后，打开软件，可以看到图 4.1 所示的 Visio 2019 工作界面。Visio 2019 与 Word 2019、Excel 2019 等其他常用 Office 软件的窗口界面大致相同，也是主要分成标题栏、快速访问工具栏、功能区、绘图区、形状窗口、显示比例等几个部分。快速访问工具栏可以自定义，并且可以设置位于功能区上方或者下方。功能区部分主要用于显示 Visio

图 4.1 Visio 2019 工作界面

2019 的操作命令，主要划分为开始、插入、设计、数据、流程、审阅、视图等选项卡，每个选项卡下又有多个选项组。

绘图区位于窗口中间，用于显示处于活动状态的绘图元素，可以通过图 4.2 所示的“视图”选项卡中的命令设置显示绘图区、形状窗口、绘图自由管理器窗口、大小和位置窗口、形状数据窗口等。其中，编号 1 为设置全屏演示模式，编号 2 可以设置标尺、分页符、网格和参考线，编号 3 对应视觉帮助，编号 4 则为窗口设置。

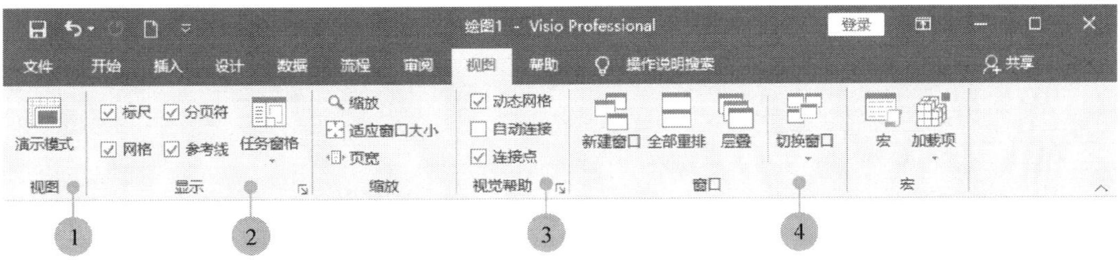

图 4.2　通过“视图”选项卡设置绘图区显示状态

通过任务窗格设置形状窗口等显示状态如图 4.3 所示，通过“视图”选项卡中的任务窗格（编号 1），可以设置形状（编号 2）、形状数据（编号 3）、大小和位置（编号 4）、扫视和缩放（编号 5）、关系图导航（编号 6）等。

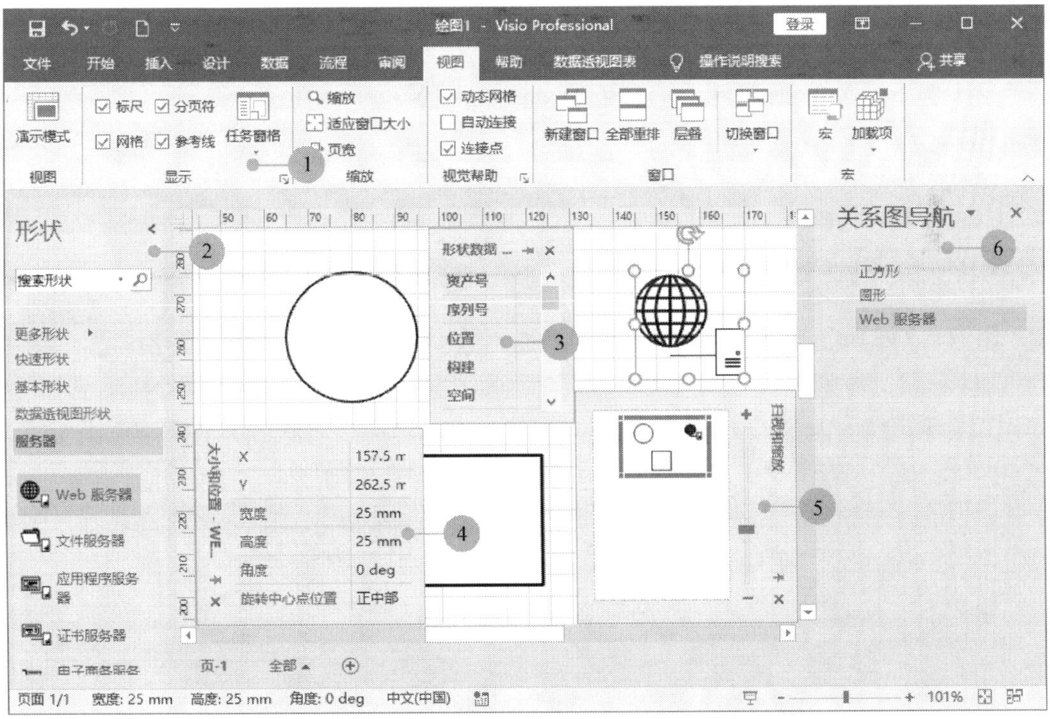

图 4.3　通过任务窗格设置形状窗口等显示状态

形状窗口中包含了 Visio 提供的很多模具，图 4.4 所示为使用形状窗口在绘图区添加卫星图形的方法。首先可以在“搜索形状”对话框中输入需要寻找的图形符号（编号 2），或者直接从“更多形状”选项中找到对应的形状类别，再加入显示列表（编号 3）中。此时，可以按住鼠标左键/右键,再选择卫星图形,即可将卫星符号拖到绘图区(编号4)中。在绘图区,用鼠标点击卫星图形,然后通过拉动出现的边框可以对图形进行放大、缩小或旋转,也可以通过“开始”选项卡对图形的填充、线条、文字等参数进行设置,操作较简单,此处不再赘述。

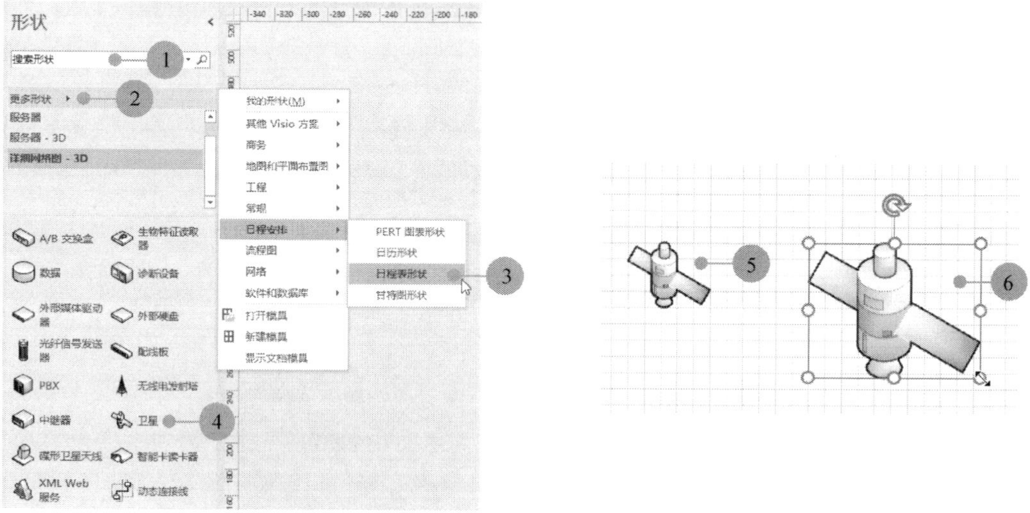

图 4.4 通过“形状”窗口在绘图区添加形状的操作步骤

4.1 Visio 的基本操作

1. 创建 Visio 绘图文档

方法一:打开 Visio 2019,在功能区“文件”选项卡中选择“新建”选项,在右侧单击“空白工作簿”就可以新建一个空白的表格。

方法二:在 Visio 窗口中按“Ctrl+N”组合键。

方法三:首先将“新建空白文档”功能增加到“快捷工具访问栏”,然后在“快捷工具访问栏”上直接点击“新建空白文档”快捷菜单,如图 4.5 所示。“快捷工具访问栏”设置可以参考 1.1.2 节的介绍。

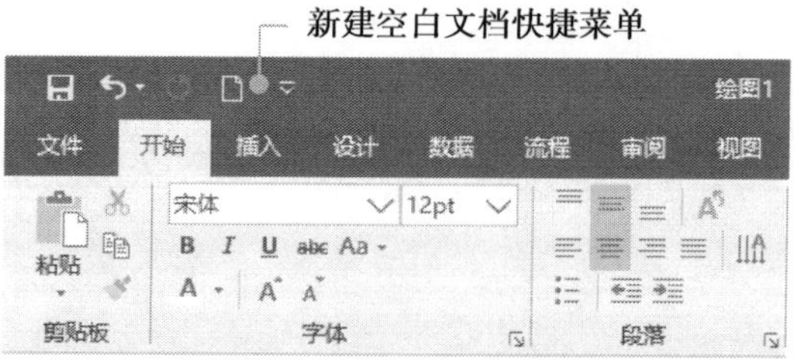

图 4.5 通过“快捷工具访问栏”快捷菜单新建空白文档

2. 通过模板创建文档

对于详细网络图、审计图、基本流程图等需要利用 Visio 模板创建的文档,可以通过以下两种方法获取模板文件,如图 4.6 所示。

方法一:Visio 程序自带的模板,如最近打开的模板、样本模板等,直接单击即可打开。

方法二:在“搜索联机模板”框中输入要创建的文档类型,然后按回车键,从 Microsoft Office Online 中下载模板。

图 4.6　通过 Excel 模板创建文档

3. 保存文件

方法一:单击“文件”菜单下的“保存”按钮,在弹出的“另存为”对话框中设置保存路径、文件名及保存类型,再单击“保存”即可。

方法二:按组合快捷键“Ctrl+S”后可以调出“另存为”界面,再按上述步骤设置即可保存文件。

方法三:在“文件”菜单选择“选项”,在打开的“Visio 选项”对话框中通过“保存” 对话框设置 Visio 文件的自动保存时间,具体操作可以参考 Word、PowerPoint 或 Excel 的参数设置过程。

4. 设置页面属性

使用 Visio 2019 时,有时需要根据图表的类型和显示方向来设置页面的大小和纸张方向等页面参数。页面参数设置通过功能区“设计”选项卡实现,如图 4.7 所示,页面设置选项组(编号 1)可以设置纸张方向、大小、自动调整大小等,同时可以点击右下角的箭头打开“页面设置”对话框进一步设置页面参数。主题选项卡(编号 2)设置形状的主题,主要包括形状的填充、线条和字体等,选择不同的主题,自动设置不同形状显示状态。背景选项组(编号 3)设置页面的背景、边框和标题等信息。版式选项组(编号 4)设置页面布局等,涉及的内容和操作较简单,此处不再赘述。

4.2　形 状 编 辑

在 Visio 中,形状是构成结构图和流程图的基本要素,任何 Visio 图形都是由形状组成的,了解形状编辑的方法对快速掌握 Visio 的基本用法十分有益。

图 4.7　使用“设计”选项卡设置页面属性

4.2.1　形状的绘制

1. 使用基本形状绘制工具

在功能区“开始”选项卡的“工具”选项组中，可以看到默认显示矩形的基本形状工具下拉按钮，提供包括矩形、椭圆、线条、任意多边形、弧形和铅笔共六种工具，鼠标单击某种工具后，即可以在绘图区进行绘制，如图 4.8 所示。

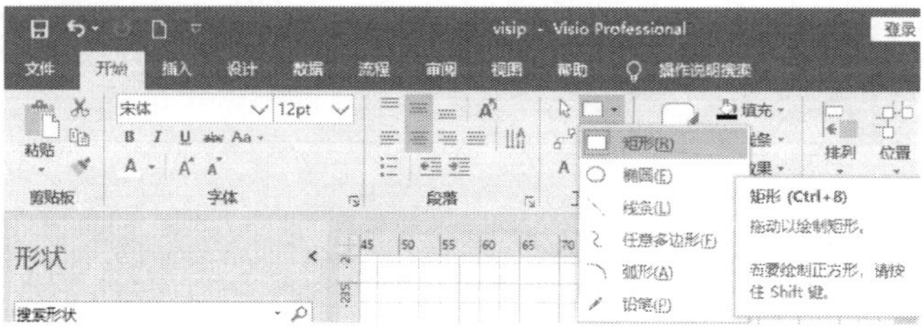

图 4.8　基本形状绘制工具

图 4.9 所示为基于矩形、椭圆、线条和铅笔工具绘制小车与人的基本形状的操作过程。首先，选择椭圆工具，用鼠标在绘图区绘制两个圆形(使用椭圆工具时，鼠标向左下、右下、左上、右上成 45°移动可以绘制正圆)；其次，选择矩形工具，用鼠标在绘图区正圆上方绘制一个矩形；再次，用铅笔绘制车头标志；最后，用线条和椭圆绘制人形。至此，一个简单的小车与人图形就绘制完成了。

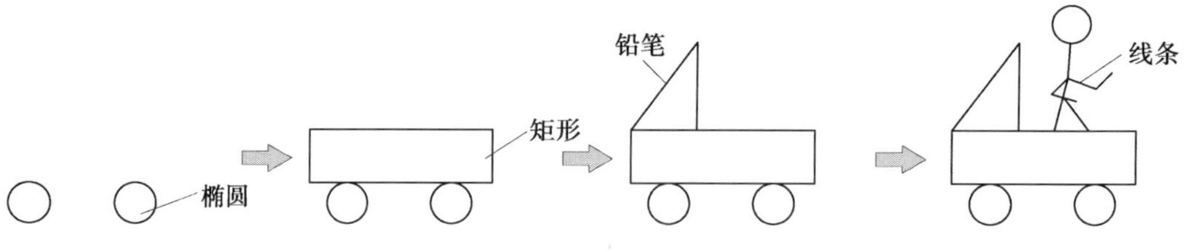

图 4.9　使用基本形状绘制工具绘制图形的步骤

2. 使用模具

模具是 Visio 提供的一种图形素材格式，一般包含多种图形元素或图像，是具有一定复杂性形状。前文已经介绍了如何通过形状窗口向绘图区添加模具形状的操作流程，此处不再赘述。下面以“工程师的一天”这样一个主题介绍如何使用模具设计 Visio 图形。

“工程师的一天”所涵盖的内容(如开会、汇报等)可以使用表格进行分项罗列，见表 4.1。也可以使用基本形状绘制工具，用“矩形+箭头”表示，如图 4.10 所示。

表 4.1　“工程师的一天”示例数据

时间	工作内容
8：00	设计室绘图
8：40	电话沟通设计方案
9：30	现场测量
11：30	小组讨论
13：30	向领导汇报
14：00	整理方案
15：30	参加公司会议
16：30	汇报设计方案

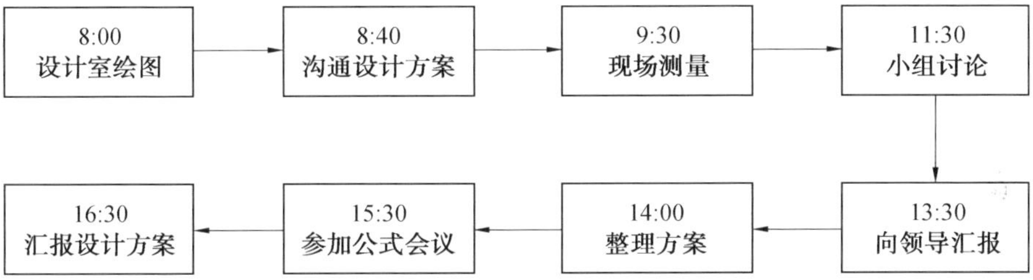

图 4.10　使用基本形状绘制工具所绘制的“工程师的一天”工作内容

由上述表格和图形可知，使用图形可以更加形象地表达文字内容，除可以使用“矩形+箭头”形式外，充分利用 Visio 提供的模具还可以设计出更加美观的图形。

步骤 1：直接通过模板创建 Visio 文档，如本例，可以直接搜索联机模板，并在搜索结果中选择“工作流程”模板，即可在形状窗口中显示“工作流程步骤”相关的 3D 模具。或者也可以通过形状窗口的“搜索形状”对话框、“更多形状”选项直接选择工作流程的类别，将所有涉及的模具加入绘图区中，如图 4.11 所示。

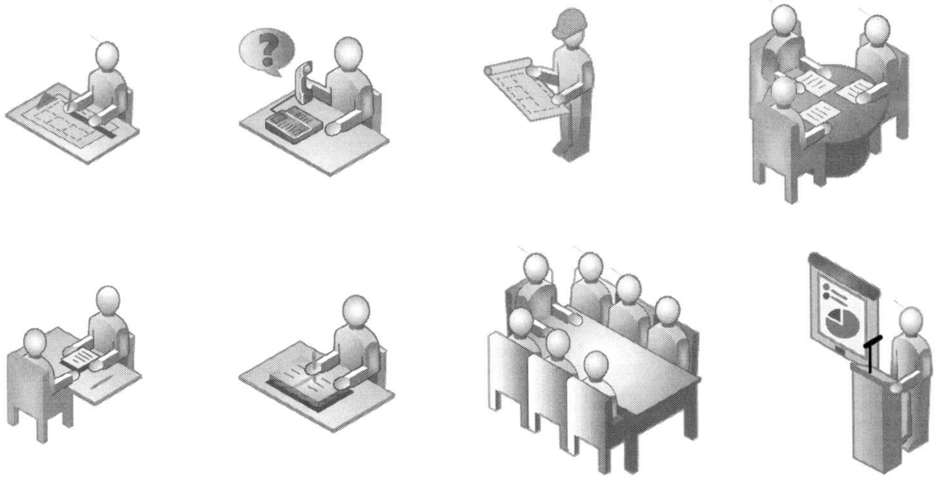

图 4.11　将所需模具加入到绘图区

步骤 2：设计各个模具的摆放位置，既可以使用 Z 字形，也可以使用其他合适的类型，如

图 4.12 所示基于图 4.11 的类型的布局,并且添加相关说明文字。相比于前文的“矩形+箭头”形式的流程图,该图采用工作流程步骤 3D 模具,更加生动直观,在演讲等场合更加具有说服力。

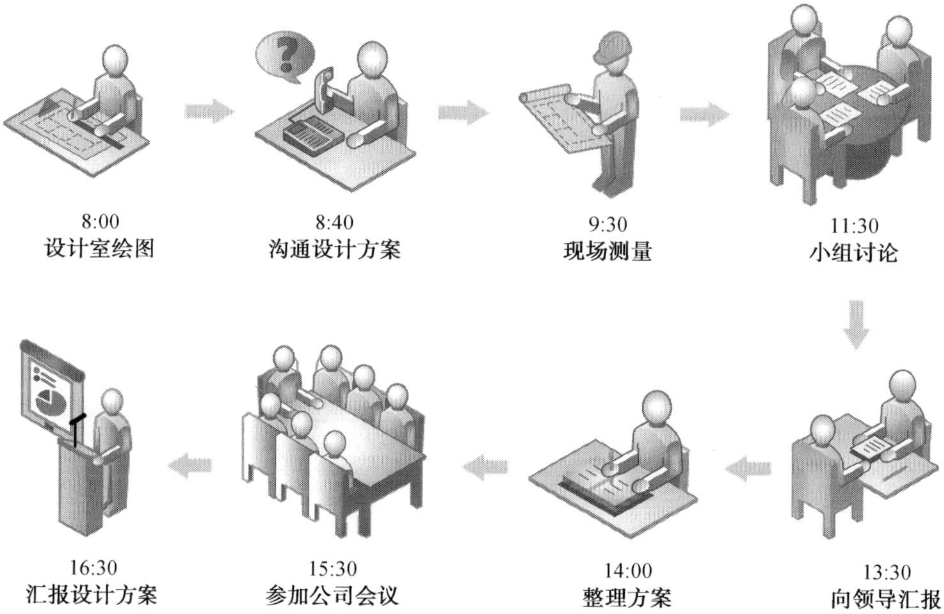

图 4.12 基于模具的“工程师的一天”设计实例 1

除上述实例外,图 4.13 所示为另一种绘制方案,将八个工作流程放置到一个椭圆上,每一个元素放置到椭圆等分位置,再配合文字说明,可以得到另一种不同感官的图形。

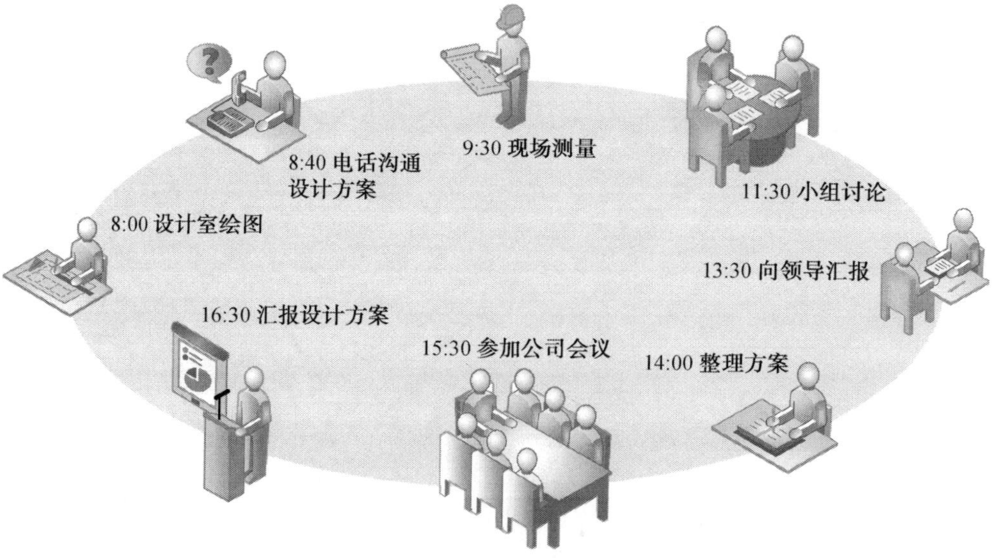

图 4.13 基于模具的“工程师的一天”设计实例 2

4.2.2　形状的编辑

1. 使用形状手柄

形状手柄是 Visio 提供的对形状进行控制的工具,是选定形状后在形状周围显示的控制点,用户通过形状手柄可以调整形状大小、旋转角度等。形状手柄按其功能可以分为选择手柄、旋转手柄和控制手柄。

(1)选择手柄。

选择手柄是 Visio 中最基本的手柄。在功能区"开始"选项卡中单击"工具"选项组中的"指针工具"按钮,再任意选择形状,此时在所选形状的四周将显示一个矩形框,并且线框上、下、左、右共有八个小圆圈,如图 4.14(a)所示。选择手柄的作用有两个:一是标识形状已经被选中;二是允许对形状尺寸进行调整。将鼠标放到对应圆圈上,可以调整形状的尺寸,如图 4.14(b)所示。如果按住 Ctrl 键后再进行该操作,则可对形状进行等比例缩放。

(2)旋转手柄。

旋转手柄也是所有形状共有的手柄,在单击"指针工具"按钮后再选择形状,此时形状的上方将显示一个圆形的手柄,该手柄即旋转手柄。将鼠标光标置于旋转手柄上方时,鼠标光标将转换为选择箭头形状,此时即可拖动鼠标旋转形状,如图 4.14(c)所示。

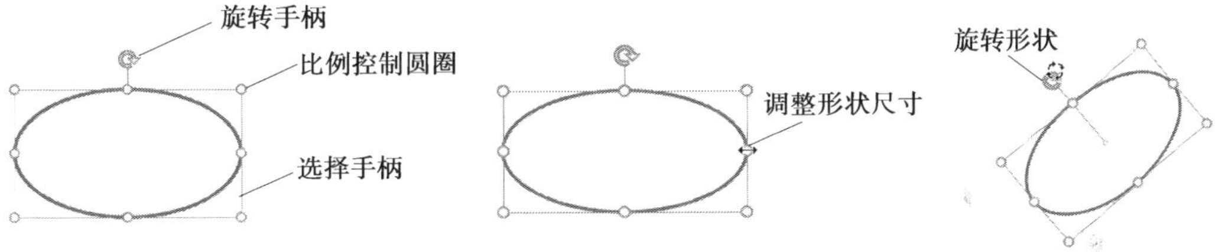

(a) 选择手柄与旋转手柄定义　　(b) 使用选择手柄调整形状尺寸　　(c) 使用旋转手柄旋转形状

图 4.14　选择手柄与旋转手柄

(3)控制手柄。

控制手柄是一种特殊的手柄,其只存在于部分允许调节外形的形状中,主要用于调整形状的角度和方向等。如图 4.15 所示,在"箭头形状"的"普通箭头"形状中就提供了两个呈现黄色圆圈的控制手柄和两个呈现白色圆圈的形状手柄,可以使用控制手柄调节箭头形状的外形(箭头大小和箭尾宽度)。

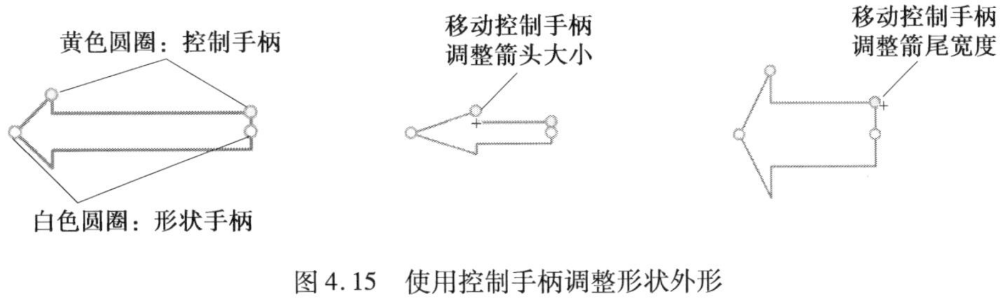

图 4.15　使用控制手柄调整形状外形

(4)控制点。

控制点是存在某些特殊曲线中的手柄,其作用是控制曲线的曲率。在使用基本形状绘制工具中的"任意多边形"或"铅笔"工具绘制曲线之后,再单击选择曲线,此时就会显示曲线中的所有圆形控制点,如图4.15所示。将鼠标光标置于控制点上方,当鼠标转换为十字箭头形状后,即可拖动鼠标,更改曲线的曲率。

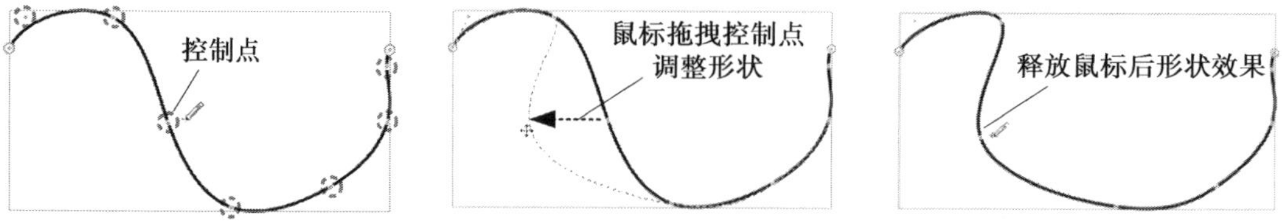

图4.16 使用控制点调整形状

2. 选择多个形状

在Visio绘图区,如果需要选定某一个形状,可以使用鼠标单击该形状,出现选择手柄后说明形状已经被选中。如果需要选择多个形状,则不能直接使用鼠标选择,可以采用以下方法。

方法一:"Ctrl+鼠标左键"配合使用,按住键盘Ctrl键,再用鼠标左键单击待选择的形状,即可实现多个形状的选择。

方法二:使用功能区"开始"选项卡"编辑"选项组中的"选择"下拉选项功能,提供"全选""按类型选择""选择区域""套索选择"等四个选项。"全选"等同于其他Office软件的功能,也等同于"Ctrl+A",选择绘图区所有的形状;"按类型选择"是根据不同的形状类型、形状角色和图层选择,单击后会弹出图4.17所示的对话框,设置选择参数后即可选择同类型形状;"选择区域"是指使用鼠标划定的一个矩形区域,矩形区域内的所有形状将被选择;"套索选择"则是由鼠标自由划定一个区域,不再局限于矩形区域。

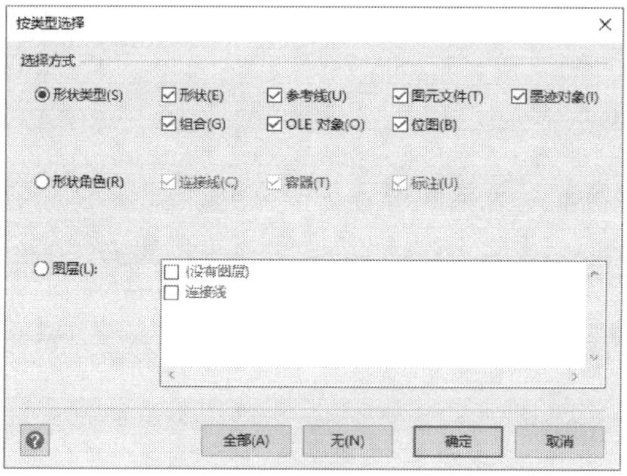

图4.17 "按类型选择"对话框设置类型选择参数

3. 移动形状

在Visio 2019中,可以直接使用鼠标拖拽的方法移动单个形状,同时提供了多种视觉帮助工具,用于精确地移动形状。视觉帮助工具通过功能区"视图"选项卡下的"视觉帮助"选项组设置,点击右下角的箭头可以打开"对齐和粘附"参数设置对话框,如图4.18所示,可以设置参考线、对齐框、网格等。使用视觉帮助工具时的移动形状效果如图4.19所示,在视觉帮助工具的辅助下,对形状的排列十分有用。

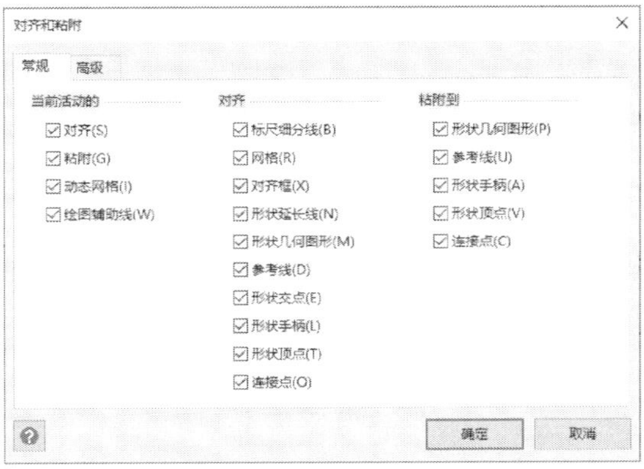

图 4.18　视觉帮助工具设置对话框

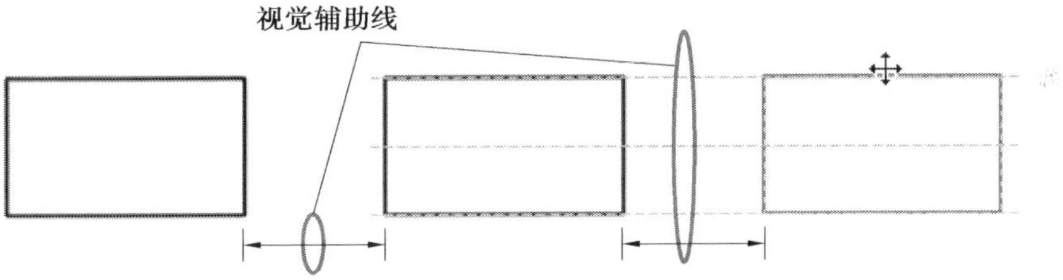

图 4.19　使用视觉帮助工具时的移动形状效果

4. 排列形状

排列形状是指对多个形状进行排列,主要使用功能区"开始"选项卡下的"排列"选项组,包括"排列""位置""叠放次序"和"组合"等四种功能。

(1)排列。

排列即对齐形状,是沿水平轴或纵轴直线对齐所选定的形状。该选项下有自动对齐、左对齐、水平居中、右对齐、顶端对齐、垂直居中、底端对齐等七种对齐方式,具体定义见表 4.2。选定好需要排列(对齐)的形状后,再点击对应的对齐方式,Visio 2019 将默认左上角的形状为参考主形状,所有其他的选定形状将以该主形状的标准进行排列(对齐)。使用过程中,如果"对齐"选项不可用,则可能仅选中了一个项目。

表 4.2　排列(对齐)形状选项说明

对齐方式	说明
自动对齐	系统默认选项,可以移动所选形状来拉伸连接器
左对齐	以主形状的最左端为基准,将所选定的形状对齐
水平居中	以主形状的水平中心线为基准,将所选定的形状沿中心垂直对齐
右对齐	以主形状的最右端为基准,将所选定的形状对齐
顶端对齐	以主形状的顶端为基准,将所选定的形状对齐
垂直居中	以主形状的垂直中心线为基准,将所选定的形状沿中心垂直对齐
底端对齐	以主形状的底端为基准,将所选定的形状对齐

(2)位置。

位置选项位于功能区“开始”选项卡下的“排列”选项组,与上述“对齐”选项将使形状成直线排列不同,位置选项使形状之间的间距更均匀,使用该选项可以均匀地调整形状的间距、更改形状或形状的方向。

①间距选项。位置选项下的第一类别为调整形状间的间距,主要包括自动调整间距、自动对齐和自动调整间距、间距选项三个子选项,使用此部分中的命令可以将形状间的间距调匀,而不更改它们的对齐方式。图 4.20 所示为位置选项在自动调整间距、自动对齐和自动调整间距、间距选项的使用效果展示。“自动调整间距”将全部所选形状移到与相邻形状相距指定距离的位置,“自动对齐和自动调整间距”则在“自动调整间距”基础上增加了对齐功能,若要更改“自动调整间距”的间隔距离,可以单击“间距选项”,然后在弹出的对话框中设置水平和垂直形状间的距离。

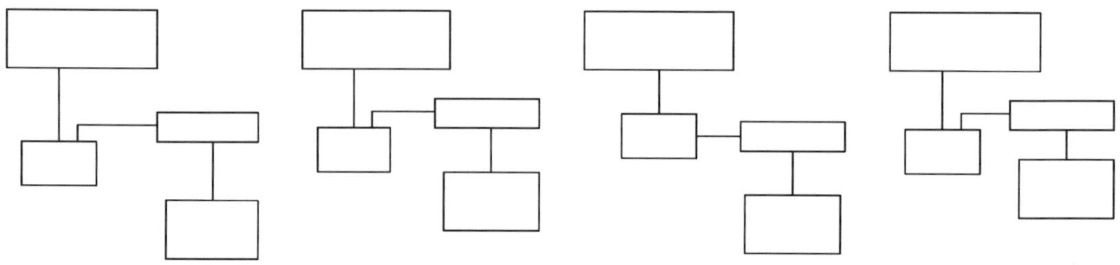

(a) 原始图形　(b) 自动调整间距　(c) 自动对齐和自动调整间距　(d) 间距选项(7.5 mm)

图 4.20　位置选项在自动调整间距、自动对齐和自动调整间距、间距选项的使用效果展示

②分布选项。位置选项下的第二个类别为分布选项,包括横向分布、纵向分布和其他分布选项。对于“横向分布”,边界由所选内容中最左侧和最右侧的形状确定;对于“纵向分布”,边界由所选内容中最上面和最下面的形状确定。同时,支持“更多分布选项”,在弹出的对话框中选择“创建参考线并将形状粘附到参考线”,可以添加参考线并将形状粘附到这些参考线上,通过移动最靠外的参考线即可重新分布所有形状。使用分布选项的效果展示如图 4.21 所示。

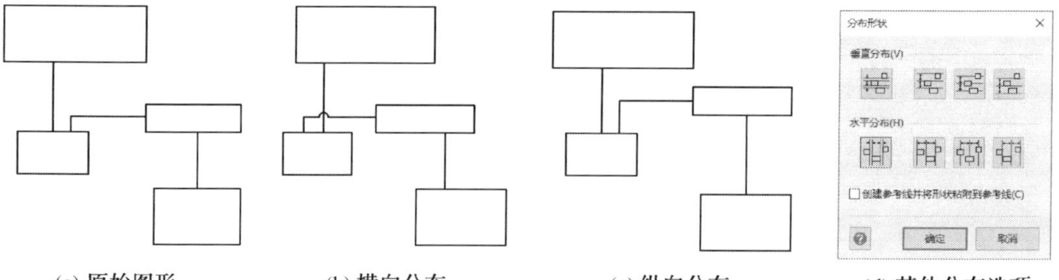

(a) 原始图形　(b) 横向分布　(c) 纵向分布　(d) 其他分布选项

图 4.21　使用分布选项的效果展示

③移除分页符与避免分页符。使用 Visio 绘制图表时,难免出现形状刚好落到两个分页之间的情况,此时打印图表,分页符可能将一个完整的图表整体分成多页,使用“移除分页符”命令可以确保所有形状不被分页符分隔。“避免分页符”命令是指在执行“自动对齐”和

“自动调整间距”命令时，防止在分页符上放置形状。

④旋转形状与旋转图表。旋转形状是指对所选定的形状进行旋转或翻折，旋转图表则是对整个图表进行旋转，对于在选定多个形状后执行“旋转形状”命令，在旋转或翻转这些形状的同时维持彼此间的相对位置，就像翻转页面那样，其效果等同于使用“旋转手柄”。相反，使用“旋转图表”命令可以旋转或反转图表的方向，但会保持形状的方向不变。两种旋转的效果如图 4.22 和图 4.23 所示。显然，旋转形状时，各个形状之间的相对位置保持一致；而旋转图表时，形状方向保持不变，但是相对位置已经发生变化。

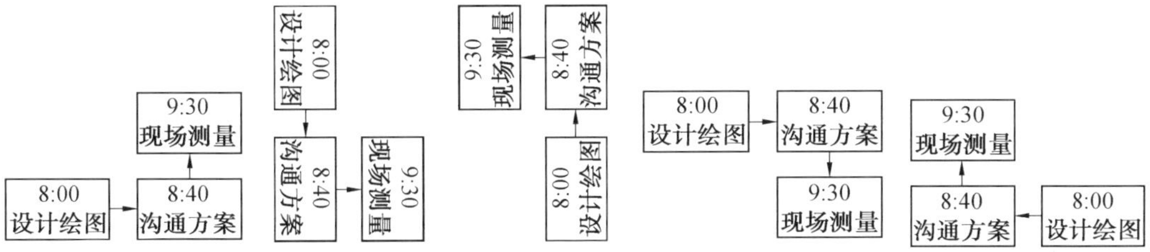

(a) 原始图形　(b) 向右旋转90°　(c) 向左旋转90°　(d) 垂直翻转　(e) 水平翻转

图 4.22　旋转形状效果展示

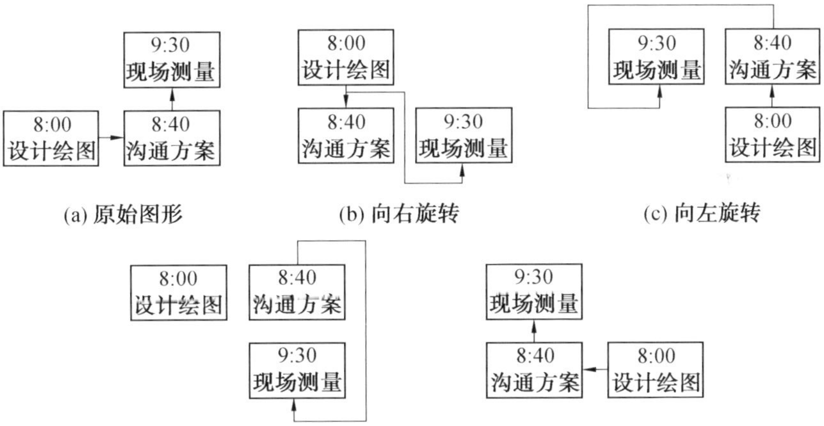

(a) 原始图形　(b) 向右旋转　(c) 向左旋转

(d) 垂直翻转　(e) 水平翻转

图 4.23　旋转图表效果展示

(3)叠放次序。

形状的叠放次序是指相互重叠的多个形状之间的叠放顺序，主要有“置于顶层”“置于底层”“上移一层”和“下移一层”四个命令，各个命令的效果如图 4.24 所示。命令是否清楚明了在此不再赘述，设计时根据需要进行选择。

(4)组合。

在 Visio 中，可以通过连接和组合将多个互相关联的形状结合在一起，构成一个完整的结构。组合形状功能可以将多个相互关联的形状组合为一个整体，以便于统一的移动位置、调整大小和其他操作。选定需要组合的形状后，执行功能区“开始”选项卡“排列”选项组中的“组合”命令，即可以将所选定的形状组合成一个独立的整体，该组合的整体内部各个形

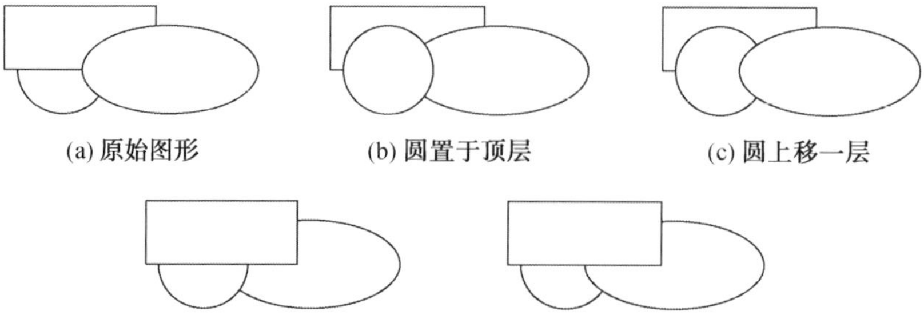

(a) 原始图形　(b) 圆置于顶层　(c) 圆上移一层

(d) 椭圆置于底层　(e) 椭圆下移一层

图 4.24　设置形状的叠放次序效果展示

状相对位置、逻辑关系固化,不能随意移动。如果需要重新调整形状之间的关系与位置,则需要在执行“取消组合”命令后再修改。

5. 重新设置形状布局

在绘图过程中,如果对形状的整体布局不满意,则 Visio 2019 在功能区“设计”选项卡“版式”选项组中选择“重新布局页面”,提供了重新布局形状的功能。重新布局形状按照流程图、层次结构、压缩树、径向和圆形等样式,重新定位所选择的形状,以重新设置图形的形状整体布局,如图 4.25(a)所示。除上述五种样式外,也可以通过“其他布局选项”对话框设置布局选项,如图 4.25(b)所示。

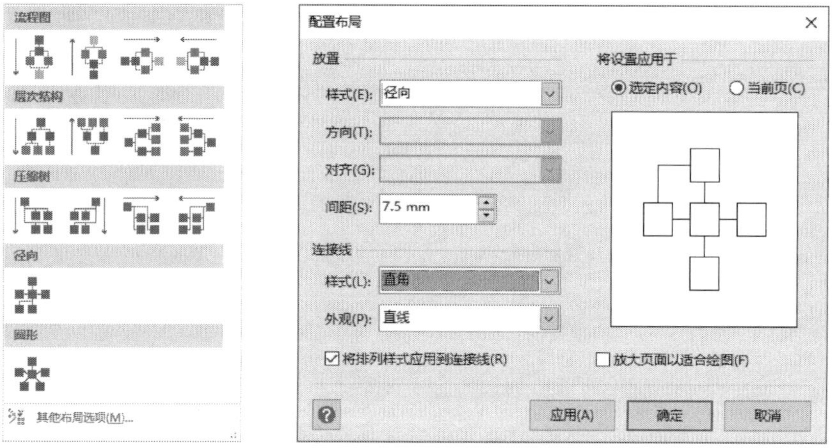

(a) 重新布局形状选项　(b) 重新布局形状选项

图 4.25　重新设置形状布局命令

6. 连接形状

Visio 图表中,除有形状外,还需要将各个相互关联的形状连接组合到一起,构成一个完整的结构。将形状连接组合的工具包括“连接线”“连接符”或“自动连接”功能,支持自动或手动连接各个形状。

(1)使用基本形状绘制工具中的线条手动连接形状。

在前文介绍的基本形状绘制工具中,线条工具可以用于手动连接形状,只需在选择线条后直接在形状之间绘制直线即可,然后再通过“开始”选项卡中“形状样式”选项组的“线条”选项设置线条的形状样式,如箭头、粗细、虚线、颜色等。

（2）使用连接线工具手动连接形状。

除基本形状绘制工具外，在“开始”选项卡“工具”选项组中还有“连接线”命令可以用于连接各个形状。执行该命令后，将鼠标放置于需要连接形状的连接点上，如果光标已经变化为“十字型连接线箭头”，那么此时可以向相应形状的连接点拖动鼠标即可绘制出一条连接线。连接线工具默认为直线，但可以通过“设计”选项卡“版式”选项组中的“连接线”命令修改连接线的形状为“直角”“直线”“曲线”“显示跨线”等。

（3）使用视觉帮助的自动连接命令自动连接形状。

上述两种形状连接方式均为手动方式，此外，还可以在“视图”选项卡“视觉帮助”选项组中勾选“自动连接”命令，激活自动连接功能。激活该功能后，将指针放置在待连接的形状上方，则该形状四周会自动出现“自动连接”箭头，选择该箭头即可将本形状连接到其他周围形状中。

上述三种形状连接方式中，自动连接方式省去了手动步骤，较灵活，但是连接线走向不受控制，因此局限了它的应用。手动方式中使用连接线自动将形状的中点连接起来。如果存在多根连接线，并且不希望从中点连接，则操作过程会比较复杂。而采用基本绘图工具线条进行连接，则不受中点的限制，更加灵活。三种方式各有优点，可根据需要选择使用。

7. 美化形状

Visio 软件针对图形设置了不同的主题效果，便于对形状进行格式设置。此外，软件还支持对形状的填充、线条等自定义，以适应不同的客户需求。本节主要介绍形状的美化技巧。

Visio 图形美化有多种实现方式，为简化美化的工作量，Visio 2019 提供了不同的命令支持全图美化和图形的部分组件美化的需求。Visio 2019 按照图形美化的功能实现，分为“主题”“变体”“效果”和“快速样式”。其中，“主题”和“变体”是按页（Page）或按文件（All Pages in a Diagram）来实现图形美化的，实现的是批量化的操作，不需要有一个选择操作；“效果”和“快速样式”是在选择形状后进行操作的，可以针对单个形状，也可以是一页中的所有形状（Visio 图中的所有组件都是形状）。

因此，全图美化通过“主题”和“变体”来快速实现图形的美化。图形分组件的美化可以单个操作，也可以按照类别来批量操作。一般 Visio 图形可以分为三类对象：形状、线条、文本。这三块分别调整美化，调整诸如阴影、发光、反射和其他特殊效果。但不推荐过多进行分组件的美化，因为其涉及整体的配色，各组件间美化效果的一致性的调整不仅费时费力，效果还不一定好。

（1）全图美化。

全图美化主要通过“设计”选项卡中的“主题”和“变体”选项组实现。Visio 2019 的主题包含配套的颜色、形状图形、字体和效果部分，包含四大类共 28 个主题。每个 Visio 页面可以应用不同的主题和四个不同的变体。一旦设置了一个主题，每个页面就会根据这个主题设置颜色、效果和连接器。此外，装饰可以设置为自动、低、中或高。一个变体可以相应地调整颜色（变体颜色 1 ~ 7）和风格（微妙、雅致、平衡、温和、专注、激烈）。

(2)分组件美化。

形状美化的最快方法是使用“开始”选项卡下“形状样式”，先单击需要美化的形状，然后选择其中一种快速样式，即可实现选中形状的美化。如图4.26所示，“形状样式”分为两类：一类是四个变体样式；另一类是六行七列共42种主题样式。Visio自2010版本后就具备了实时预览的功能，在鼠标放置在所选择的主题或变体后，图形就会发生变化，可以直观地看到形状美化后的效果。

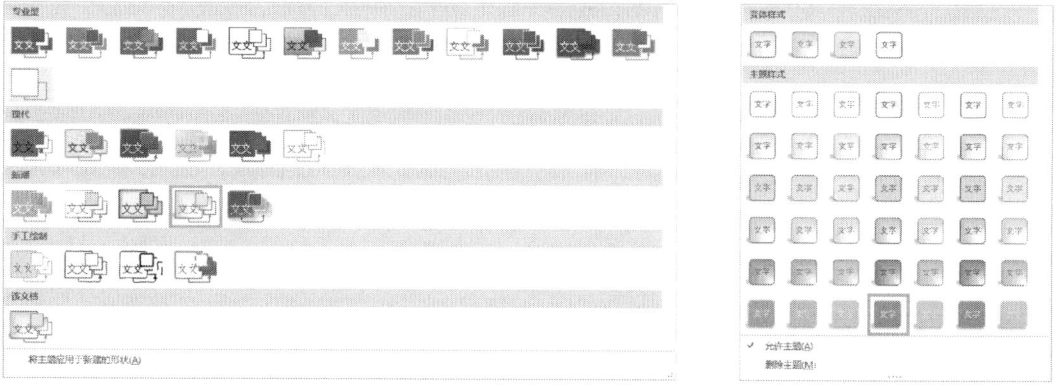

(a) Visio 2019 提供的主题　　(b) Visio 2019 提供的样式

图4.26　主题与样式选项

(3)自定义形状效果。

前文介绍的“主题”“样式”等均是Visio软件内置的颜色搭配效果，虽然也有数十种选择，但是难免存在不符合用户期望的问题。因此，用户可以通过自定义的方式设置形状的填充效果。在“开始”选项卡下“形状样式”选项组中，除“样式”外，还可以单独设置“填充”“线条”和“效果”，如图4.27所示，可以根据需要进行设置，此处不再赘述。

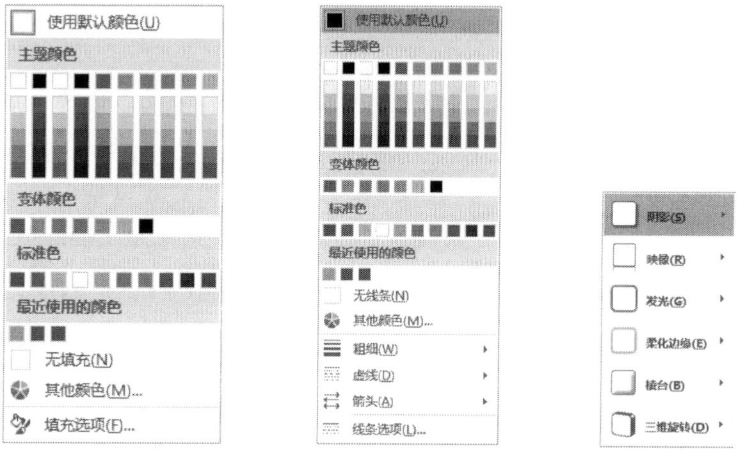

(a) 填充选项　　(b) 线条选项　　(c) 效果选项

图4.27　自定义形状效果

8. 为形状添加文本

Visio 中的文本信息除用于说明形状的含义外，还可以准确、完整地传递绘图信息，以使图表内容表达更加准确清晰。使用过程中，可以为 Visio 图表插入两种文本，包括形状文本和文本框文本。

(1)插入形状文本。

形状文本是描述形状模具所用的文本。在 Visio 中，可以通过以下两种方法插入形状文本。

方法一：选择“开始”选项卡，在“工具”选项组中单击“指针工具”按钮，然后双击形状，在形状中间的文本框中直接输入文本内容。

方法二：在“开始”选项卡“工具”选项组中单击“文本”按钮，然后直接单击形状，同样可以显示形状的文本框，并输入文本内容。

(2)插入文本框文本。

除创建形状文本外，还可以在“插入”选项卡“文本”选项组中单击“文本框”按钮，直接创建空白的文本框，并在其中输入文本内容。本选项包括创建横排文本框和垂直文本框等。其中，横排文本框是 Visio 中最基本的文本框，文本框中的文本内容以水平方式流动；垂直文本框中文本按照垂直的方向流动。

(3)编辑文本格式。

在绘图区双击要编辑的文本，就可以对文本进行编辑，单击页面上的空白区域或按 Esc 键完成编辑。编辑文本格式主要使用“开始”选项卡“字体”和“段落”选项组，如图 4.28 所示，与 Office 其他软件功能类似，此处不再赘述。

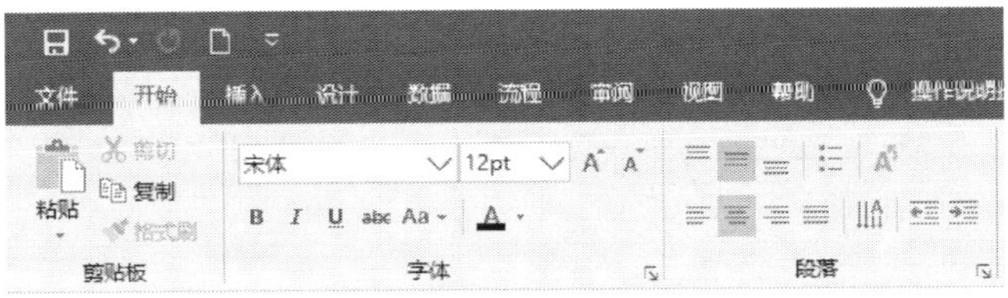

图 4.28　使用“字体”和“段落”选项组编辑文本格式

4.3　Visio 的应用操作——绘制流程图

流程图主要用于描述工作流程，能以图形的方式有条理地表达各个环节之间的逻辑顺序、步骤等，使用图形化的流程图来描述复杂的工作流程，不仅结构清晰、逻辑性强，还十分便于描述，易于理解。

流程图的绘制必须使用标准的流程图符号，并且遵从流程图绘制的相关规定，才能绘制正确而清楚的流程图。相关常用流程图的标准符号及含义见表 4.2。

表 4.2　相关常用流程图的标准符号及含义

符号	名称	释义
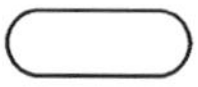	端点、中断	标准流程图的开始和结束,每个流程图只有一个起点
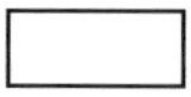	进程	流程图中要执行的过程
	决策、判断	判定下一步骤的决策结果位置,可以有多种结果,但通常仅有两种:是和否
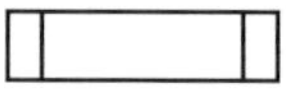	子流程	用于一组组合的步骤,以在其他位置(通常在相同文档的其他页面)创建子流程,对于图表很长且复杂的情况非常有用
	文档	表示生成文档的步骤
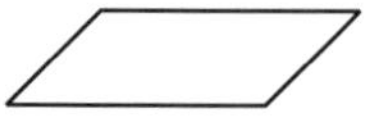	数据	表示信息是从外部进入流程或离开过程,此形状还可用于表示材料,有时称为"输入"或"输出"形状
	页面内引用	此小圆圈表示下一(或前一)步骤在绘图上的其他位置,这对于大型流程图非常有用,使用本符号避免了在大型流程图中需要使用长连接线的情况,简化了操作
	页面外引用	将此形状拖动到绘图页时,将打开一个对话框,可以在该对话框中创建流程图两个页面或子流程形状之间的一组超链接,且单独的流程图页面显示该子流程图中的步骤

在了解了流程图基本符号的基础上,就可以开始创建基本流程图了。首先通过模板创建基本流程图文档,在"搜索联机模板"框中输入"流程图",然后按回车键,从搜索结果中选择"基本流程图"模板,双击模板生成文件,如图 4.29 所示。

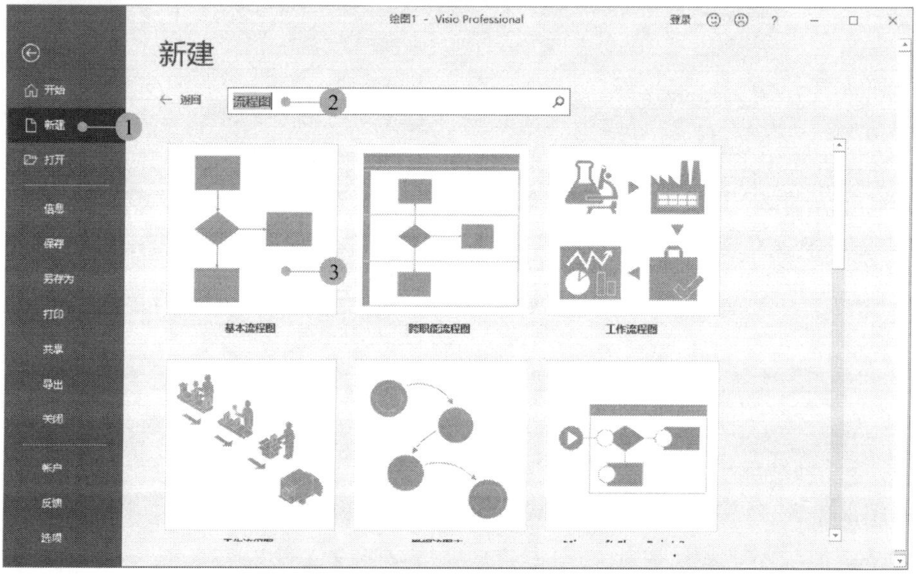

图 4.29　通过模板生成基本流程图文件

如图 4.30 所示，生成基本流程图文件后，自动将基本流程图形状加入形状窗口中，可以使用鼠标将所要展示的流程中的每个步骤的流程图形状拖到绘图页上，并调整大小与位置。

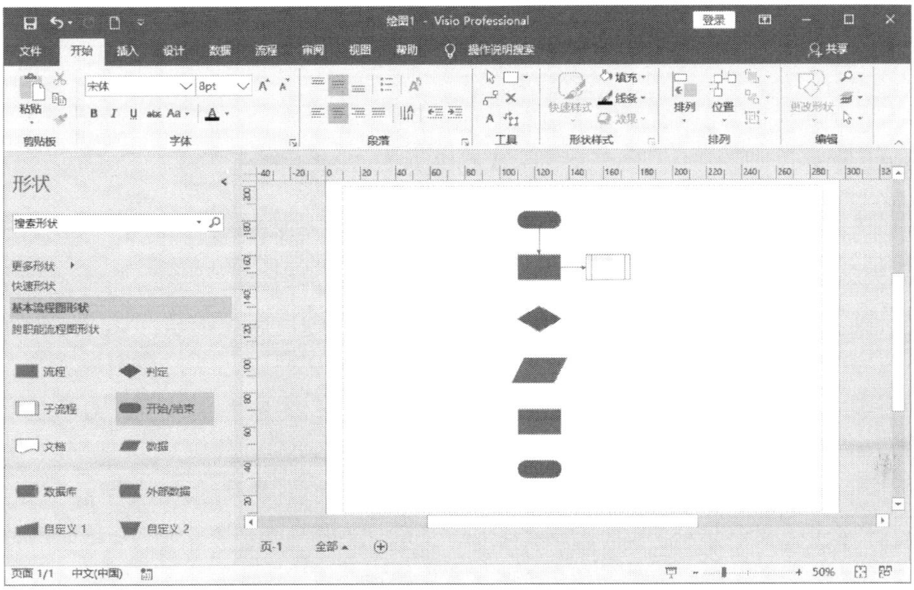

图 4.30　将流程图所需要的形状拖到绘图区

摆好流程图的各个形状后，通过将鼠标指针停在第一个形状上，连接流程图形状，然后单击指向形状（想要连接到的形状）出现的小箭头。如果第二个形状不直接通过第一个形状，则单击并按住小箭头，将其拖动到第二个形状，并将连接线拖到第二个形状的中间。或者在形状窗口中，从“流程图”目录导入“箭头”形状组，直接用箭头形状组中的箭头连接各个形状，使用连接线或直线也可以实现各个形状之间的连接。若要更改连接线箭头的方向，可以选中连接线，然后在“形状”选项卡“形状样式”组中单击“线条”，指向“箭头”，选择箭头方向和所需的样式。

若要将文本添加到形状或连接线，请将其选中，然后键入。完成键入后，单击页面的空白区域，退出文本编辑即可。

此时，如果需要修改对齐方式和间距，可以按“Ctrl+A”选择绘图页上的所有内容，然后在“开始”选项卡上的“排列”组中单击“位置”，然后单击“自动对齐和自动调整间距”。如果“自动对齐和自动调整间距”不按要求执行，请按“Ctrl+Z”撤销操作，然后尝试“对齐”和“位置”按钮下的其他选项。基本流程图较简单，此处不再赘述。

第 5 章

文献检索方法

在基于项目学习的过程中，学生团队要进行有价值的科技创新活动，必须依赖文献资料的检索，通过全面获取相关文献信息，及时了解所感兴趣领域出现的新问题、新观点，以确定团队的研究起点和研究目标。科研文献资料检索有助于掌握所选项目或者课题研究的进展动态，开拓思路，避免重复劳动，把研究水平提到新的高度。学生科技创新团队科研文献资料检索能力的高低往往影响着创新项目成果的价值，在选题、过程和成果总结的每个阶段，文献资料检索都有重要的意义，尤其是在构思项目选题前后，需要集中浏览相关文献资料。一个好的研究课题往往是在大量阅读有关文献基础上“沉淀”下来的精华，是研究团队站在前人研究成果之上的结晶。本章将对科研文献资料的检索方法与技巧做详细介绍。

文献检索（Literature Review）是指从众多的文献中查找并获取所需文献的过程。“文献”是指具有资料价值的材料；“检索”是指寻求、查找并索取、获得的意思。通常，研究者在确定研究方向之前，需要概览文献资料，了解相关研究领域已有的成果、发展历史，以及当前的研究动态、发展趋势，以此发现值得研究的问题；在选定研究方向之后，则需要广泛收集与研究内容相关的文献资料，仔细阅读，做一番整理归纳，为论证研究课题提供理论依据和事实依据，进而设计研究的方法和程序。总之，在基于项目学习过程中，文献检索是必不可少的步骤，它不仅在选题和设计时被运用，而且贯穿于项目学习的全过程。当选题尚未确定时，常常从泛泛地浏览文献开始；当项目选题初步确定后，必需按照课题的目的、要求搜集和查阅有关文献；甚至在研究实施过程中，在分析研究结果、撰写研究报告时，仍需反复核查文献，分析评论文献，关注文献资料的进展情况。总的来说，文献检索在基于项目学习过程中具有重要的作用。

1. 了解选题相关的已有成果与发展趋势，为项目选题提供思路

任何一个科技创新项目的发展均具有连续性和继承性，对学生团队拟选择的某个项目来说，可能之前已经有学生做过深入探讨，只有通过对相关文献的充分阅览，才能了解相关选题的已有成果与发展动态，为自己团队的项目选题提供设计思路。科技创新项目更加注重创新，通过文献检索可以把握选题方向上前人的研究经验，在他人研究的基础上进行再创造，节省科研时间。

2. 明确项目研究重点与发展方向

学生团队的科创项目选题来源于日常生活，范围相对来说也不宽泛，要发掘一个没有人做过的新项目非常难，往往最后选择的项目其实前人已经做过了。如果研究者能够广泛阅览相关文献，就能从理论或实践的角度审视各个现有项目研究内容的潜在价值，从而做出取舍，明确项目研究重点和发展方向。

3. 为项目研究提供思路和方法

项目研究方案的设计和研究方法的运用都关系到项目研究的质量和成败。通过对相关文献的阅览，可以从别人的研究方案和方法中得到启发和提示，在模仿或改造中培养自己的创意，为自己的研究提供构思框架和参考内容，避免重蹈别人的覆辙。

4. 综合前人的研究信息，获得项目初步结论

阅览文献可以为课题研究提供理论和实践的依据，最大限度地利用已有的知识经验和科研成果。可以通过综合分析理出头绪，寻求新的理论支持，构建初步的结论，作为进一步研究的基础。

5.1 图书资源检索

5.1.1 文献识别号码

目前，国际上通用的文献识别码包括国际标准书号、国际标准刊号和国际标准音像制品编码三类，分别对图书、期刊和音像制品进行编码是文献联机检索的途径之一。此外，图书馆本地所执行的索书号则是图书馆内部对图书的管理编码，掌握其编码规律和编码原则可以快速定位所需纸质图书。

1. 国际标准书号 ISBN

国际标准书号(International Standard Book Number，ISBN)是应图书出版、管理的需要，并便于国际间出版品的交流与统计所发展的一套国际统一的编号制度。国际标准化组织于1972年颁布了ISBN国际标准，由一组冠有“ISBN”代号的十位数码组成。书号可以快捷、有效地识别书籍的出版地、出版社、书名、版本及装订方法。国际标准书号有助于简化图书发行及管理手续，便于出版品统计及国际交流。出版机构、书商及图书馆普遍都使用此系统作为处理书籍订单及盘点存货之用。目前，新版ISBN由13位数字组成，图书产品代码为“978”。

2. 国际标准刊号 ISSN

国际标准连续出版物号(International Standard Serial Number，ISSN)是ISSN国际中心为各种内容类型和载体类型的连续出版物(如报纸、期刊、年鉴、会议录等)所分配的具有唯一识别性的代码。国际标准期刊号可以准确、快捷地识别期刊(报纸/杂志等)的名称及出版单位等。ISSN系统在全世界大部分国家被使用，成为标准期刊的显著标志。

3. 国际标准音像制品编码 ISRC

国际标准音像制品编码(International Standard Recording Code，ISRC)是音像制品的国际性的唯一标识编码。ISRC由国家码、出版者码、录制年码、记录码和记录项码五个数据段12个字符组成，目前采用ISRC编码的出版物包括唱片、录音带、录像带、激光视盘、激光唱片等。

4. 索书号

索书号又称索取号，是图书馆藏书排架和读者获取图书用的编码，是文献外借和馆藏清点的主要依据。哈尔滨工业大学图书馆的索书号由“分类号+书次号”组合而成。分类号是图书馆工作人员依据图书和期刊在《中国图书馆分类法》(简称《中图法》)分类表中所属类别赋予的号码。《中图法》以知识分类为基础的体系分类法,将图书分为五大类部:马列毛邓、哲学、社会科学、自然科学、综合性图书。在五大类部基础上,划分 22 个基本大类和若干级小类,分别给予字母和数字的分类号。中国图书馆图书分类法见表 5.1。

表 5.1 中国图书馆图书分类法

A 马列主义、毛泽东思想、邓小平理论	TD 矿业工程
B 哲学、宗教	TE 石油、天然气工业
C 社会科学总论	TF 冶金工业
D 政治、法律	TG 金属学、金属工艺
E 军事	TH 机械、仪表工业
F 经济	TJ 武器工业
G 文化、科学、教育、体育	TK 动力工程
H 语言、文字	TL 原子能技术
I 文学	TM 电工技术
J 艺术	TN 无线电电子学、电信技术
K 历史、地理	TP 自动化技术、计算技术
N 自然科学总论	TQ 化学工业
O 数理科学和化学	TS 轻工业、手工业
P 天文学、地球科学	TU 建筑科学
Q 生物科学	TV 水利工程
R 医药、卫生	U 交通运输
S 农业科学	V 航空、航天
T 工业技术	X 环境科学、劳动保护科学(安全科学)
TB 一般工业技术	Z 综合性图书

除分类号外,为区分同一类别的不同图书,每一种书又被赋予书次号。哈尔滨工业大学图书馆的图书书次号为著者号和种次号,分类号和书次号合在一起构成索书号。哈尔滨工业大学图书馆索书号的构成如图 5.1 所示。

(a)《高等数学:教材习题详解及自测提高题》　　(b)《光通信仪表与测试应用》

图 5.1　索书号的构成示例

图 5.1(a)所示为北京工业大学出版社 2002 年出版的《高等数学:教材习题详解及自测提高题》的索书号。在该索书号中,O13-44 为中图分类号;H93 为著者号,H 是著者姓的拼音首字母,93 是此著者姓名的拼音在《中文图书汉语拼音著者号码表》中相对应的号码。

图5.1(b)所示的索书号为人民邮电出版社2012年出版的《光通信仪表与测试应用》作者张颖艳。在该索书号中,TN929.1为中图分类号;12为种次号,是按照同一分类号的图书到馆入藏顺序依次给号的。

图5.1中,第三行的条码号是图书馆为统一管理藏书而针对每一本图书给出的条形码编号,图书馆中同一本的索书号是一致的,但是条码号不一致,是每本书的唯一编号。借书和还书时使用条形码扫描仪直接扫描该条码,即可对应到每一本确定的图书。

图书馆馆藏丰富,面对密集的书架,为准确快速地定位书架号并找到自己所需图书,必须了解图书馆图书排架的方式。图书馆藏书都是按索书号排架的,确定不同索书号排列顺序的步骤是先比较分类号码,若分类号码相同,再比较种次号。也可以谨记图书排架的16字原则:从左到右、从上到下、从A到Z、从0到9。图5.2所示为图书馆馆藏纸质图书排架示意图。

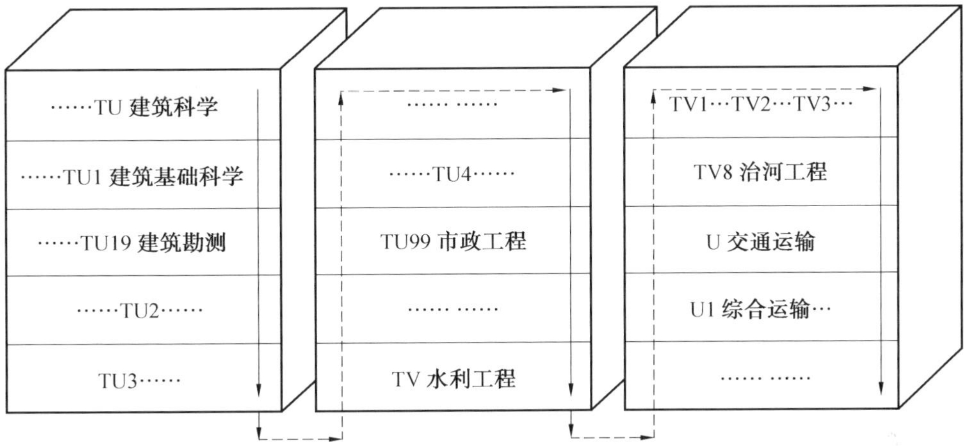

图5.2　图书馆馆藏纸质图书排架示意图

5.1.2　图书馆馆藏书目检索

哈尔滨工业大学图书馆(网址:lib.hit.edu.cn)采用公共联机书目查询系统(Online Public Access Catalogue System,OPAC)检索平台实现在线图书馆馆藏信息资源查询、个人借阅信息查询、图书在线续借、新书通报与图书荐购及查看公告进行留言等功能。OPAC是利用计算机终端来查询图书馆馆藏数据资源的一种现代化检索方式。利用OPAC,读者可以任意检索、查询馆藏的文献资源信息,实行网上续借和预约,查询读者借阅情况,发布新书通报等。图书馆馆藏书目检索系统入口位于图书馆主页的中间,如图5.3所示。

图5.3　位于图书馆主页的馆藏书目检索入口

书目检索主页提供的可检索字段有题名、责任者、主题词、索取号、出版社、ISBN、ISSN、订购号、分类号、丛书名等,如检索题名中含有“无线通信”一词的图书,得到的检索结果如

图5.4所示。由该检索结果可知,题名涉及“无线通信”的相关馆藏共有112条,可以通过左侧的分类、文献类型、馆藏地、主题等选项进一步缩小检索范围。对于检索得到的结果,可以选择排列方式。网站中列出了书名、作者、出版社、出版时间、分类号、馆藏复本和可借复本数量,方便读者选择。

以检索结果中第一项《无线通信工程技术应用》为例,鼠标单击书名,即可得到相关书籍的详细信息和馆藏信息,如图5.5所示。除相关书目信息外,页面下方还列出了馆藏信息、预约申请等,支持预借、续借等操作。馆藏信息中的架位导航功能示意图如图5.6所示,可方便读者快速定位书籍。

图5.4 以“无线通信”为例的书目检索结果

图5.5 书目信息及馆藏信息示例

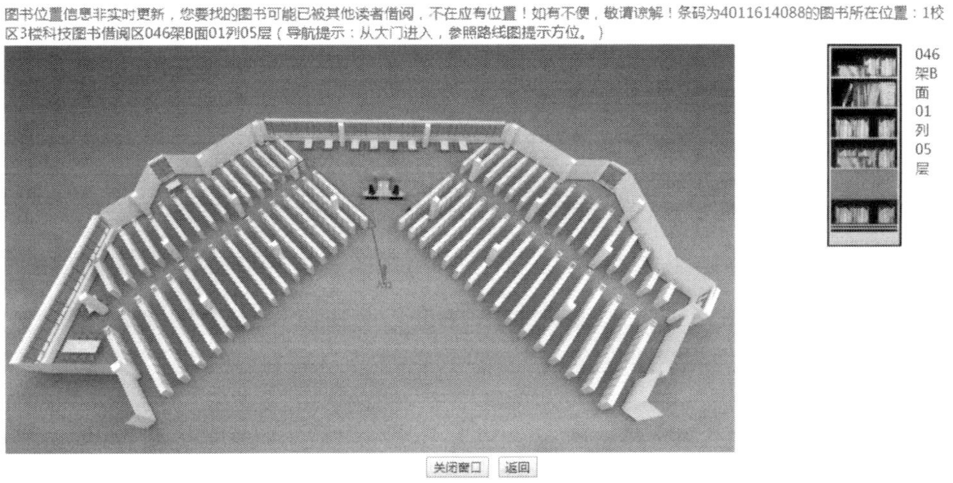

图 5.6　架位导航功能示意图

如果不明确检索主题，OPAC 检索系统还支持分类浏览功能。在 OPAC 系统中点击检索页面上的“分类浏览”标签，读者可以从学科分类的角度对馆藏图书进行浏览检索。页面左边的“中图法”类目可逐级展开，右面显示所选学科分支的馆藏图书的书名、分类号、作者、出版社列表。选择好目标图书后，点击书名即可进入书目信息及馆藏信息页面。如图 5.7 所示，以“TN97 电子对抗（干扰及抗干扰）”分类进行浏览，得到 16 页共 126 个检索结果，可以通过逐页浏览选择感兴趣的图书。

图 5.7　分类浏览功能示例

5.1.3 其他资源发现系统

1. 学术资源发现系统

学术资源发现系统是美国 EBSCO 公司出品的学术资源发现系统(EBSCO Discovery Service,EDS 资源发现系统)在中国大陆地区的本地化版本。EDS 资源发现系统支持用户在一个平台上检索用户所在机构拥有的所有中文和外文电子资源,进行最全面的学术期刊和书籍的全文检索,达到跨数据库平台检索目的,以节约用户检索资源的时间,提高检索效率,最大限度地支持用户的科研工作。EDS 资源发现系统可以覆盖图书馆自建数据库等特色资源,对于图书馆没有全文的资源,提供文献传递和参考咨询等服务,以及其他协助获取全文的服务。EDS 资源发现系统的检索入口位于图书馆主页的中间,如图 5.8 所示,支持关键字、题名、作者、期刊等四类检索类别。图 5.9 所示为 EDS 资源发现系统检索关键词“无线通信”得到的检索结果示例,一共有 118 051 个检索结果,可以通过左侧的筛选条件进行检索结果,相关操作与 OPAC 检索系统类似,此处不再赘述。

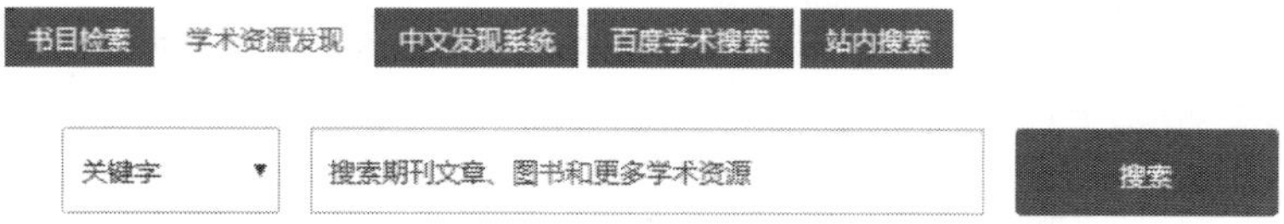

图 5.8　位于图书馆主页的 EDS 资源发现系统检索入口

图 5.9　EDS 资源发现系统检索关键词“无线通信”得到的检索结果示例

2. 中文发现系统

中文发现系统是超星公司推出的图书馆资源解决方案,旨在便于读者快速、准确地在海量学术信息中查找和获取所需信息,满足读者获得所有可能存在资源的需求。中文发现系统的检索内容涵盖中文图书、期刊、论文、报纸、标准、专利、视频等，并且支持将全部检索结果与包括图书馆 OPAC（馆藏书目系统）、读秀中文图书全文服务及各种云共享资源服务在内的数据库进行无缝对接，保证了需要通过馆外共享服务获得的中文资源的文献传递满足率达 90% 以上，通过资源共享、互补，弥补单个图书馆资源不足。中文发现系统的检索入口位于图书馆主页的中间，如图 5.10 所示。图 5.11 所示为中文发现系统检索关键词“无线通信”得到的检索结果示例，一共有 332 092 个检索结果，可以通过左侧的筛选条件进行检索结果，相关操作与 OPAC 检索系统类似，此处不再赘述。

图 5.10　位于图书馆主页的中文发现系统检索入口

图 5.11　中文发现系统检索关键词“无线通信”得到的检索结果示例

3. 百度学术搜索

百度学术搜索是百度旗下的提供海量中英文文献检索的学术资源搜索平台，涵盖了各类学术期刊、会议论文。百度学术搜索可检索到收费和免费的学术论文，并通过时间筛选、标题、关键字、摘要、作者、出版物、文献类型、被引用次数等细化指标提高检索的精准性。百度学术搜索的检索入口位于图书馆主页的中间，如图 5.12 所示。图 5.13 所示为百度学术搜索检索关键词“无线通信”得到的检索结果示例，一共有 425 000 个检索结果，可以通过左侧的筛选条件进入检索结果，相关操作与 OPAC 检索系统类似，此处不再赘述。

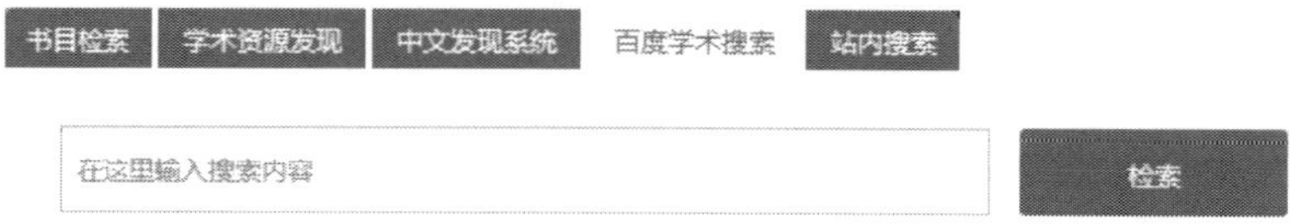

图 5.12　位于图书馆主页的百度学术搜索检索入口

图 5.13　百度学术搜索检索关键词“无线通信”得到的检索结果示例

5.2　常用中文数据库

5.2.1　中国知网

中国知网是中国知识基础设施工程(China National Knowledge Infrastructure,CNKI)的简称,网址为 www. cnki. net,由清华大学、清华同方共同发起,始建于 1995 年,其首页如图5. 14 所示。目前,中国知网数据库已经成为最重要的中国学术全文数据库。中国知网数据库各种文献类型均支持从首页以导航方式按照学科或字母顺序进行浏览,硕士、博士学位论文还支持地域、授予单位导航。

1. 中国学术期刊网络出版总库

中国学术期刊网络出版总库(China Academic Journal Network Publishing Database, CAJD)是世界上最大的连续动态更新的中国学术期刊全文数据库,以学术、技术、政策指导、高等科普及教育类期刊为主,内容覆盖自然科学、工程技术、农业、哲学、医学、人文社会科学等各个领域,收录国内 1915 年至今出版的学术期刊,部分期刊可回溯至创刊。

2. 优秀博硕士论文论文库

优秀博硕士论文论文库是目前国内资源完备、高质量、连续动态更新的中国优秀博硕士学位论文全文数据库,目前累积从 1984 年至今的全国 488 家培养单位的博士学位论文和 770 家硕士培养单位的优秀硕士学位论文全文文献 400 万篇,覆盖基础科学、工程技术、农业、医学、哲学、人文、社会科学等各个领域。

图 5.14　中国知网首页

3. 国内外重要会议论文全文数据库

国内外重要会议论文全文数据库的文献是由国内外会议主办单位或论文汇编单位书面授权并推荐出版的重要会议论文,重点收录 1999 年以来中国科协系统,以及国家二级以上的学会、协会,高校、科研院所,政府机关举办的重要会议和在国内召开的国际会议上发表的文献。其中,国际会议文献占全部文献的 20% 以上,全国性会议文献超过总量的 70%,部分重点会议文献可回溯至 1953 年。

4. 专利数据库

专利数据库包含中国专利全文数据库(知网版)和海外专利摘要数据库(知网版),收录了 1985 年至今的中国专利 2 800 万条,1970 年至今的国外专利 105 168 305 条。专利相关的文献、成果等信息来源于 CNKI 各大数据库,可以通过申请号、申请日、公开号、公开日、专利名称、摘要、分类号、申请人、发明人、优先权等检索项进行检索,国内专利一次件下载专利说明书全文,国外专利说明书全文链接到欧洲专利局网站。

5. 标准数据总库

标准数据总库是国内数据量最大、收录最完整的标准数据库,分为中国标准题录数据库、国外标准题录数据库、国家标准全文数据库、中国行业标准全文数据库等。中国标准题录数据库收录了所有的中国国家标准(GB)、国家建设标准(GBJ)、中国行业标准的题录摘要数据,共计约 13 万条;国外标准题录数据库收录了世界范围内的重要标准共计约 31 万条;国家标准全文数据库收录了由中国标准出版社出版的,国家标准化管理委员会发布的所有国家标准,占国家标准总量的 90% 以上;中国行业标准全文数据库收录了现行、废止、被代替及即将实施的行业标准,全部标准均获得权利人的合法授权。标准的内容来源于中国标准化研究院国家标准馆,相关的文献、专利、成果等信息来源于 CNKI 各大数据库,可以通过标准号、中文标题、英文标题、中文关键词、英文关键词、发布单位、摘要、被代替标准、采用关系等检索项进行检索。

目前,哈尔滨工业大学图书馆购买的知网子数据库包括全文、学术期刊、博硕士学位论文、会议论文、报纸、专利和标准等,相关文献在许可 IP 段内支持.CAJ 和.PDF 两个格式的全文下载。

5.2.2 万方数据知识服务平台

万方数据知识服务平台是由万方数据股份有限公司开发的知识服务平台,网址为www. wanfangdata. com. cn,其首页如图5.15所示。万方数据知识服务平台集成中国学术期刊数据库、中国学位论文全文数据库、中国学术会议文献数据库、中外专利数据库、中外标准数据库、视频数据库、国内外文献保障服务数据库等十余种知识资源类型,覆盖自然科学、工程技术、医药卫生、农业科学、哲学政法、社会科学、科教文艺等全学科领域,实现海量学术文献统一发现及分析,支持多维度组合检索,适合不同用户群研究。

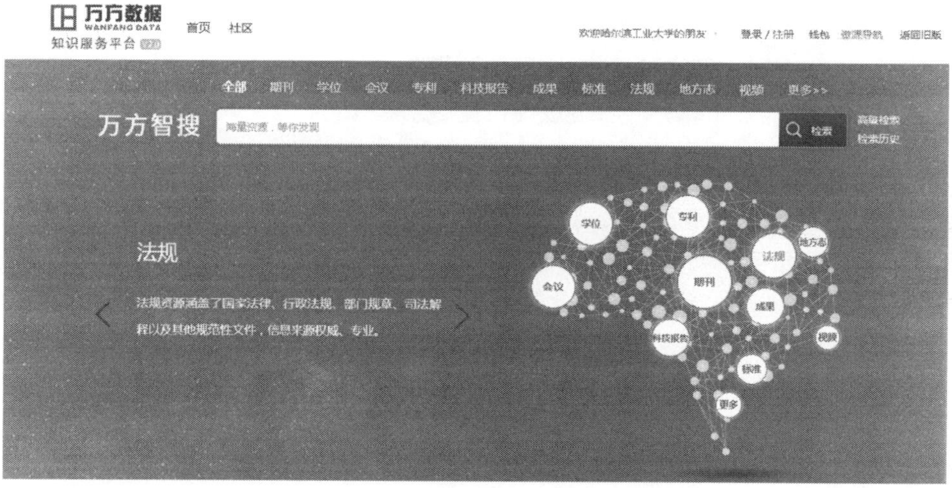

图5.15　万方数据知识服务平台首页

1. 中国学术期刊数据库

中国学术期刊数据库收录1998年以来的8 000余种期刊的全文,包含北京大学、中国科学技术信息研究所、中国科学院文献情报中心、南京大学、中国社会科学院历年收录的3 300余种核心期刊,涵盖自然科学、工程技术、医药卫生、农业科学、哲学政法、社会科学、科教文艺等各个学科。

2. 中国学位论文全文数据库

中国学位论文全文数据库收录1980年以来的学位论文,涵盖基础科学、理学、工业技术、人文科学、社会科学、医药卫生、农业科学、交通运输、航空航天和环境科学等各学科领域。

3. 中国学术会议文献数据库

中国学术会议文献数据库资源包括中文会议和外文会议。中文会议收录始于1982年,年收集约3 000个重要学术会议;外文会议主要来源于国家科技图书文献中心(National Science and Technology Library,NSTL)外文文献数据库,收录了1985年以来世界各主要学会、协会、出版机构出版的学术会议论文。

4. 中外专利数据库

中外专利数据库收录1985年以来的中国专利和国外专利,收录范围涉及中国、美国、澳大利亚、加拿大、瑞士、德国、法国、英国、日本、韩国、俄罗斯等11个国家,以及世界专利组织和欧洲专利局两组织。

5. 中外标准数据库

中外标准数据库收录了所有中国国家标准(GB)、中国行业标准(HB)及中外标准题录摘要数据。其中,中国国家标准全文数据内容来源于中国质检出版社;中国行业标准全文数据收录了机械、建材、地震、通信标准及由中国质检出版社授权的部分行业标准;中外标准题录摘要数据内容来源于浙江标准化研究院。

6. 视频数据库

万方视频是以科技、教育、文化为主要内容大类的学术视频知识服务系统,与中央电视台、教育部、中国科学院、北大光华等国内外著名专业制作机构进行合作,现已推出高校课程、学术讲座、学术会议报告、考试辅导、就业指导、医学实践、管理讲座、科普视频等适合各层次人群观看的精品视频。

7. 国内外文献保障服务数据库

国内外文献保障服务是万方数据与国家工程技术图书馆合作开发的文献传递服务,系统收藏工程技术、高技术等各个学科领域的科技文献,包括电子和自动化技术、计算机和网络技术、材料科学、环境科学、航空航天、生物工程、能源动力、交通运输、建筑、水利和一般工业技术等,同时兼有基础科学、农业科学、医药卫生、社会科学领域。该系统收藏的文献以英文为主,同时兼顾少量的日文、德文、俄文和法文文献。

5.2.3　维普资讯网

除上述两种中文数据库外,还有另一种重要的中文数据库——维普资讯网。维普资讯网是重庆维普资讯有限公司开发研制的中文专业信息服务网站,网址为 www. cqvip. com,其首页如图 5.16 所示,产品主要涵盖中文期刊、机构智库、论文检测、智立方知识资源系统、优先出版平台、维普考试服务平台、公共文化服务平台等。

图 5.16　维普资讯网首页

哈尔滨工业大学图书馆购买了维普资讯网中文科技期刊数据库(全文版)产品,首页如图 5.17 所示,中文科技期刊数据库(全文版)收录我国自然科学、工程技术、农业科学、医药卫生、经济管理、教育科学和图书情报等学科 1989 年以来 12 000 余种期刊文章的全文。

图 5.17 维普期刊首页

5.3 常用外文学术信息源

1. SCI 科学引文索引

科学引文索引(Science Citation Index, SCI)、科技会议录索引(Conference Proceedings Citation Index-Science, CPCI-S)和工程索引(Engineering Index, EI)是世界著名的三大科技文献检索系统,是国际公认的进行科学统计与科学评价的主要检索工具,其中以 SCI 最为重要。SCI 数据库(apps. webofknowledge. com)是最权威的科学发现和分析工具,目前收录自然科学 8 800 多种国际性、高影响力的学术期刊,包含化学与化工、材料科学、工程学、计算机科学、物理学、环境科学与工程、食品科学与技术、基因与遗传、动物学、植物学、微生物学等 176 个自然科学、工程和生物技术领域。

2. EI 数据库

工程索引(Engineering Index, EI)是工程技术领域的权威检索工具(www. engineeringvillage. com),为广大工程师和科研工作者提供最专业、内容最丰富的工程科学数据库和相应的科技文献检索,以及全球优秀工程科学期刊的全文在线访问服务,拥有工程索引功能。EI Compendex 是全球范围最广泛、内容最完整的工程领域二次文献数据库,侧重于提供应用科学和工程领域的文摘索引信息,涉及核技术、生物工程、交通运输、化学和工艺工程、照明和光学技术、农业工程和食品技术、计算机和数据处理、应用物理、电子和通信、控制工程、土木工程、机械工程、材料工程、石油、宇航、汽车工程及这些领域的子学科。

3. IEL 数据库

IEL(IEEE/IEE Electronic Library)数据库(ieeexplore. ieee. org)是电气电子工程师学会(IEEE)和国际工程和技术学会(IET)联合出版的网络版数据库,内容包括电气工程、电子信息工程、信息与通信、图像处理、地球信息科学、遥感、微电子、光学、控制学、神经生物学、数字媒体技术、自动化、计算机科学与技术等各个科学和工程领域高质量和权威的期刊、会议记录和标准。

4. ACM 全文数据库

ACM 全文数据库是美国计算机学会(Association for Computing Machinery,ACM)提供的电子数据库服务,网址为 dl. acm. org,内容涵盖学会 20 世纪 50 年代至今的所有出版物的全文内容,以及 Special Interest Group 的出版文献,包括快报和会议录。同时,ACM 还整合了第三方出版社的内容,全面集成在线计算机文献指南(The Guide to Computing Literature),集合了 ACM 和其他 3 000 多家出版社的出版物,旨在为专业和非专业人士提供了解计算机和信息技术领域资源的窗口。

5. 博图外文电子图书

博图(Book Knowledge Search)数据库是北京易联博图信息技术有限公司与美国 BOOKSEARCH公司携手合作,联合国外 300 多家出版社,倾力打造的外文原版电子图书平台,网址为 www. cnbooksearch. com。该数据库提供超过 500 000 种的高质量外文原版电子图书,其中 70% 是 2007 年以后出版的。电子图书内容涉及的知识面广泛,覆盖学科包括医学、地理、法律、历史、工程制造、军事、教育、美术、农业、图书馆学、政治、语言、哲学、心理学等,为高校师生开拓视野、提高外文阅读能力和进行专业学习提供了最新、最专业、最全面的外文素材。

6. CALIS 外文期刊网

CALIS 外文期刊网是中国高等教育文献保障系统(China Academic Library & Information System,CALIS)中心推出的一个集各图书馆馆藏外文期刊、引进目次数据库和全文数据库为一体的综合服务体系,网址为 ccc. calis. edu. cn/index. php。CALIS 外文期刊网对检索出来的文献提供期刊目次和馆藏详细信息,并支持文献传递与电子全文链接。

7. DDS 学位论文集成发现系统

DDS(Dissertation Discovery System)学位论文集成发现系统是专业提供学位论文的数据集成与知识发现系统,网址为 www. oadds. cn,主要收录了来自欧美地区 2 300 多所知名大学的优秀博硕学位论文,其中 70% 是美国以外的世界名校。

8. IET 电子图书

IET 电子图书是英国工程技术学会 IET(Institute of Engineering and Technology)出版的电子书数据库,网址为 digital-library. theiet. org/content/books,涵盖工程技术 12 个系列 296 种,包括电路、设备及系统、控制工程、电气工业技术、电磁波、工业技术历史、工业制造、工业技术管理、电力与能源、专业的计算应用、雷达、声纳、导航及航空电子学、可再生能源、通信。该数据库为工程技术人员提供了新兴学科领域的新视角和新发展。

9. OSA 美国光学学会数据库

OSA 数据库提供美国光学学会(The Optical Society of America,OSA)19 种期刊、8 种合

作出版期刊、OSA 主题会议录系列、三大行业会议集、光学影像图库(Optics Image Bank)、电子书等,除光学和光子学领域外,还为物理学、生物学、医学、电气工程、通信、天文学、气象学、材料科学、机械工程和计算等诸多领域的专家学者提供高水准的信息服务,网址为 www. osapublishing. org/china。

10. PQDT 国外博硕论文数据库

PQDT(ProQuest Dissertations and Theses)学位论文是美国 ProQuest 公司出版的世界著名的学位论文数据库,网址为 www. pqdtcn. com,主要收录了来自欧美地区 2 000 余所知名大学的优秀博硕士论文,是目前世界上最大和最广泛使用的学位论文数据库。目前,该数据库可以共享的论文约 76 万余篇,涉及文、理、工、农、医等多个领域,是学术研究中十分重要的信息资源,对于研究和更新世界最新科学前沿有着不可替代的作用。

5.4 多媒体数据库

1. 超星/尔雅学术视频

超星/尔雅学术视频(ssvideo. superlib. com)是超星公司邀请国内外知名专家学者、学术权威独家授权录制,利用先进的数字化影像技术,系统地记录他们的学术思想和研究成果的多媒体数据库,内容覆盖哲学、文学、经济学、历史学、法学、工学等多个学科门类,使稀缺的名师资源打破时空的限制,向全国乃至全球共享,使学界名家广泛地服务校园、服务社会。

2. 智课英语学练在线服务平台

智课英语学练在线服务平台是由智课教育推出的英语智能学习平台,该平台利用人工智能技术将学习内容、练习互动、教师辅导、口语诊断、文书写作、学习管理、留学服务等资源和服务一站式整合,为不同需求的读者提供个性化服务。平台提供最新最全的 TOFEL、IELTS、GRE、GMAT、大学英语四六级、考研等名师课程,并且每门名师课程均附赠最新、最全的讲义资料,读者可任意下载,免费使用。该服务平台的网址为 sls. smartstudy. com/smartstudy_hit。

3. 新东方网络课程多媒体数据库

新东方网络课程多媒体数据库是由新东方在线推出的"一站式"综合学习平台,网址为 library. koolearn. com/index。该平台包含四六级、考研、出国留学、应用外语、实用技能、求职指导、职业认证和公务员等八大类别,能满足不同读者的学习需求,并且课程全部都是由新东方在线名师倾力讲解并经过后期多媒体技术制作而成的互动性极强的音频、视频形式的教学课程,为广大师生提供考试中心、励志视频、最新学习资讯、学习互动、内部资料下载等大量学习服务,是广大师生便捷获取新东方在线优质资源的实用工具。

4. FiF 外语学习资源库

FiF 外语学习资源库是由外研讯飞倾力打造的新一代富媒体、多语种外语学习产品,网址为 lib. fifedu. com。该产品基于科大讯飞全球领先的语音技术,整合国内外海量优质外语学习资源,为广大外语学习者提供一站式在线学习体验,是图书馆与高校外语院系首选的外语学习数字产品。

5. Kuke 数字音乐图书馆

库客(Kuke)数字音乐图书馆的网址为 www. kuke. com,是国内首家专注于非流行音乐发展的数字音乐图书馆。Kuke 音乐艺术中心拥有 Naxos、Marco Polo、Countdown、EMI 等国际著名唱片公司的授权,目前已收藏了世界上绝大多数的古典音乐,以及中国、美国、西班牙、日本、瑞士、南非、伊朗等多个国家独具特色的民族风情音乐,同时还包含爵士音乐、电影音乐、新世纪音乐等多种音乐类型,汇聚了从中世纪到现代 30 000 多位艺术家、100 多种乐器的音乐作品,总计约 130 万首曲目。除海量的数字唱片资源外,Kuke 音乐艺术中心还拥有包括音乐会、歌剧、舞蹈、音乐纪录片等多种高清视频资源,并引进了维也纳国家歌剧院的顶级现场演出,全方位为广大音乐受众群体带来最全面的艺术体验。

6. 软件通——计算机技能视频学习系统

软件通——计算机技能视频学习系统的网址为 zxjq. softtone. cn:8080,是中新金桥信息技术(北京)有限公司研制的一款实用技能学习型视频数据库,是通过计算机视频快速学习和精通掌握各种主流软件操作技能的自助式网络学习系统,也是目前国内唯一面向实践的大规模学习型视频数据库系统。该系统视频均由高水平技术专家现场实际操作演示并伴随全程语音讲解,使平淡枯燥的软件学习形象具体、容易掌握、富有吸引力。该系统中的所有视频讲解均具有超强的专业性、实用性和同步性,视频资源涵盖平面、三维、影视、工业设计、网页网站设计、程序开发、数据库建设、办公应用、操作系统应用等计算机最主流的 12 个大类,超过 60 种应用软件,90 多个版本,视频总量已接近 10 000 个,视频语音讲解接近 2 000 h,每年更新视频超过 3 000 个,基本覆盖了生活和工作中所使用的工具软件。目前,软件通系统采用网站形式,导航信息清晰,功能完整明确,不需要专门培训即可掌握使用办法,课程全程语音视频讲解,图文并茂,易学易会,所有软件的学习均按照学习递进层次和操作技巧难度分为初级、中级和高级,适合不同的学习需求。

7. 泛在微课堂

泛在微讲堂的网址为 www. fzwjt. com,是智联迅捷 2014 年研发的一款从终端用户和在线教育的实际需求出发,采用“微课”这种新的在线资源模式,辅助目标用户在校期间进行课堂外的学术科研、学科教学领域的通识教育和理论与实践相结合的职业技能提升的视频数据库平台。平台面向各个学科、专业的在校学生,整合国内优质的微视频资源,内容涉及学科层、技能层、生活层、文化层四大层面,资源以微视频为主,彻底跟进时代发展的脚步,将“学习多元化、知识碎片化、目标明确化”,从而帮助各个阶段、各个学科、各个层次的更多使用者实现“随心学习”的梦想。

8. 畅想之星光盘数据库

畅想之星光盘数据库的网址为 www. bj. cxstar. cn,目前收录了 12 万余种随书光盘,包含图书封面、目次、书附卡片、书附网址、配套电子书等丰富的随书资源数据。读者通过 PC 端或移动端可完成数据资源的检索、下载、纠错、请求、电子书在线阅读等,大大提高了读者对图书馆所采购的纸、电图书的阅读兴趣和利用率,在增强图书馆读者黏性的同时,也降低了图书馆的管理成本,提升了图书馆的读者服务水平,帮助图书馆实现了轻松自在的云服务模式。

9. 全球大学生创新创业与就业数据库

全球大学生创新创业与就业数据库的网址为 www. chinacxc. org,是由晨星创投科技有限公司独立研发制作并与国外知名创业媒体独家合作,在国内拥有独立自主知识产权和视频播放权的创新创业就业主题数据库,由以下三个子库组成:创课之星创新创业视频数据库,包含最新的、最全的在线视频课程、创业电子书库及互动直播服务,视频总时长超过3 500课时;创课之星大学生就业视频数据库,覆盖职业生涯规划、求职培训、面试辅导、企业岗位技能培训等一系列课程及电子书,视频总时长超过 2 400 课时;创课之星大学生升学考试视频数据库,包含研究生入学考试、大学英语四六级考试、教师资格证考试三大模块的视频课程,视频总时长超过 5 500 课时。

5.5 专利信息检索

专利是政府机关或者代表若干国家的区域性组织根据申请而颁发的记载了发明创造内容的一种文件,并且在一定时期内产生这样一种法律状态,即获得专利的发明创造在一般情况下他人只有经专利权人许可才能予以实施。在我国,专利分为发明、实用新型和外观设计三种类型。专利文献主要涉及专利申请过程中的专利说明书、专利公报、专利索引等,狭义的专利文献是指专利说明书。

专利信息检索的过程与文献检索类似,只是将检索数据库替换成专利数据库。目前,主流的专利数据库有以下几个。

1. 国家知识产权局专利检索及分析系统

国家知识产权局专利检索及分析系统是国家知识产权局提供的专利检索平台,网址为 pss-system. cnipa. gov. cn,提供常规检索、高级检索、导航检索、药物专题检索、命令行检索、专利分析等检索功能,常规检索界面如图 5.18 所示。同时,该平台还提供专利分析功能,包括申请人分析、发明人分析、区域分析、技术领域分析等,并支持快速分析、定制分析、高级分析、生成分析报告等,收录包括 103 个国家、地区和组织的专利数据,以及引文、同族、法律状态等数据信息,收录范围涵盖了中国、美国、日本、韩国、英国、法国、德国、瑞士、俄罗斯等国家,以及欧洲专利局和世界知识产权组织等。

2. CNKI 专利数据库

CNKI 专利数据库是在知识产权出版社出版的中国专利数据库的基础上,由 CNKI 整合中国知网国内外相关文献汇编而成的知识网络型专利数据库,包含中国专利全文数据库(知网版)和海外专利摘要数据库(知网版)两个子数据库,检索界面如图 5.19 所示。

(1)中国专利全文数据库(知网版)。

中国专利全文数据库(知网版)文献来源于国家知识产权局知识产权出版社,包含发明

图 5.18　国家知识产权局专利检索及分析系统常规检索界面

图 5.19　中国知网专利检索界面

公开、发明授权、实用新型和外观设计四个子库，收录了 1985 年至今的中国专利 2 800 万条，准确地反映了中国最新的专利发明。专利相关的文献、成果等信息来源于 CNKI 各大数据库，可以通过申请号、申请日、公开号、公开日、专利名称、摘要、分类号、申请人、发明人、优先权等检索项进行检索，并一次性下载专利说明书全文。与通常的专利数据库相比，中国专利全文数据库（知网版）每条专利的知网节集成了与该专利相关的最新文献、科技成果、标准等信息，可以完整地展现该专利产生的背景、最新发展动态、相关领域的发展趋势，可以浏览发明人与发明机构更多的论述及在各种出版物上发表的文献。

(2)海外专利数据库(知网版)。

海外专利数据库(知网版)文献来源于国家知识产权局知识产权出版社,包含美国、日本、英国、德国、法国、瑞士、俄罗斯、韩国、加拿大、澳大利亚、世界知识产权组织、欧洲专利局、中国香港及中国台湾十国两组织两地区 1970 年至今的国外专利 105 168 305 条。专利相关的文献、成果等信息来源于 CNKI 各大数据库,可以通过申请号、申请日、公开号、公开日、专利名称、摘要、分类号、申请人、发明人、优先权等检索项进行检索,专利说明书全文链接到欧洲专利局网站。与通常的专利数据库相比,海外专利摘要数据库(知网版)每项专利的知网节直观地展现了专利的基本信息及同族专利情况,还可以链接到专利全文及进行法律状态查询。

3. 万方专利数据库

万方专利数据库(Wanfang Patent Database,WFPD)收录始于 1985 年,目前共收录中国专利 2 200 万余条,国外专利 8 000 万余条,年增 200 万条,收录范围涉及中国、美国、澳大利亚、加拿大、瑞士、德国、法国、英国、日本、韩国、俄罗斯等十一国和世界专利组织、欧洲专利局两组织,网址为 www. wanfangdata. com. cn/index. html,检索界面如图 5. 20 所示。

图 5. 20　万方数据专利检索界面

4. DII

德温特专利索引(Derwent Innovations Index,DII)是由 Derwent(全球最权威的专利文献信息出版机构)共同推出的基于 Web 的专利信息数据库,这一数据库将德温特世界专利索引(Derwent World Patents Index,WPI)与专利引文索引(Patents Citation Index)加以整合,以每周更新的速度提供全球专利信息,网址为 apps. webofknowledge. com,检索界面如图 5. 21 所示。DII 收录来自全球 40 多个专利机构(涵盖 100 多个国家)的1 300万条基本发明专利,3 000 万项专利,每周增加 25 000 多个专利,分为 Chemical、Electrical & Electronic、

Engineering，资料回溯至 1963 年。DII 提供 Derwent 专业的专利情报加工技术，协助研究人员简捷有效地检索和利用专利情报，鸟瞰全球市场，全面掌握工程技术领域创新科技的动向与发展。DII 还同时提供了直接到专利全文电子版的连接，用户只需点击记录中的“Original Document”就可以立刻连接到 Thomson Patent Store，获取专利申请书的全文电子版。DII 所链接的专利全文电子版包括以下专利机构和国家所公布的专利全文。

(1)USPTO(美国专利局，1963 年以来)。

(2)German Patent and Trademark Office(德国专利和商标局，1968 年以来)。

(3)ESP(欧洲专利局，EP-A 1978 年以来，EP-B 1980 以来)。

(4)WIPO(世界知识产权组织，1978 以来)。

(5)日本专利申请书第一页的英文翻译(2000 年以来)。

(6)其他许多国家，如奥地利、比利时、丹麦、法国、爱尔兰、意大利、卢森堡、荷兰、西班牙、瑞士、摩纳哥等。

图 5.21　DII 检索界面

5. SooPAT 专利搜索引擎

SooPAT 是一款专利数据搜索引擎，网址为 www.soopat.com，搜索界面如图 5.22 所示。SooPAT 立足专利领域，致力于专利信息数据的深度挖掘和专利信息获得的便捷化，努力创造最强大、最专业的专利搜索引擎，为用户实现前所未有的专利搜索体验。SooPAT 中国专利数据的链接来自国家知识产权局互联网检索数据库，国外专利数据来自各个国家的官方网站。SooPAT 不用注册即可免费检索，并提供全文浏览和下载，尤其对中国专利全文提供了免费打包下载功能，且速度极快。如果选择注册成为 SooPAT 的会员，还可以选择保存检索历史并进行个性化的设定。

图 5.22　SooPAT 搜索界面

5.6　网络课程资源

近年来,信息技术迅速发展,特别是从互联网到移动互联网,创造了跨时空的生活、工作和学习方式,使知识获取的方式发生了根本变化,促进了教学方式的改变,学习不再受限于时间、空间与地点条件。网络“在线课程”颠覆了传统学习模式,充分利用碎片化时间,创造了“指尖上的学习”,可能只需 20 min 甚至更短时间就可以听完一堂世界一流大学的课程。

目前主流的网络课程资源有慕课和网络公开课。慕课(Massive Open Online Course, MOOC)即大规模开放在线课程,是“互联网+教育”的产物,是新近涌现出来的一种在线课程开发模式。慕课的定期开课,每个视频均较短,利于充分利用碎片化时间。慕课的课堂上有提问、有作业、有期末考试,通过所有考核会获得结课证书。网络公开课则是知名高校的课堂实录录像发布到网络上,供社会上更多的人通过网络平台观摩,共享全球优质课程资源。网络公开课资源只供学习,没有相关的测验或考试,学习结束不会得到相关结课证书。

目前,互联网上有大量慕课和网络公开课资源供选择,此处选择了一些优秀的网络课程资源进行推荐。

1. edX

edX 的网址为 www. edx. org,是哈佛大学和麻省理工学院共同创立的非营利网络教育项目,旨在为全球提供来自哈佛大学、麻省理工学院、加利福尼亚大学伯克利分校、清华大学、北京大学、香港大学、香港科技大学等全球顶尖高校及组织的慕课(大规模在线公开课),课程主题涵盖生物、数学、统计、物理、化学、电子、工程、计算机、经济、金融、文学、历史、音乐、哲学、法学、人类学、商业、医学、营养学等多个学科。

2. 优达学城 Udacity

Udacity 的网址为 cn. udacity. com,是由前 Google X Lab 创始人、斯坦福大学人工智能教授、全球无人车发明者 Sebastian Thrun 在 2011 年创立的在线前沿科技教育平台。Udacity 与全球行业领袖共同设计教育内容，让每个人都有机会学习并掌握人工智能、数据科学、自动驾驶、自然语言处理、计算机视觉、AI 量化投资、区块链、云计算等前沿科技、热门信息及开发技术。Udacity 的“纳米学位”认证项目与 Google、Facebook、IBM、亚马逊、Nvidia 等全球知名科技企业合作开发，通过系统的课程设计、项目实战和个性化辅导，将学员培养为优秀的工程师、开发者和数字经济时代为企业所需的优质人才，提供面向个人和企业的培训服务，是全球在线教育领域的首个独角兽企业。

3. Coursera

Coursera 的网址为 zh. coursera. org，是大型公开在线课程项目，由美国斯坦福大学两名计算机科学教授创办，旨在与世界顶尖大学和机构合作，在线提供网络公开课程。目前，其课程涵盖艺术与人文、商务、计算机科学、数据科学、信息技术、健康、数学和逻辑、个人发展、物理科学与工程、社会科学、语言学习等多个学科。

4. MIT Open Course Ware

麻省理工学院是美国一所综合性私立大学，有“世界理工大学之最”的美名。麻省理工学院开放课程（MIT Open Course Ware）提供麻省理工学院从本科到研究生教育各层次的课程资源，以多媒体的形式呈现，网址为 ocw. mit. edu/index. htm。这些课件资源包括每一门课程的主讲教师信息、讲义、教学大纲、试题、作业、阅读书目、教学法、课堂录像等，为英语界面，部分资源有中文翻译。

5. Open Yale Courses

耶鲁大学（Yale University）是世界著名的私立研究型大学，也是著名的常春藤联盟成员。耶鲁大学开放课程提供由耶鲁大学杰出教师和学者免费开放的精选入门课程，课程内容覆盖丰富的专业范围，其目的是让有兴趣学习的人有更多学习的机会。所有的课程都来源于耶鲁大学各个专业的课堂，以视频、音频和文本格式提供，网址为 oyc. yale. edu。

6. Open Class Room

斯坦福大学是美国著名研究性私立大学，其网络公开课平台 OpenClassRoom 提供包括人机交互设计、Web 应用程序、实用的 Unix、算法设计与分析、离散概率等在内的诸多高水平课程资源，网址为 openclassroom. stanford. edu。

7. JhsphOpen

约翰·霍普金斯公开课 JhsphOpen 是由美国约翰·霍普金斯大学共享的在线公开课教程，课程内容包括青少年健康、行为和健康、生物统计学、环境学、一般公共卫生、卫生政策、预防伤害、母亲和儿童健康、心理卫生、营养学、人口科学、公共卫生准备和难民卫生等，网址为 ocw. jhsph. edu。

8. TED

技术、娱乐、设计（Technology，Entertainment，Design，TED）是美国的一家私有非营利机构，以其组织的 TED 会议著称。TED 会议的宗旨是“值得传播的创意”。TED 演讲的特点是毫无繁杂冗长的专业讲座、观点响亮、开门见山、种类繁多、看法新颖，网址为 www. ted. com。

9. Khan Academy 可汗学院

可汗学院属于一家教育性非营利组织，免费提供实践练习、教学视频和个性化的学习模板,其主旨是利用网络影片进行免费授课,面向的年龄范围非常广泛,涵盖从小学到大学的数学、科学、计算机程序设计、金融、物理、化学、生物、天文学等相关专业的教学视频,网址为 www. khanacademy. org。

10. 学堂在线

学堂在线是清华大学于2013年10月发起建立的慕课平台,是教育部在线教育研究中心的研究交流和成果应用平台,是国家2016年首批双创示范基地项目,是中国高等教育学会产教融合研究分会副秘书长单位,也是联合国教科文组织(UNESCO)国际工程教育中心(ICEE)的在线教育平台,网址为 next. xuetangx. com。目前,学堂在线运行了来自清华大学、北京大学、复旦大学、中国科技大学,以及麻省理工学院、斯坦福大学、加利福尼亚大学伯克利分校等国内外一流大学超过2 300门优质课程,覆盖13大学科门类。

11. 中国大学 MOOC

中国大学 MOOC 是由网易与高教社携手推出的在线教育平台,承接教育部国家精品开放课程任务,向大众提供中国知名高校的 MOOC 课程,网址为 www. icouse163. org。

12. 好大学在线

好大学在线(CNMOOC)是上海交通大学出品的中国顶尖慕课平台。截至2020年6月,好大学在线与清华大学、北京大学等129所高校合作开发了1 778门课程,内容涵盖工学、理学、文学、法学、经济学、管理学、教育学等多个学科,网址为 www. cnmooc. org。

13. 爱课程

爱课程是教育部和财政部在"十二五"期间启动实施的"高等学校本科教学质量与教学改革工程"委托高等教育出版社建设的高等教育课程资源共享平台,承担国家精品开放课程的建设、应用与管理工作。自2011年11月9日开通以来,爱课程相继推出了三项标志性成果——中国大学视频公开课、中国大学资源共享课和中国大学 MOOC,受到学习者广泛好评,已成为国际领先、国内最具影响力的高等教育在线开放课程平台,网址为 www. icourse. org。

14. 智慧树

智慧树是全球大型的学分课程运营服务平台,服务的会员学校近3 000所,已有超2 000万人次大学生通过智慧树跨校修读并获得学分,网址为 www. zhihuishu. com。智慧树帮助会员高校间实现跨校课程共享和学分互认,完成跨校选课修读。

15. 网易公开课

网易公开课是网易公司推出的全球名校视频公开课项目,通过该平台,用户可以在线免费观看来自于哈佛大学等世界级名校的公开课课程,以及可汗学院、TED 等教育性组织的精彩视频,内容涵盖人文、社会、艺术、科学、金融等领域。网易公开课力求为爱学习的网友创造一个公开的免费课程平台,网址为 open. 163. com。

16. 网易云课堂

网易云课堂是网易公司倾力打造的在线实用技能学习平台,该平台于2012年12月底正式上线,主要为学习者提供海量、优质的课程,课程结构严谨,用户可以根据自身的学习程度自主安排学习进度,网址为 study. 163. com。云课堂的宗旨是为每一位想真真正正学到实用知识、技能的学习者提供贴心的一站式学习服务,内容涵盖实用软件、IT 与互联网、外语学习、生活家居、兴趣爱好、职场技能、金融管理、考试认证、中小学、亲子教育等十余大门类。云课堂目前拥有 Web 端和移动端(Android、iOS)。

17. 腾讯课堂

腾讯课堂是腾讯推出的专业在线教育平台,聚合大量优质教育机构和名师,下设职业培训、公务员考试、托福雅思、考证考级、英语口语、中小学教育等众多在线学习精品课程,打造老师在线上课教学、学生及时互动学习的课堂,网址为 ke. qq. com。腾讯课堂凭借 QQ 客户端的优势,实现在线即时互动教学,并利用 QQ 积累多年的音视频能力,提供流畅、高音质的课程直播效果,同时支持 PPT 演示、屏幕分享等多样化的授课模式,还为教师提供白板、提问等能力。

18. 腾讯精品课

腾讯精品课是集点播和直播于一体的在线课程学习平台,包括考试、培训、社会公开课和高校公开课四大类。腾讯精品课不仅与课程提供者商业合作,还将与知名教师、出版社、学校等合作伙伴联合出品课程,遵循开放共赢的理念搭建课程平台,网址为 class. qq. com。数据显示,生活技能类的课程最受欢迎。其中,IT 技能、职场类、摄影化妆等生活类的课程占观看总量的 50%,高考、考研、外语学习、资格考试类的应试课程也占有很大比例。

第 6 章

科技论文的写作与发表

基于大一年度项目、大学生创新创业训练计划或专业学科竞赛的项目成果发表科技论文是项目的重要远期成果，不仅是对项目成果的总结，在后期的评奖评优、面试过程中也均有一定的优势。因此，掌握科技论文的基本写作方法、了解科技论文的投稿过程对电子信息类大学生来说至关重要。

科技论文按照投稿去向的不同，可以分成期刊论文和会议论文。期刊论文是指在国内外正式出版的学术期刊上发表的科技论文。期刊论文是科技论文最重要的发表形式，是科技人员进行学术交流和技术推广最重要、最快捷、最有效的途径。会议论文则是针对某一个学术会议所投稿，并且收录到该会议论文集中的科技论文。会议论文按照报告的形式，可以分成特邀报告、口头报告和张贴海报。特邀报告是受学术会议组委会邀请所做的与会议主题相关的报告，其作者一般都是相关领域的学术权威或资深专家；口头报告是需要在学术会议上进行口头讲述的论文，基于所投稿的论文做一个演示文稿，向参会人员进行介绍；张贴海报是不进行口头讲述，而是以海报张贴的形式进行交流，作者在指定时间、指定地点张贴海报，并且在现场与参会人员交流。口头报告和张贴海报是会议论文的主要参与形式，其论文会收录到出版的会议论文集中。

无论是期刊论文还是会议论文，都涉及基于项目学习的成果，如果没有好的成果，或者成果中没有创新性的观点，是不容易发表科技论文的，创新性是发表科技论文的前提条件。本章将以科技论文的写作与发表为重点，介绍如何利用基于项目学习的成果成功发表科技论文。

6.1　科技论文的结构

国家标准《科学技术报告、学位论文和学术论文的编写格式》(GB 7713—87)中对科技论文的撰写和编排格式做了规定。一篇完整的科技论文主要包括题名、作者署名、摘要、关键词、引言、正文、结论、致谢、参考文献、附录等十个部分，在正文中还有可能涉及图表、公式等相关内容。

1. 题名

题名又称标题、文题，是作者给论文取的“名字”。题名是科技论文的信息集中点，应以最恰当、最简明的词语准确地反映科技论文中最重要的特定内容。一个好的题目应能直接体现出论文宗旨，表达出论文的中心内容，同时把研究对象和所研究的某些主要因素之间的关系用含义确切、实事求是的文字恰当、生动地表达出来，让人看了一目了然，明白论文的研究内容。

拟定题目时需要注意，中文题目一般不宜超过 20 字，英文题目不超过 10 个实词或 100 个书写符号，题目应是一个短语而不是一个句子，并且尽量不用标点符号。同时，应避免在题目中使用未被公认的或不常见的缩略词、首字母缩写字、字符、代号和公式，也不能用学科或分支学科的科目作为题目的组成部分。题目的确定不是凭想象就可以完成的，要正确处理好题目反映的研究范围与深度的关系，把研究对象、研究目的或所研究的某些主要因素之间的关系表达出来，多设置几个题目，经过对比选择最恰当的题目。

2. 作者署名

作者署名是作者对科技论文著作权的声明，也是作者文责自负的承诺。作者顺序应该按照作者及单位在该科技论文研究工作中所发挥的作用、所做出的贡献及所承担的责任的大小依次排列，而不应该论资排辈。作者署名一般列在题名下方，主要包括作者、作者单位、联系方式等。不同的期刊或会议对署名格式有些许差异，可以参考期刊或会议的格式文件。图 6.1 所示为基于物联网的视觉暂留风扇设计的论文题目及作者署名信息，该论文发表于《物联网技术》2020 年第 1 期。

基于物联网的视觉暂留风扇设计

郭茁宁[1]，林亦宁[2]，何胜阳[2]

（1. 哈尔滨工业大学　计算机科学与技术学院，黑龙江　哈尔滨，150001；

2. 哈尔滨工业大学　电子与信息工程学院，黑龙江　哈尔滨，150001）

图 6.1　基于物联网的视觉暂留风扇设计的论文题目及作者署名信息

3. 摘要

摘要是报告、论文内容不加注释和评论的简短陈述，是对论文主要研究内容的高度概括，能够提供论文的关键信息和结论。摘要中应该简明扼要地提炼出论文的研究目的、研究内容、使用方法、结果和结论，即便不阅读科技论文的全文，也能获得必要的信息。图 6.2 所示为一个摘要示例，其字数一般在 200 ~ 300 字范围内，不分段，无图表和公式。

撰写摘要时需要注意内容不宜太长，不分段，但应包含与科技论文同等量的主要信息。摘要叙述时用第三人称，建议采用“对……进行了研究”“报告了……现状”“进行了……调查”等，不使用“本文”“作者”等作为主语，文字要求使用规范化的名词术语，不用非公知公用的符号和术语，不出现与其他研究工作比较的内容。

4. 关键词

关键词是为了科技论文能够正确编目、便于做主题索引及计算机检索而从文章中特意选取出来的，能够表达全文主题信息的专业词语。每篇文章的关键词一般有 3 ~ 7 个，选用可以涵盖文章所研究和讨论的重点内容的名词或名词性词组。图 6.2 中给出了论文涉及的 7 个关键词。

摘　要:为了丰富现有基于视觉暂留校园的风扇产品的展示效果,在深入研究电风扇视觉暂留原理的基础上,借助十六进制码的预存和动态平铺技术,将温湿度传感器所获得的实时数据在风扇上进行了显示。同时,设计了一款基于视觉暂留的"贪吃蛇"游戏,寓教于乐,丰富了风扇的功能。经过硬件电路的实际测试,风扇可以准确的显示温湿度,"贪吃蛇"游戏正常运行,达到了预期设计目标。

关键词:Arduino;物联网;视觉暂留;风扇;红外;DHT11;游戏

中图分类号:TP399-34 文献标识码:A 文章编号:2095-1302(2020)01-0056-04

图 6.2　基于物联网的视觉暂留风扇设计的摘要及关键词

5. 引言

引言又称前言、绪论,是在论文前面简要说明研究工作的目的、范围、相关领域的前人工作和知识空白、理论基础和分析、研究设想、研究方法和实验设计、预期结果和意义等。基于物联网的视觉暂留风扇设计的引言如图 6.3 所示。引言部分应言简意赅,不要与摘要雷同,不要成为摘要的注释,一般教科书中有的知识在引言中不必赘述。

0　引言

历史上最早使用视觉暂留效果的是电影的制作,电影屏幕上播出的图片速度为每秒 25 张图片,在视觉暂留现象的作用下,人眼会觉得这些间断性播出的图片是运动的。

目前,视觉暂留已经拥有了较为成熟的相关技术,存在利用视觉暂留实现 3D 效果的全息 3D 智能炫屏。市场角度,在南方每到七八月份,气温通常会在 35 ℃以上。而学校很少安装空调,因此便携式电扇在中小学生群体中有很大的市场。相比于普通的电扇,一款可以在扇面上形成滚动图案,甚至可以玩一些简单游戏的便携式电风扇显然在市场竞争上更占优势。

到目前为止,具有创新性的产品仍停留在"高大上"的层面,虽然有相关的成品,但对于普通用户不友好。此外,市场上现有存在的基于视觉暂留的小风扇产品仅利用简单的 LED 灯形成固定、单调的字样或图样。正因如此,激发了笔者研究设计一种基于 Arduino 和视觉暂留技术的具有游戏体验的小风扇。该风扇应用的人群十分广泛,老少皆宜,小朋友可以通过游戏激发对科技的好奇心,老人可以通过游戏解闷,具有极大的潜力和广大的消费人群,可以说是一项非常新颖的风扇产品。

图 6.3　基于物联网的视觉暂留风扇设计的引言

6. 正文

正文是科技论文的主体,是指引言之后结论之前的核心部分,涵盖论文的大部分篇幅,主要包括理论推导、实验结果及分析三部分组成。正文要求内容充实,论据充分、可靠,论证有力,层次还要清晰。基于物联网的视觉暂留风扇设计的正文部分(摘录)如图 6.4 所示,为表达清楚,正文分成理论基础、设计方案和市场化与工业化设想等多个层次来写。

1　应用理论基础

1.1　物联网架构部署

感知层:物联网分为三层结构,在一个物联网系统中,感知层是根基,它能通过各种传感器的使用来检测和采集设定范围内环境的数据信息。本设计的感知层包括红外和温湿度在内的传感器。

……

1.2　传感器

1.2.1　红外传感器:远程操控

红外通信成本低、体积小,仅需微小的发光二极管,模块化使用可以与 Arduino 很好地配合,大大地简化了通信的难度。红外遥控器向红外接收器发射一系列二进制脉冲,发射的光信号在红外接收头内的接收器被转换成电信号,经过放大器的放大后,再进行滤波与解调,得到红外遥控器发出的原始脉冲。波形经过整形,通过接收器的信号输出脚输入电器。红外通信从本质上来说,是对二进制脉冲码所代表的数字信号进行调制、解调的过程。

……

1.3　视觉暂留理论

视觉暂留现象:物体反射周围的光并将其传入人眼之中,通过视网膜送入脑神经,光成像完成后,实物形成的图像不会瞬间消失,称为“后像”。Arduino 能精确控制时序,在这种效果之下,一列 RBG 流水灯不断地旋转,不断地读取程序中的内容并通过闪烁频率的变化显示出预设的图形、文字和游戏界面。在本项目中,能够在动态、旋转的风扇上形成静态的图形和动态的游戏,动静结合是这个项目的亮点所在。

2　设计方案

2.1　创意与特点

2.1.1　“贪吃蛇”游戏功能:传统电器娱乐化

将视觉暂留技术与小游戏相结合可以进行一些简单的小游戏。一般的贪吃蛇等游戏都要在普通的直方屏幕上进行,但这样的“屏幕”却超出了一般人的视野范围,富有传统设计没有的独特感官享受,在清凉的同时带来别样的乐趣,风扇这一传统的电器能焕发出新时代的神奇魅力。

……

3　市场化和工业化设想

3.1　市场化

目前,该领域市场上存在的相似的产品主要面向广告,作为 LED 屏幕之外一个宣传形式的补充。而本设计则面向大众用户,提升风扇的娱乐性,赋予风扇有别于传统概念的新奇形象。若该设计能面向市场,应该包含以下设计内容:

……

3.2　工业化

该风扇的功能实现依赖于底层的物理框架,对于物理框架的设计,有几点重要的特别考虑和实验成果:

(1)将 Arduino 核心主板和电池居中,且聚拢、减小距离,可以有效提高风扇旋转时的稳定性;

……

图6.4　基于物联网的视觉暂留风扇设计的正文部分(摘录)

7. 结论

结论是科技论文的结语,是将实验、观测到的数据、结果经过判断、分析、推理、归纳等逻辑分析而得到的总结,任何研究论文都应该提出明确的结论。结论的内容主要包括研究结果说明了什么问题、解决了什么实际问题或理论问题、对前人的研究成果做了哪些补充或修改、本文研究工作的领域内还有哪些尚待解决的问题、解决这些问题的基本思路和关键有哪些等。结论要与引言相互呼应,应该做到准确、完整、精炼。图 6.5 所示的结论部分就是从视觉暂留风扇的功能特点、实现方案等方面对整个项目进行的总结。

> **4　结语**
>
> 本文设计了以视觉暂留为原理的电风扇,并且依据市面原有的产品原理进行改进和丰富功能,设计"贪吃蛇"游戏和温湿度显示等功能。以旋转的电风扇叶作为显示屏,富有区别于传统设计的独特感官享受,基于此设计的"贪吃蛇"游戏的创意为:将温湿度传感器与风扇结合,利用"显示屏"将传感器检测到的温度和湿度视觉上呈现出来;基于 Arduino 进行开发,充分利用了 Arduino 可延展性高、易于基础操作的特征;贪吃蛇的功能实现程序结合了游戏开发的嵌入式设计,以红外传感器作为传输游戏指令的媒介,进行创意的形式展现;温湿度显示功能借势潮流的启发,结合风扇和温湿度进行功能开发,运用单接口的物联技术和十六进制预存储动态传输技术完成实现。在研究结束时,指出了该风扇市场化的方向和拓展关键,以及工业化的改进方案的标准化预期设计,结合嵌入式设计和物联网结合的优势面向大众进行研究开发。总体来说,项目设计出了拥有完整体系的物联网创新作品——基于 Arduino 的智能人机交互风扇。这项研究不仅完成了突破传统印象的感官设计,更发挥了核心板潜在的功能运用,研究并结合了软件和嵌入式的功能实现,将一个新颖的风扇模型展示在消费者面前。

图 6.5　基于物联网的视觉暂留风扇设计的结论部分

8. 致谢

致谢是作者对参与了论文部分工作,为论文完成给予了一定帮助或指导、修改或校审的相关单位或个人表示感谢的用语,也包括对各类基金资助的课题的致谢。致谢言辞应该恰当,实事求是,表达出对个人或组织的诚意。致谢不是所有科技论文都必须有的组成部分,可以根据需要选择。

9. 参考文献

参考文献是指科技论文在研究过程中所参考的有关文献的目录,置于论文最后,是不可缺少的论文的重要组成部分。它不仅表明论文的科学依据和历史背景,而且提示作者在前人研究基础上的发展、提高与创新。引用的文献必须是作者亲自阅读过的,与论文中的方法、结果和讨论关系密切的,对本项研究有启示或较大帮助的。尽可能引用最新的文献,不用无关的文献。基于物联网的视觉暂留风扇设计的参考文献部分如图 6.6 所示。

参考文献

[1] 沈苏彬,范曲立,宗平,等. 物联网的体系结构与相关技术研究[J]. 南京邮电大学学报(自然科学版),2009,29(6):1-11.

[2] 李振东,陆俊,朱宗玖. 基于手机 Android 客户端的智能家居系统设计[J]. 物联网技术,2018,8(11):39-41.

[3] 张一夫,陈天飞,冯明兴. 基于树莓派的移动环境监测系统[J]. 物联网技术,2019,9(7):21-23.

[4] 周诗虎. 单片机控制 LED 点阵显示屏[J]. 科技信息,2008(25):416.

[5] 沈新创,钱平. 基于视觉暂留原理的旋转式线阵 LED 显示屏开发[J]. 上海应用技术学院学报(自然科学版),2007(2):150-153.

[6] 薛毛毛,赖际亮,崔宁. 基于微信和 Arduino 家用物联网系统开发[J]. 物联网技术,2017,7(4):81-83.

[7] 蒋丽艳. 视觉暂留的奇特现象[J]. 物理教学,2013,35(11):29-30.

[8] 孙秋凤. 基于开源平台 Arduino 的大学创客实践探索[J]. 物联网技术,2016,6(12):112-113.

[9] 田红光,李让军. 基于 PIC 单片机的智能风扇的设计与研究[J]. 世界电子元器件,2014(1):56-58.

[10] 关积珍,陆家和. LED 显示屏的技术及其市场和产业发展[J]. 激光与红外,2003(6):466-470.

[11] 郑安豫. 基于单片机的智能风扇系统设计[J]. 商丘师范学院学报,2018,34(3):33-35.

[12] 张晓洁,刘旭,刘向东,等. 旋转 LED 阵列体显示系统的仿真平台构建[J]. 浙江大学学报(工学版),2005(10):1541-1544.

图 6.6 基于物联网的视觉暂留风扇设计的参考文献部分

10. 附录

部分科技论文由于正文篇幅受限,因此无法对繁杂的公式或观点进行详细推导或说明,可以以附录的形式在文章的最后给予解释。附录是论文主体的补充项目,不是必须的内容。

上述给出的科技论文结构与要投稿的期刊或会议密切相关,不同的期刊或会议可能会有特殊的要求。因此,在准备论文过程中,一个重要的步骤就是查阅待投稿期刊的相关主题的论文,关注其论文所需的项目,参考各个项目的写法,将有重要参考作用的论文列入参考文献,通过大量阅读增加对期刊稿件的了解。

6.2　科技论文的写作

1. 准备工作

科技论文作为基于项目学习过程中的重要远期成果,其基础就是大一年度项目、大学生创新创业训练计划或专业学科竞赛的作品,只有作品完成了,并且取得了一定的实施效果,才能在撰写科技论文中有素材可用。在准备阶段,可以从以下几个方面收集材料。

(1)论文题目。

论文的题目作为全文“画龙点睛”的信息集中点,必须在准备工作时就有一定的想法。如前文所述,作为基于项目学习的远期成果,科技论文的内容是围绕作品撰写的,所以与选择基于项目学习的项目名称类似,必须涵盖作品的设计核心,恰如其分地反映作品的内容。对于缺乏经验的学生来说,给自己的科技论文命题的一种简便方法就是充分阅读类似的参考文献,通过本书第5章文献检索中的方法,大量阅读参考文献,尤其是与自己作品类似内容的文献。因为每篇文献均有自己独特的题目,所以可以选择研究内容相近但又有不同的论文题目作为命题的借鉴,最终确定出一个不与之雷同的新题目。

(2)论文中心思想。

撰写科技论文其实与基于项目学习选题类似,其根本出发点是发现问题或提出问题、分析问题、解决问题、效果验证等几个阶段,所以在确定论文中心思想的过程中,核心就是找准该论文需要解决的某一种生活中常见的社会问题。通过运用电子信息类专业知识,提出一种解决方案,并且通过制作“硬件实物”进行效果论证,取得一定的效果,解决该问题,或者下一步可以在哪些方面进一步优化,这就是撰写论文的中心思想所在。

(3)论文层次和布局。

一篇成功的科技论文要求把一个问题的解决方案讲清楚,所以在叙述时结构层次须布局合理,紧紧围绕文章主题层层深入展开,层次清楚,逻辑性强,整篇文章系统严密,浑然一体。科技论文结构层次一般需要满足以下要求。

①紧密围绕主题。结构层次作为表现科技论文主题思想的手段,好的结构层次可以更好地表现主题。

②符合层次逻辑的要求。科技论文的突出特点之一是以朴实无华的语言去直述其理,以逻辑性强、线条分明的客观叙述去揭示事物的内在联系。因此,科技文章的层次结构要遵循研究工作的规律先后顺序及客观事物(研究对象)的发展规律等。

③衔接自然,符合逻辑,完整统一。科技论文的上下部分、各段、各语段之间都须严格按照客观逻辑顺序承上启下,同时要求文章的内容完整、没有残缺,文章能脉络清晰、线条分明。

(4)论文读者。

一篇科技论文最终价值体现,其一就是“内容好”,受到读者的欢迎;其二就是“写得好”,通俗易懂,有利于读者消化吸收。因此,在撰写科技论文时,一定要从读者的角度去考虑,选题、选期刊、内容、结构等都需要设计,以迎合读者的需求。

(5)确定目标期刊。

确定目标期刊是在科技论文准备阶段就可以着手的一项工作,不同级别的期刊所关注的学科领域注重点不一样,录用比例也不一样。对于基于项目学习的远期成果而言,不一定非要投稿到EI、SCI检索的期刊中,作为第一篇文章,可以从较简单的中文核心期刊开始,积累了一定的经验以后,再重新选题、论证,最终投稿到高水平的期刊。

2. 拟定提纲

(1)论文题目。

拟定若干个待选论文题目,在提纲阶段和正文撰写阶段根据主要研究内容对题目进行反复推敲、选择。

(2)引言。

引言作为论文的开端,主要是作者交代研究成果的来龙去脉,即回答为什么要研究相关的课题,其目的就是要引出作者研究成果的创新论点,使读者对论文要表达的问题有一个总体的了解,引起读者阅读论文的兴趣。引言主要内容包括领域的国内外同行对于作者论文报道的相关研究问题、已取得的进展、存在的问题等,以及作者研究所获得的创新论点等。

(3)正文。

如前文所述,在拟定正文提纲时,务必按照科学研究的规律,按照提出问题、分析问题、解决问题、效果验证的逻辑顺序合理制定层次结构,配合图、表、实物照片进行内容补充。对于基于项目学习的硬件制作项目,实物照片和实物工作运行照片对项目的结果展示非常具有展示性,应该加入正文中。同时,系统功能框图、硬件结构框图、软件控制流程图等在开题报告中的常规图形也可以纳入论文正文中。最后,根据实际情况,可以增加性能对比的表格,进一步说明硬件系统的优越性。

(4)结论。

结论是全文的总结,表明经过正文中的分析和验证,解决了什么实际问题或理论问题,对前人的研究成果做了哪些补充、修改和改进。最后,可以对研究工作的领域内还有哪些尚待解决的问题、解决这些问题的基本思路和关键有哪些等进行简单叙述。结论部分不宜太长。

(5)参考文献。

论文的参考文献务必选择自己看过的、权威的或是目标投稿期刊中的文献,不要为了写参考文献而选择参考文献。同时,需要按照期刊的投稿要求整理参考文献的格式,参考文献的格式是对作者文本处理水平的考验,务必加以重视。

3. 正式写作

在制定好写作大纲后,就可以进入正式写作阶段。可以按照大纲各个部分依次完成,然后汇总形成初稿,再经过多次修改最后定稿。正式写作过程离不开前期的素材积累,也离不开写作经验的积累,只有通过努力和持之以恒的决心,有坚实的业务能力基础,再配合写作技巧,才能撰写出优秀的科技论文。

科技论文的写作是一个长期、进展缓慢的过程,不可能一蹴而就。只要多阅读、多练习、多积累,每位同学都有可能成为一个学术论文高手。

6.3　科技论文的投稿流程

一篇论文从期刊编辑部收到作者投稿到正式刊登发表,需要经过一定的处理流程。在投稿之前了解科技论文的发表流程,不仅可以及时对编辑部的要求做出反应,还可以合理地安排自己的研究工作,避免在等待中浪费时间。图6.7所示为期刊发表的一般流程。

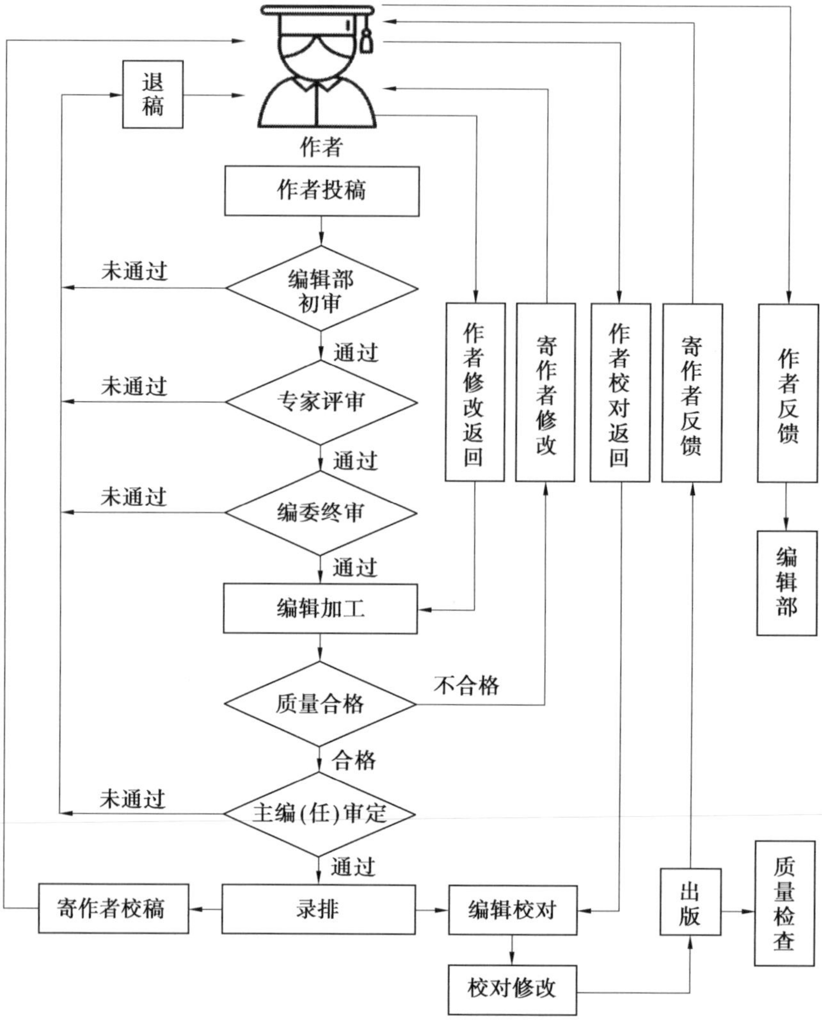

图 6.7　期刊发表的一般流程

1. 作者投稿

作者按照期刊的论文模板将科技论文初稿编辑好以后,直接通过电子邮件(E-mail)或官方网站的网上投稿系统上传电子版论文的形式投到相关期刊的编辑部,上传成功后会收到确认邮件,并且投稿稿件会获得一个稿件编号,以便后续状态查询和与编辑的沟通。

2. 编辑部初审

期刊编辑部收到稿件后,先由栏目编辑或执行主编或副主编对稿件进行形式初审,主要审查稿件内容是否符合刊物的刊载宗旨、格式及稿件水平是否满足刊物要求等,以确定是否需要将稿件送专家评审。如果稿件通过了形式审查,则可以进入下一阶段专家评审;如果未通过形式审查,则会被编辑部退稿。需要注意的是,初审退稿并不意味着稿件无送审价值,也可能是稿件内容与期刊宗旨不相符,可以寻找更恰当的期刊再次进行投稿。

3. 专家评审

对于有送审价值的稿件，编辑部将从期刊的审稿专家库中抽选多位评审专家（一般为两位）负责审稿。编辑部在送审时会要求审稿人的审稿期限，若审稿人因事推迟或长时间未返回审稿意见，编辑部将协商另选审稿人。两位审稿人如果均建议发表，则该稿件基本可以被接收；如果有一位审稿人提出否定意见，则编辑部可能会考虑再找第三位审稿人进行裁决。在期刊论文发表过程中，审稿人的意见是期刊是否采纳稿件的重要参考，虽不能百分之百决定论文是否被录用，但也会有很大作用。如果作者对审稿人的意见有不同的看法，可以与编辑沟通，并视情况提出重审要求。

4. 编委终审

待所有专家的评审意见返回后，编辑部会对所有评审意见进行整理，参考评审意见做出是否录用的决定。对某一篇论文决定录用后，编辑部会向作者发出录用通知书，即使未被录用，相关的评审意见也会发给作者，并说明不被录用的原因。

除录用与不录用两种情况外，往往还会有第三种情况，就是稿件虽然还不满足期刊的录用标准，但是根据专家评审意见，可以修改以后再进行第二轮评审，如果稿件修改符合审稿人的要求，也是有被录用机会的。修改后录用是更常见的期刊投稿现象，正确理解审稿人提出的审稿意见，对审稿意见逐条认真答复、修改并及时送交期刊编辑部，会增加修改论文录用的概率。

5. 编辑加工

稿件确定被录用以后，编辑将按照刊物的出版要求对稿件进行编辑加工。编辑加工的内容主要包括文字、段落、逻辑等所有内容，在参考评审专家意见的前提下，对稿件整体进行修改、润色。这个过程中可能需要与作者沟通，或与相关专家进行讨论，其目的就是修改论文以符合出版要求。

6. 主编审定

经过编辑加工和作者确认后的稿件，最后交由期刊主编做最后审定工作，这是科技论文发表前的最后一道审定关。如果刊物主编认为该论文不符合刊物要求，则仍有被退稿的风险。

7. 录排、校对、出版

经过主编审定后的稿件进入出版流程。在出版前，一般还会要求作者签署论文版权转让书，以保护出版社和作者的知识产权不受侵犯。首先编辑将稿件按照出版格式进行文字、图表录入和排版，责任编辑和编辑室负责人对所发稿件进行全面审查，保证稿件符合齐、清、定的要求，然后送主编审定发稿，最后由出版社正式付印出版。

第 7 章

专利的撰写方法

学生科技创新团队在基于项目学习的过程中所研究、开发的具有创新性的产品、方法，可以通过申请专利来保护团队的知识产权。知识产权保护一般按照先申请先有权的原则进行保护，学生团队通过总结科技创新项目成果，申请专利并获得专利权后，既可以保护自己的发明成果，防止科研成果流失，获取垄断利润来弥补研发投入，同时也有利于科技进步和经济发展。可以通过申请专利的方式占据新技术及其产品的市场空间，获得相应的经济利益。

我国专利法规定的专利类型有发明专利、实用新型专利和外观设计专利三种。发明专利是指对产品、方法或其改进所提出的新的技术方案，可以分为产品发明和技术方案的方法发明。产品发明是指一切以有形形式出现的发明，即用物品来表现其发明，如机器、设备、仪器、用品等(如“一种带自动投料的智能柜体”“一种智能植物种植装置”“一种智能鱼缸的气动式投料装置”等)。方法发明是指发明人提供的技术解决方案，是针对某种物质，以一定的作用使其发生新的技术效果的一种发明，如“一种智能鱼缸云托管系统的水质调节方法”“一种基于强化学习的智能鱼缸水质调节方法”等，方法发明是通过操作方式、工艺过程的形式来表现其技术方案的。实用新型专利是指对产品的形状、构造或其结合所提出的适于实用的新的技术方案，如“一种智能鱼缸清洁机器人”“一种可调式智能鱼缸灯具”“一种鱼缸智能喂食机”“一种智能鱼缸检测装置”等。实用新型专利只保护具有一定形状的产品，没有固定形状的产品、方法及以单纯平面图案为特征的设计不在此保护之列。由于实用新型专利及申请具有无须进行实质审查、审批周期短、收费低的特点，因此该类型专利的申请量占专利总申请量的2/3。外观设计专利是指对产品的形状、图案或其结合，以及色彩与形状、图案的结合所做出的富有美感，并适用于工业应用的新设计，即产品的样式。在上述三种专利中，发明专利是技术含量最高的专利，其保护期为20年，而实用新型专利和外观设计专利的保护期为10年。本章将重点介绍发明专利的撰写方法。

7.1 专利的申请流程

学生团队总结科技创新项目成果准备申请发明或实用新型专利时，需要考虑是否具备新颖性、创造性和实用性，这是授予专利权的条件。

新颖性是指该发明或实用新型不属于现有技术(即申请日以前在国内外通过在出版物上公开发表、公开使用或者其他方式为公众所知的技术)，也没有同样的发明或实用新型由他人在申请日以前向国务院专利行政部门提出过申请并且记载在申请日以后公布的专利申请文件或公告的专利文件中。

创造性是指与现有技术相比,对所属领域的技术人员而言,该发明具有突出的实质性特点和显著的进步,该实用新型具有实质性特点和进步。

实用性是指该发明或实用新型能够制造或者使用,并且能够产生积极效果。

针对上述的新颖性,《中华人民共和国专利法》进一步说明,申请专利的发明创造在申请日以前六个月内,有下列情形之一的,不丧失新颖性:在中国政府主办或者承认的国际展览会上首次展出的;在规定的学术会议或者技术会议上首次发表的;他人未经申请人同意而泄露其内容的。而对于对下列各项,则不授予专利权:科学发现;智力活动的规则和方法;疾病的诊断和治疗方法;动物和植物品种(针对所列产品的生产方法,可以依据专利法授予专利权);用原子核变换方法获得的物质;对平面印刷品的图案、色彩或者二者的结合做出的主要起标识作用的设计。

按照第 5 章的文献检索方法对科技创新成果进行文献检索,并且满足上述的新颖性、创造性和实用性条件后,就可以着手进行专利申请了。需要注意的是,学生科技创新团队作为哈尔滨工业大学的学生,在执行大一年度项目、大学生创新创业训练计划或专业学科竞赛等基于项目学习的活动所完成的发明创造属于职务发明创造。根据专利法的规定,职务发明创造申请专利的权利属于哈尔滨工业大学,该发明专利申请被批准后,哈尔滨工业大学为专利权人,学生团队成员属于发明人。在该职务发明专利涉及专利授权等相关法律事务时,需要单位与发明人进行友好协商解决,对申请专利的权利和专利权的归属做出约定的,从其约定。

接下来的专利申请流程是一个十分复杂且漫长的过程,包括很多流程,如图 7.1 所示。总体而言,可以分为受理、初步审查、公布、实质审查、授权、复审和专利无效等七个阶段。

1. 受理阶段

国家专利局收到发明人的专利申请后,将进行专利文件审查,如果符合受理条件,专利局将确定申请日,给予申请号,并且在核实过文件清单后发出受理通知书,通知申请人。在此过程中,如果申请文件未打字、印刷或字迹不清、有涂改、附图及图片未用绘图工具和黑色墨水绘制、照片模糊不清或有涂改、申请文件不齐备、请求书中缺申请人姓名或名称及地址不详、专利申请类别不明确或无法确定,以及外国单位和个人未经专利代理机构直接寄来的专利,国家专利局都将对该申请不予受理。

2. 初步审查阶段

经受理后的专利申请按照规定缴纳申请费的,自动进入初审阶段。初审前发明专利申请需进行保密审查,对于有保密要求的发明专利按保密程序处理。

初审阶段主要是要对申请是否存在明显缺陷进行审查,主要包括审查内容是否属于《中华人民共和国专利法》中不授予专利权的范围、是否明显缺乏技术内容不能构成技术方案、是否缺乏单一性、申请文件是否齐备及格式是否符合要求。若是外国申请人,还要进行资格审查及申请手续审查。对于初审不合格的申请,专利局将通知申请人在规定的期限内补正或陈述意见,逾期不答复的,其申请将视为撤回,经答复仍未消除缺陷的,予以驳回。发明专利申请初审合格的,将发给初审合格通知书。对实用新型和外观设计专利申请,除进行上述审查外,还要审查是否明显与已有专利相同或是否不是一个新的技术方案或者新的设计。经初审未发现驳回理由的,直接进入授权程序。

3. 公布阶段

发明专利申请从发出初审合格通知书起进入公布阶段。如果申请人没有提出提前公开的请求,要等到申请日起满 18 个月才进入公开准备程序;如果申请人请求提前公开,则申请立即进入公开准备程序,大约 3 个月后在专利公报上公布其说明书摘要和出版说明书单行本。申请公布以后,申请人就获得了临时保护的权利。

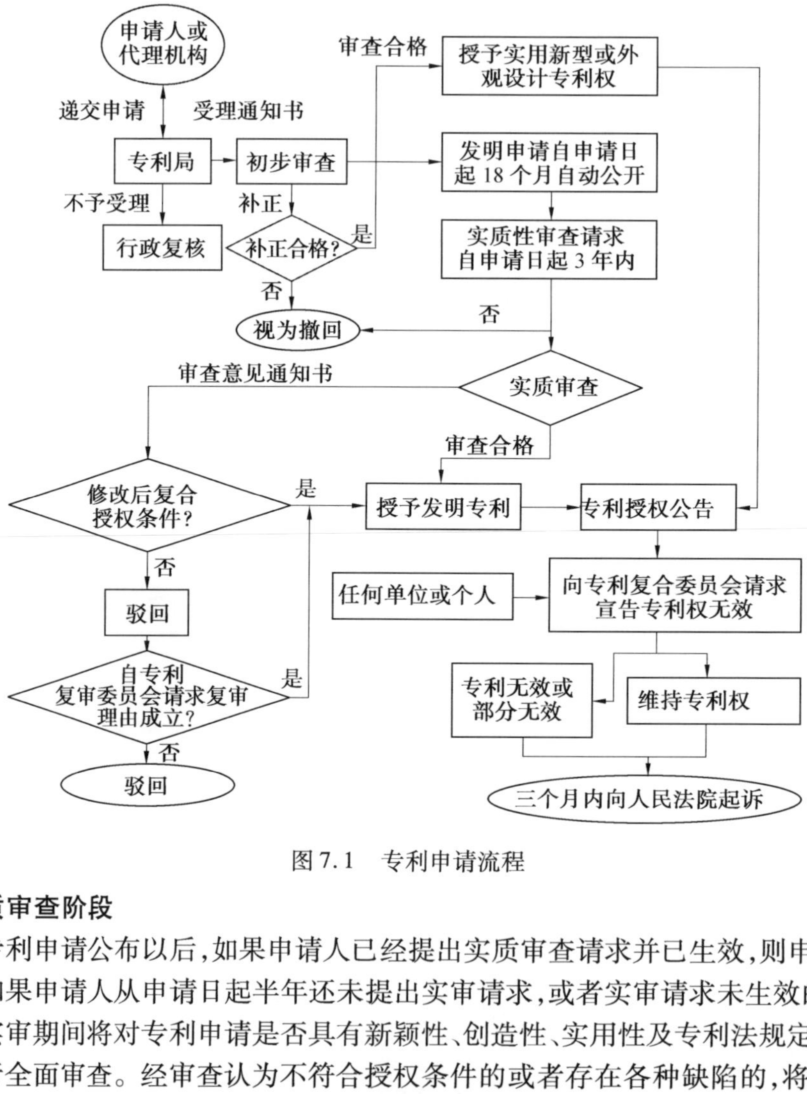

图 7.1　专利申请流程

4. 实质审查阶段

发明专利申请公布以后,如果申请人已经提出实质审查请求并已生效,则申请人进入实审程序。如果申请人从申请日起半年还未提出实审请求,或者实审请求未生效的,申请将视为撤回。实审期间将对专利申请是否具有新颖性、创造性、实用性及专利法规定的其他实质性条件进行全面审查。经审查认为不符合授权条件的或者存在各种缺陷的,将通知申请人在规定的时间内陈述意见或进行修改,逾期不答复的,申请视为撤回,经多次答复申请仍不符合要求的,予以驳回。实质审查中未发现驳回理由的,将按规定进入授权程序。

5. 授权阶段

实用新型和外观设计专利申请经初步审查及发明专利申请经实质审查未发现驳回理由

的，由审查员做出授权通知，申请进入授权登记准备，经对授权文本的法律效力和完整性进行复核，对专利申请的著录项目进行校对、修改后，专利局发出授权通知书和办理登记手续通知书，申请人接到通知书后应当在 2 个月内按照通知的要求办理登记手续并缴纳规定的费用。按期办理登记手续的，专利局将授予专利权，颁发专利证书，在专利登记簿上记录，并在 2 个月后于专利公报上公告；未按规定办理登记手续的，视为放弃取得专利权的权利。

6. 复审阶段

专利复审程序是专利申请被驳回时给予申请人的一条救济途径。根据专利法第四十一条（2008 年修订版）的规定，专利复审委员会对复审请求进行受理和审查，并做出决定。复审请求案件包括对初步审查和实质审查程序中驳回专利申请的决定不服而请求专利复审的案件。只有专利申请人才有权启动专利复审程序，而且必须在接到驳回通知 3 个月内向国家知识产权局专利复审委员会提出。

7. 专利无效阶段

专利无效是企业或单位在专利申请和专利运用过程中使用最多的专利法规之一，已成为专利诉讼中的必要手段和技巧。专利权宣告无效的法律后果是被宣告无效的专利权视为自始即不存在。按照专利法规定，专利申请人对国务院专利行政部门驳回申请的决定不服的，可以自收到通知之日起 3 个月内向专利复审委员会请求复审，专利复审委员会复审后做出决定，并通知专利申请人。专利申请人对专利复审委员会的复审决定不服的，可以自收到通知之日起 3 个月内向人民法院起诉。

按照专利法规定，获得授权的发明专利权的期限为 20 年，实用新型专利权和外观设计专利权的期限为 10 年，均自申请日起计算。按照上述的专利申请流程，从专利局受理申请文件到批准获权拿证需要的时间，发明专利一般需要 2 ~ 3 年（加快 2 年），在提交申请的同时也提交发明专利申请实质审查请求；实用新型专利一般需要 8 ~ 10 个月（加快 6 ~ 8 个月）；外观设计专利一般需要 6 ~ 8 个月（加快 4 ~ 6 个月）。由此可见，申请专利的时间是漫长的。因此，如果有申请专利的需求，应该提早做计划。

7.2　专利文档的撰写规范

申请发明专利时，要求提交的申请文件包括发明专利请求书、说明书（说明书有附图的，应当提交说明书附图）、权利要求书、摘要（必要时应当有摘要附图），各一式一份。涉及氨基酸或者核苷酸序列的发明专利申请，说明书中应包括该序列表，并把该序列表作为说明书的一个单独部分提交，同时还应提交符合国家知识产权局规定的记载有该序列表的光盘或软盘。对于实用新型专利，提交的申请文件应当包括实用新型专利请求书、说明书、说明书附图、权利要求书、摘要及其附图，各一式一份。申请外观设计专利，申请文件应当包括外观设计专利请求书、图片或照片，各一式一份。要求保护色彩的，还应当提交彩色图片或照片，一式两份。提交图片的，两份均应为图片；提交照片的，两份均应为照片。不得将图片或照片混用。若对图片或照片需要说明的，应当提交外观设计简要说明，一式一份。下面将以发明专利的专利请求书、专利说明书（说明书有附图的，应当提交说明书附图）、权利要求书和摘要（必要时应当有摘要附图）为例，介绍发明专利主要文档的撰写方法。

1. 专利请求书

专利请求书是申请人为获得发明创造的专利权,在申请时所必须提交的技术文书。专利请求书是专利申请文件中具有总领作用的核心文件,综合了专利申请的各方面情况,在递交专利申请时,国家专利局按照专利请求书进行核实。专利请求书具有统一的书写格式,可以在网上找到填写模版,根据模版填写即可。填写之前需要准备好以下信息。

(1)发明人信息(包括姓名、排序、第一发明人身份证号)。

(2)申请人信息(可以是单位或者个人,需包含地址和邮编等详细资料)。

(3)申请文件清单(主要是以上所提的5份文件,需指明各个文件总页数,另外说明权利要求的项目数量)。

(4)附加文件清单(如委托书、费用减缓之类的证明)。

2. 专利说明书

专利说明书对发明专利的结构、技术要点、使用方法做出清楚、完整的介绍,应当包含专利名称、技术领域、技术背景、发明内容、有益效果、附图说明、具体实施方法等项目。如果有必要,应附上参考文献。具体的写法可以参考如下。

(1)专利名称。

专利名称是反映专利内容的最直观体现,准确的专利名称有利于信息传播与技术交流。因此,选择专利名称必须简明、准确,并且具有技术性和可检索性。专利的命名规则主要如下。

①全面性与一致性。要简短、准确地阐明发明专利申请要求保护的主题和类型,请求书中的发明名称与说明书中的发明名称要一致。

②字数与标点符号限制。发明名称一般不得超过25个字,化学领域的某些申请可以允许最多到40个字,不要含有句号、顿号、逗号、括号等标点符号。

③撰写产品技术语言。采用通用的技术术语,不得采用非技术术语,包括人名、单位名称、商标、型号等。

④为产品进行精确分类。明确本发明主题和类型(产品或方法),如一件包含拉链产品和该拉链制造方法两项发明的申请,其名称应当写成“拉链及其制造方法”。

⑤产品名称不得使用的文字。不得使用人名、地名、商标、型号或者商品名称等,也不得使用商业性宣传用语,如“新型的”“具有优越性能的”等。

⑥避免与其他专利名称雷同、相似。发明专利名称可以在保证全面性的基础上尽量隐晦,可以避免被竞争对手轻易检索到,避免让对方知道自己未来的研发方向,如将“手机”描述为“一种无线通信设备”。

专利名称是申请发明专利审核时的基本环节,如果专利命名时没有重视,会影响专利申请的进度,增加失败率。

(2)技术领域。

技术领域是指专利属于某一个技术领域内的创新成果。在申请专利时,需要明确所申请专利的技术领域,并且把申请专利所属技术领域的特征明确表达出来,这样有利于专利审查工作中的技术领域归类。

专利的技术领域归类一般采用国际专利分类表(International Patent Classification,IPC)。

国际专利分类表是一个功能与应用相结合、以功能为主的分类体系，把全部技术分为部、大类、中类、大组和小组，每个小组还可以进一步细分。国际专利分类表中八个部类分别如下。

A 部：人类生活必需。

B 部：作业、运输。

C 部：化学、冶金。

D 部：纺织、造纸。

E 部：固定建筑物。

F 部：机械工程。

G 部：物理。

H 部：电学。

（3）技术背景。

技术背景即研究背景，是指所申请专利的技术前身、以往与之相关的技术状况及目前的技术发展水平。技术背景部分还可以阐述所申请的专利在目前是否处于领先地位、是否有类似的新闻报道及本专利的应用前景分析等。

图7.2所示为“基于电磁导航的多节点导航系统”授权发明专利的题目、技术领域和背景技术内容，可以作为撰写发明专利的简单参考。

基于电磁导航的多节点导航系统

技术领域

[0001]　本发明涉及一种导航系统，特别涉及一种基于电磁导航的多节点导航系统。

背景技术

[0002]　电磁导航是较为传统的导航方式之一，目前仍被许多系统采用，它在自动自动导航小车（Automated Guided Vehicle，AGV）的行驶路径上埋设金属线，通过振荡电路产生交变电流，并在金属线上加载导引频率，通过对导引频率的识别来实现 AGV 的导航。导引线隐蔽，不易污染和破损，导引原理简单而可靠，便于控制通信，对声光无干扰，投资成本低。

[0003]　基于电磁导航的存在着很多缺点，导航路径单一，难以改变或扩充路径，若电磁导航引导线断裂，断点位置难以确定，线路维修困难，电磁导航只能用于引导 AGV 运行，无法对 AGV 进行定位。

[0004]　RFID 是一种通信技术，可通过无线电信号识别特定目标并读写相关数据，而无须识别系统与特定目标之间建立机械或光学接触。一般是微波，1 ~ 100 GHz，适用于短距离识别通信。利用 RFID 短距离识别、写入和读取数据方便的特性，可以把 RFID 作为室内坐标点，将室内平面坐标化，可以辅助 AGV 进行定位。

[0005]　ZigBee 是一种基于802.15.4物理层协议，支持自组网，多点中继，可实现网状拓扑的复杂的组网协议。ZigBee 技术是一种近距离、低复杂度、低功耗、低速率、低成本的双向无线通信技术，主要用于距离短、功耗低且传输速率不高的各种电子设备之间进行数据传输及典型的有周期性数据、间歇性数据和低反应时间数据传输的应用。通过 ZigBee 组网，能够实现对多个节点进行控制。

图7.2　“基于电磁导航的多节点导航系统”授权发明专利的题目、技术领域和背景技术内容

(4)发明内容。

发明内容是对专利内容具体、详细的介绍,主要包括所要解决的技术问题本身及解决其技术问题所采用的技术方案,并逐条列出各子技术及其解决方案,涵盖设计目的、基本原理、结构设计、具体功能、工作特点、有益效果等项目,可以通过必要的公式推导、原理阐述、关键技术分析等途径,对发明内容进一步加以说明。发明内容中还包括有益效果,有益效果是所提发明与现有技术相比所具有的优点及积极效果,它是由技术特征直接带来的,或是由技术特征产生的。发明内容属于专利文档中的主体部分,描述了发明的技术要点,必须确保其准确性。图 7.3 所示为"基于电磁导航的多节点导航系统"授权发明专利的发明内容摘录。

发明内容

[0006] 为克服上述缺陷,本发明提供一种循迹稳定、灵活性高和运行效率高的基于电磁导航的多节点导航系统。

[0007] 本发明的基于电磁导航的多节点导航系统,包括自动导航小车、多个电磁传感器、多个节点交换器和控制器。

[0008] 多个节点交换器分别设置在导航坐标系中的各坐标位置上,任意两个节点交换器通过导线连接,导线之间通有交变电流。

[0009] 多个电磁传感器安装在自动导航小车上,用于收集导线周围由交变电流产生的磁场信息。

……

[0037] 有很强的稳定性。若某一节点失效,则可以通过,通过重新规划导航路径,可以绕过失效节点到达目的地,有强大的线路纠错能力。节点交换器的无线模块能够将节点交换器的工作状态信息传递给主控制台,能够实时对节点交换器及接口进行故障监测,使管理人员能够很快排除故障。

[0038] 故障维修方便,传统电磁导航若出现故障,需要整个线路一一排查,而本发明只需在接收到无线模块的故障信息后更换节点交换器或两节点间的传输线就能排查故障。

图 7.3 "基于电磁导航的多节点导航系统"授权发明专利的发明内容摘录

(5)附图说明。

附图说明主要介绍说明书附图中各个图表达的主要内容。附图说明是说明书中必备的内容,对系统关键结构及关键技术必须给予图示说明。图 7.4 所示为"基于电磁导航的多节点导航系统"授权发明专利的附图说明。

附图说明

[0039] 图 1 为具体实施方式中导航坐标系的原理示意图。

[0040] 图 2 为具体实施方式中自动导航小车安装电磁传感器的原理示意图。

[0041] 图 3 为具体实施方式中节点交换器的原理示意图。

[0042] 图 4 为具体实施方式中输入输出接口的三线结构的原理示意图。

[0043] 图 5 为具体实施方式中正弦振荡电路的原理示意图。

图 7.4 "基于电磁导航的多节点导航系统"授权发明专利的附图说明

(6)具体实施方式。

具体实施方式应当参照附图对发明专利所涉及算法、构造进行说明,实施方式应与技术方案一致,并且应当对权利要求的技术特征给予详细说明,以支持权利要求。附图中的标号应写在相应的零部件名称之后,使所属技术领域的技术人员能够理解和实现,必要时说明其动作过程或者操作步骤。图 7.5 所示为"基于电磁导航的多节点导航系统"授权发明专利的具体实施方式摘录。

具体实施方式

[0044]　本实施方式的基于电磁导航的多节点导航系统,包括自动导航小车、多个电磁传感器、多个节点交换器和控制器。

[0045]　本实施方式将室内地面坐标化,图 1 所示的导航坐标系中,平面内有 9 个坐标点,每个坐标点对应着平面中的一点,任意两点之间都可以通过经由网格的导线相连。

[0046]　在导线中通交变电流,多个电磁传感器安装在自动导航小车车体中,电磁传感器可以收集导线周围由交变电流产生的磁场信息,电磁传感器上的感应电动势与传感器与导线间的距离有关,根据比奥沙法尔定律可求得传感器偏离中心导线的距离,电磁传感器与中心导线如图 2 所示,运用多个电磁传感器的数据,可以准确求出车体中心偏离导线的偏差,对偏差进行 PID 控制,将控制量输出到自动导航小车电机,自动导航小车左右电机通过控制转速从而调整小车的运行姿态,使小车沿着导线稳定运行。

……

[0061]　本实施方式的最短路径方法主要有两个改进。

[0062]　1. 单纯的 dijkstra 最短路径算法只是得到任意两个节点的最短距离,而实际上小车运行过程中,拐弯需要耗费更多时间,希望拐弯越少越好,实际运行时间才最短,需要把节点形成的边之间的角度也作为权值,把两个权值综合考虑为两节点间的最终路径权值,利用最终权值进行 dijkstra 最短路径计算。

[0063]　2. 考虑可能有节点交换器故障的情况,这时需要排除故障的节点,更新节点坐标信息库,直到故障排除。

图 7.5　"基于电磁导航的多节点导航系统"授权发明专利的具体实施方式摘录

3. 说明书附图

说明书附图通过图形对系统关键结构及关键技术给予说明,其顺序与说明书中的"附图说明"一致。每一幅图应当用阿拉伯数字顺序编号,图中的标记应当与说明书中所述标记一致。存在多幅附图时,各附图中的同一零部件应使用相同的附图标记。附图中不应含有中文注释,应使用制图工具按照制图规范绘制,图形线条为黑色,图上不得着色。图 7.6 所示为"基于电磁导航的多节点导航系统"授权发明专利的说明书附图。需要注意,所提附图需清晰明了,不可模糊不清。

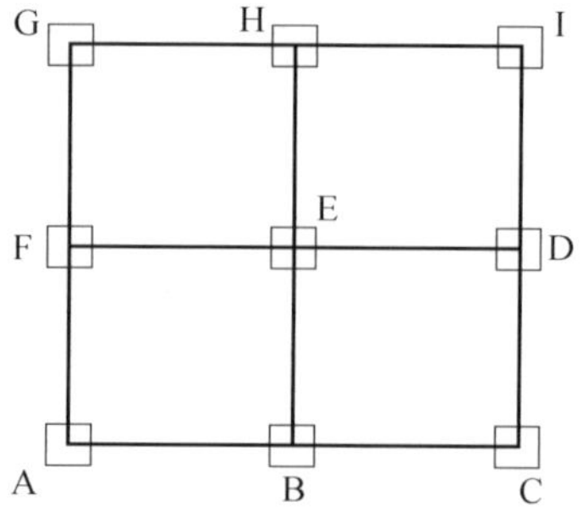

图 1

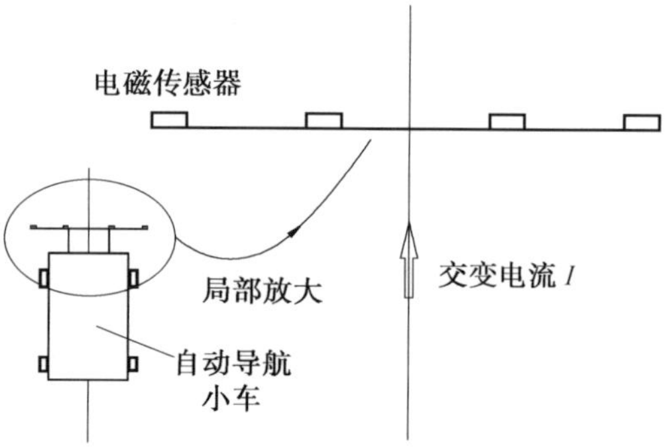

图 2

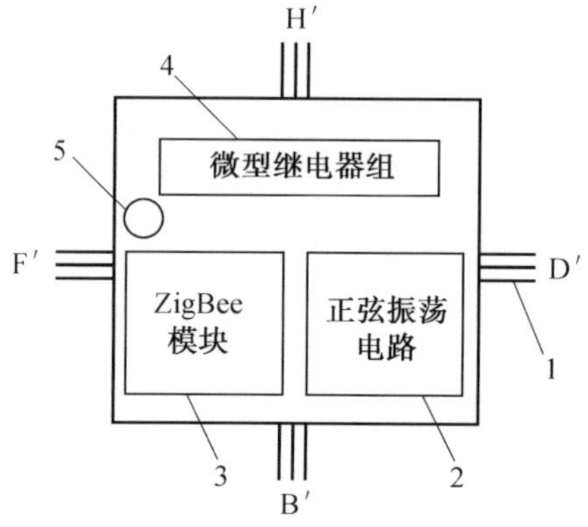

图 3

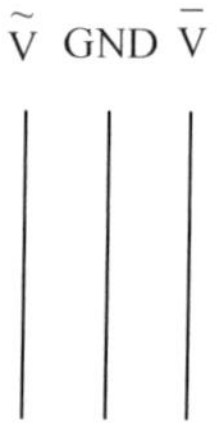

图 4

图 7.6 “基于电磁导航的多节点导航系统”授权发明专利的说明书附图

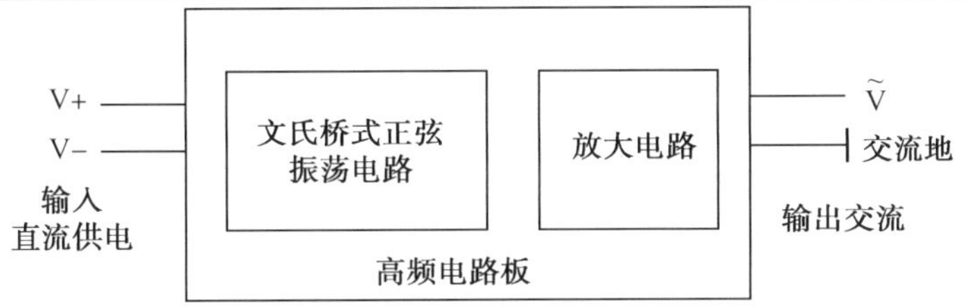

图 5

续图 7.6

4. 权利要求书

权利要求书是指发明专利的独立权利要求,一项发明专利应当只有一个独立权利要求。独立权利要求应整体反映所提发明的技术方案,记载解决问题的必要技术特征。独立权利要求应包括前序部分和特征部分。前序部分写明要求保护的发明技术方案的名称及与其最接近的现有技术共有的必要技术特征;特征部分使用“其特征是”,用于写明实用新型区别于最接近的现有技术的技术特征,即实用新型为解决技术问题所不可缺少的技术特征。另外,发明专利也可以包含从属权利要求,包括引用部分和限定部分。引用部分应写明所引用的权利要求编号和主题名称,该主题名称应于独立权利要求主题名称一致。图 7.7 所示为“基于电磁导航的多节点导航系统”授权发明专利的权利要求书摘录。

1. 一种基于电磁导航的多节点导航系统,其特征在于所述系统包括自动导航小车、多个电磁传感器、多个节点交换器和控制器。

多个节点交换器分别设置在导航坐标系中的各坐标位置上,任意两个节点交换器通过导线连接,导线之间通有交变电流。

多个电磁传感器安装在自动导航小车上,用于收集导线周围由交变电流产生的磁场信息。

控制器用于规划路径根据规划的路径,使路径上相应坐标位置的节点交换器之间的导线交流连通;

自动导航小车用于根据电磁传感器收集的磁场信息,控制运行姿态,沿着导线运行,完成规划路径。

……

8. 权利要求 1 或 2 所述的基于电磁导航的多节点导航系统,其特征在于所述控制器路径规划时采用最短路径方法进行规划,所述最短路径方法包括如下步骤。

步骤 1:确定导航坐标系中的每个节点交换器的坐标。

步骤 2:计算每两个相邻节点交换器的坐标间的距离,作为两个坐标连线形成的边长度的权值;每个坐标与相邻坐标连线作为一条边,计算与同一坐标相连的两条边的夹角,作为角度权值。

步骤 3:将边长度的权值与角度权值融合为最终参与最优路径计算的权值。

步骤 4:更新节点信息库,排除故障节点交换器的坐标,根据步骤 3 融合得到的权值,使用最短路径算法得到使自动导航小车运行时间最短的两个节点之间的最优路径。

步骤 5:根据得到的最优路径得到需要闭合的节点交换器的信息,完成路径规划。

图 7.7　“基于电磁导航的多节点导航系统”授权发明专利的权利要求书摘录

5. 摘要

摘要是申请人对其要解决的问题所采取的技术措施的集合。技术措施通常是由技术特征体现的。技术方案应当清楚、完整地说明发明的算法、构造特征、说明技术方案是如何解决技术问题的,必要时应说明技术方案所依据的科学原理。撰写技术方案时,机械产品应描述必要零部件及其整体结构关系;涉及电路产品时,应描述电路的连接关系;机电结合的产品还应写明电路与机械部分的结合关系;涉及分布参数的申请时,应写明元器件的相互位置关系;涉及集成电路时,应清楚公开集成电路的型号、功能等。“基于电磁导航的多节点导航系统”授权发明专利的摘要如图 7.8 所示。

基于电磁导航的多节点导航系统提供一种循迹稳定、灵活性高和运行效率高的导航系统,所述系统包括自动导航小车、多个电磁传感器、多个节点交换器和控制器多个节点交换器,分别设置在导航坐标系中的各坐标位置上,任意相邻的两个节点交换器通过导线连接,导线之间通有交变电流多个电磁传感器安装在自动导航小车上,用于收集导线周围由交变电流产生的磁场信息控制器,用于规划路径。根据规划的路径,路径上相应坐标位置的节点交换器之间的导线交流连通自动导航小车,用于根据电磁传感器收集的磁场信息,控制运行姿态,沿着导线运行,完成规划路径。

图 7.8 “基于电磁导航的多节点导航系统”授权发明专利的摘要

6. 摘要附图

所提摘要需要附图说明的,需在摘要附图文件中给出,所附图像需清晰明了。“基于电磁导航的多节点导航系统”授权发明专利的摘要附图如图 7.9 所示。

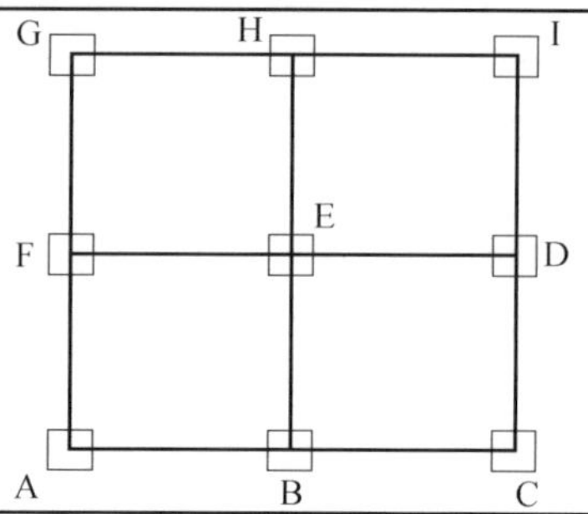

图 7.9 “基于电磁导航的多节点导航系统”授权发明专利的摘要附图

除以上所提六项资料外,还可以附加一个发明人资料,用作申请专利时的发明人填写。“基于电磁导航的多节点导航系统”授权发明专利的发明人资料如图 7.10 所示。

基于电磁导航的多节点导航系统

国内发明人(请按照此顺序):何胜阳(身份证号码:＊＊＊),潘光华

单位:Harbin Institute of Technology

图 7.10 “基于电磁导航的多节点导航系统”授权发明专利的发明人资料

7.3　通过专利代理途径申请发明专利

通过前文对的专利申请流程和专利文档撰写的介绍可以看出,办理专利事务是一项复杂而又细致的工作,它涉及法律、经济、科学技术及科技文献等多方面的知识。如果专利申请人不谙熟有关专利的法律、法规,不了解专利申请的流程,就不能有效地维护自己应有的权利,甚至会完全丧失本应该得到的权利,造成无法挽回的损失。在专利申请过程中,要向国家专利局提交书面形式的专利申请文件。专利申请文件属于法律性很强的技术文件,撰写这样的技术-法律文件,既要对发明创造有深刻的理解,又要对这种文件特殊的法律表达方式有很好的文字驾驭能力。对于不熟悉有关专利的法律、法规和规章的申请人来说,要写好专利申请文件是很不容易的,尤其是专利申请文件中的权利要求书和说明书,更是难于写好。为有效地解决这种问题,专利代理机构应运而生。

专利代理机构的定位是利用专业知识提供技术和法律智力服务的专业团体,为专利申请人提供专业的专利申请服务。

1. 选择专利代理机构具有的优点

(1)专利代理机构修改或撰写的专利申请文件更专业。

专利申请人作为技术领域内的发明人,其专业技术水平毋庸置疑,但是不一定对专利知识了解深入,有可能在撰写专利申请文件时会把技术内容写得非常详细,这样会产生两个问题:一是非常容易将不适合通过专利方式保护的核心技术泄密;二是导致专利的保护范围过于狭窄,即使能够授权,保护的效果也非常有限。专利代理机构内的专利代理人经验丰富,清楚申请专利的各种手续,熟悉专利审查规则,在准备申请文件时,能够保证申请书语言的准确性和专业性,对于公司的核心技术会予以模糊或规避处理,不至于使申请人的核心技术泄露,同时代理人谙熟撰写技巧,会为客户争取保护范围,在需要时,也能够通过专业的法律行为切实地为被代理人谋取利益。

(2)掌握相关法律法规。

专利代理机构是从事知识产权保护的专业性机构,其从业人员一般都受过知识产权法律法规的专门培训,掌握相关法律知识,能适应国家对于各种申报材料的填报要求,起到初审作用,能正确解答有关知识产权方面的法律咨询。

(3)成功率高。

由于专利代理机构的人员受过知识产权方面的法律和实务培训,对知识产权申办流程比较熟悉,成功率高,因此可有效避免发生被驳回、补正、重新申报等情况。

(4)权利保护充分。

采用不同方式保护发明人的知识产权,其保护力度和效果也各不相同。由于专利代理机构的人员经验丰富,且熟悉有关法律法规,因此更能清晰、准确地把握采用何种方式保护发明人的知识产权。

(5)时效性强。

由于专利代理机构的人员受过专业训练,办事效率较高,能有效避免被国家相关部门驳回或补正,避免发生一事屡次申请等情况,因此提高了申办效率,为发明人节省了时间成本。

2. 工作流程

对于电子信息类大学生而言,在基于项目学习过程中所取得的成果,可以通过专利代理机构协助申请发明专利。通过专利代理机构的申请流程与专利实际的申请流程类似,专利代理机构主要是做专利申请文件准备和专利申请流程的代办。通过专利代理机构申请专利的流程如图 7.11 所示。

(1)联系确定专利代理机构。

应选取专业性强、口碑好的专利代理机构代办专利申请。联系完成后,专利代理机构会根据申请人的专业和技术领域分配专利代理人全权负责本次专利申请过程。

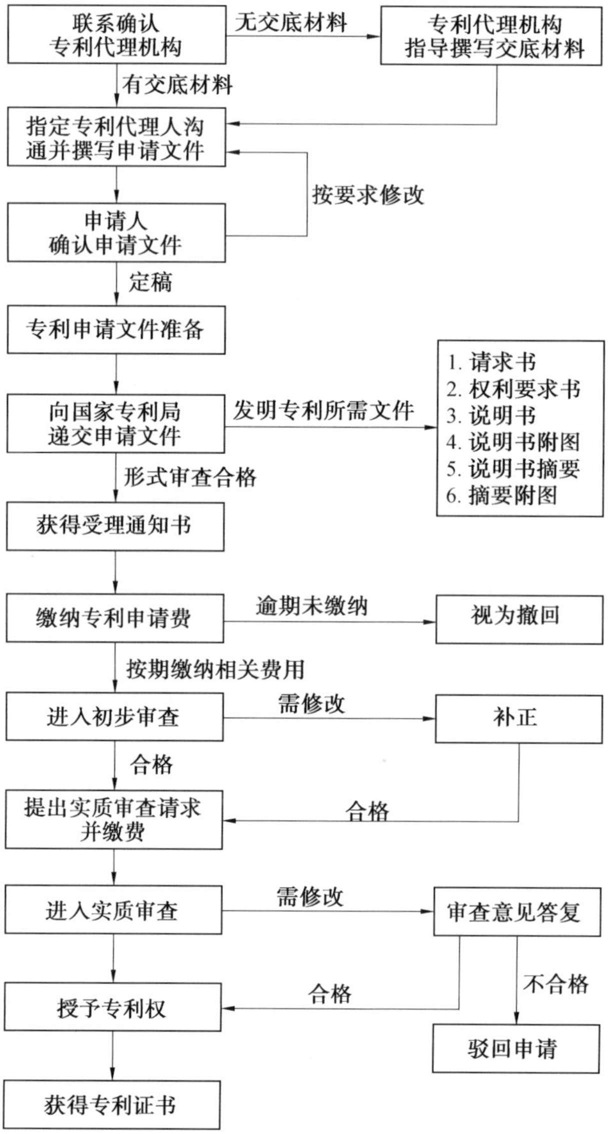

图 7.11　通过专利代理机构申请专利的流程

(2)整理相关技术资料，提交专利技术交底书。

专利技术交底书由核心技术相关人员提供，技术交底书包括发明创造的名称、所属技术领域、背景技术、发明具体内容等，资料的提供可以由代办方的专利代理人介入，协助完成。

(3)双方签订代理委托协议，代办开始撰写全套专利申请文件。

代办方专利代理人在拿到专利技术交底书之后，进行相关的检索和分析，开始撰写专利申请文件，其间最好与发明人进行多次沟通和交流(可以通过电话、邮件、QQ、MSN 、面谈等多种方式)，以确保专利申请文件完整无误的表达发明人的发明创造。

专利申请文件的撰写时间一般在 1 ~2 周，视专利复杂程度情况而定。专利申请文件的填写和撰写有严格特定的要求，申请人可以自行填写或撰写，也可以委托专利代理机构代为办理。尽管委托专利代理是非强制性的，但是考虑到精心撰写申请文件的重要性及审批程序的法律严谨性，对经验不多的申请人来说，委托专利代理是值得提倡的。

(4)向国家专利局提交专利申请文件，拿到专利受理通知书。

在客户确认专利申请文件没有问题后，代办方向国家专利局提交全套专利申请文件，拿到专利受理通知书。

(5)客户领取专利受理通知书，专利申请阶段结束。

客户领取专利受理通知书，专利申请阶段的工作就结束了。

(6)发明专利审查阶段。

发明专利有这一步工作，实用新型专利和外观设计专利没有这一步。

(7)专利授权阶段。

经国家专利局审查通过后，专利被授权，客户缴纳相关费用，领取专利证书。

通过专利代理机构申请专利可以有效地减轻申请人的工作，但是专利代理人不可能完全了解专利的技术内涵。因此，熟练掌握专利申请文件的撰写规范对提高专利申请文档的准备效率非常重要。

7.4　专利权保护的案例

发明人申请发明专利、实用新型专利和外观专利的主要目的是维护自己的知识产权不被侵害，但是专利的保护范围如何界定，涉及专利保护的产品如何取得授权，这些涉及法律层面的专业知识不容易理解。本节将以一个简单的水杯的案例来简要说明专利权保护的作用范围。

为便于喝水，A 公司申请了水杯的专利，如图 7.12 所示。该专利原理很简单，即将一个圆柱形材料中间掏空用于存水，并配备一个手柄便于握紧。水杯发明以后，由于其方便拿取，在市场上销售得非常好，因此成为了市场的销售冠军。

B 公司在使用水杯过程中，发现敞口的水杯不方便保温，因此 B 公司提出给水杯加设杯盖，形成“带杯盖的水杯”，如图 7.13 所示。这样，问题就产生了。

图 7.12　A 公司申请的水杯专利

图 7.13　B 公司申请的“带杯盖的水杯”

(1)B 公司可以申请“带杯盖的水杯”的专利吗?

可以!

申请专利并不要求技术创新方案为原创发明,对现有产品或者现有技术的改进也可以申请专利。特别是在基于项目学习的过程中,学生团队所做的大部分工作也是在现有技术的基础上进行的改进,以使电子系统功能更全面、性能更佳、成本更低等,这些研究成果如果具有一定的创造性,均可以申请专利。另外,学生团队在基于项目学习的过程中要独立、成功发明一种全新产品的概率会非常低,不要以为自己的创新不起眼,小发明能解决大问题。申请专利是对发明创新的最有效保障。

B 公司申请专利并获授权后,称为 B 专利。此时,B 公司可以宣称:不经我允许,谁也不可以生产销售“带杯盖的水杯”。

(2)B 公司可以生产、销售水杯吗?

不可以!

B 公司所发明的“带杯盖的水杯”包括了之前 A 公司“水杯”专利的全部技术特征,因此“带杯盖的水杯”虽然增加了杯盖,但还是有“圆柱形材料中间掏空用于存水,并配备一个手柄便于握紧”的特征,即落入 A 公司“水杯”专利的保护范围。因此,如果 B 公司生产销售“带杯盖的水杯”,则侵犯了 A 公司“水杯”的专利权。

但是,由于 B 公司拥有“带杯盖的水杯”的专利,则他人包括“水杯”的专利权人 A 公司如果未经过 B 公司的同意,也不能生产“带杯盖的水杯”,否则就侵犯了 B 公司的“带杯盖的水杯”专利权。对于 B 公司来说,虽然不能生产水杯,但是由于其拥有“带杯盖的水杯”的专利权,因此拥有了“带杯盖的水杯”的“垄断权”。

(3)B 公司为什么要申请“带杯盖的水杯”专利呢?

显然,B 公司花钱申请专利并不仅是想拥有名义上的垄断权,而是为了生产和销售“带杯盖的水杯”,从中获得利润。但是有 A 公司“水杯”专利权的存在,B 公司又不能生产销售“带杯盖的水杯”,那 B 公司申请专利还有什么意义呢?

由于“带杯盖的水杯”具有一定的保温性,因此在市场中会有更好的销量,利润更客观。B 公司想生产“带杯盖的水杯”,以获得更好的利润,可是有 A 公司“水杯”专利权的存在,又不能生产“带杯盖的水杯”,A 公司也想生产“带杯盖的水杯”,但是受 B 公司“带杯盖的水杯”专利权的限制,又不能生产“带杯盖的水杯”。

为解决这个困局，A、B公司想通过双方合作以获得更大利润。合作方案有如下几种。

①A公司授权许可B公司使用“水杯”专利，即B公司可以生产“带杯盖的水杯”，B公司支付给A公司一定的“水杯”专利使用费。

②B公司授权许可A公司使用“带杯盖的水杯”专利，即A公司可以生产“带杯盖的水杯”，A公司支付给B公司一定的“带杯盖的水杯”专利使用费。

③A公司、B公司进行专利交叉许可，即A公司授权B公司使用“水杯”专利，B公司也授权A公司使用“带杯盖的水杯”专利。这样，A公司既可以生产“水杯”也可以生产“带杯盖的水杯”，B公司也既可以生产“水杯”，也可以生产“带杯盖的水杯”。当然，还有很多其他的合作方案，无论哪种合作方案，对A公司和B公司来说都是皆大欢喜，因为他们都能从各自的专利中获得收益，这样专利的效益就显现出来了。

不久，C公司发现，该杯盖容易从杯子上掉落，于是在B专利的基础上做了改进，将杯盖和水杯设计为螺纹连接，形成“螺纹型杯盖的水杯”，申请专利并获得授权，称为C专利，如图7.14所示。此时，C公司可以宣称：不经我允许，谁也不可以生产销售“螺纹型杯盖的水杯”。

图7.14 C公司的“螺纹型杯盖的水杯”

与B公司之前面临的困境一样，C公司要生产“螺纹型杯盖的水杯”也要受限于A公司的“水杯”专利和B公司“带杯盖的水杯”专利，其关系如下。

①在A公司授权前提下，B公司可以生产所有配有杯盖的水杯（B专利），但未经C公司许可，不可以生产“螺纹型杯盖的水杯”（C专利）。

②C公司想要生产自己专利的“螺纹型杯盖的水杯”（C专利），需要经过A公司和B公司的许可，因为A专利中是“水杯”，B专利中存在杯盖，落入了A专利和B专利的保护范围，三者的专利关系图如图7.15所示。

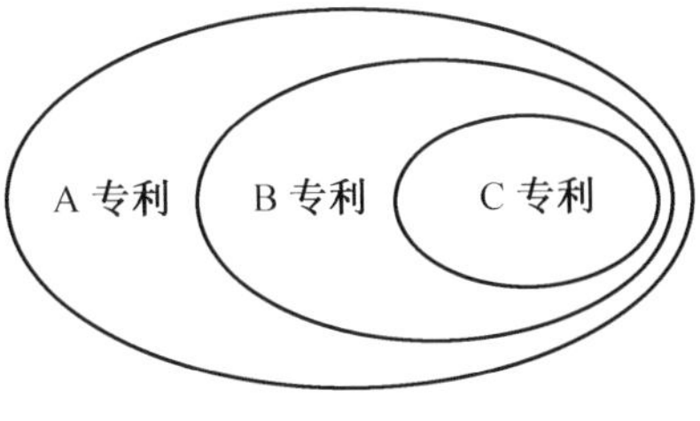

图7.15 A、B、C专利之间的专利关系图

此时,由于C公司水杯的杯盖不容易掉落,更受消费者欢迎,因此A、B公司的普通杯盖水杯销量一落千丈。不过,虽然螺纹型杯盖的水杯供不应求,但C公司每卖出一支螺纹型杯盖的水杯,都需要向A、B公司支付专利费。

经过谈判协商,A、B、C家公司达成专利互相许可的协议:C公司同意A、B公司开始生产销售螺纹型杯盖的水杯,而A、B公司也不再向C公司收取专利费用。

通过上述案例可以看出,专利的本意是保护发明创造,但是随着市场的竞争,专利已经成为商业竞争的策略之一,只有拥有专利权,才能拥有话语权。

参考文献

[1]秋叶 PPT. 和秋叶一起学 Word[M]. 2 版. 北京:人民邮电出版社,2018.
[2]秋叶 PPT. 和秋叶一起学 Excel[M]. 2 版. 北京:人民邮电出版社,2018.
[3]秋叶 PPT. 和秋叶一起学 PPT[M]. 2 版. 北京:人民邮电出版社,2018.
[4]凤凰高新教育. Word 2019 完全自学教程[M]. 北京:北京大学出版社,2017.
[5]凤凰高新教育. PPT 2016 完全自学教程[M]. 北京:北京大学出版社,2017.
[6]凤凰高新教育. Excel 2019 完全自学教程[M]. 北京:北京大学出版社,2017.
[7]吕咏,葛春雷. Visio 2019 图形设计从新手到高手[M]. 北京:清华大学出版社,2016.
[8]杨继萍. Visio 2013 图形设计标准教程[M]. 北京:清华大学出版社,2014.
[9]赵希文. 大一年度项目学习指南[M]. 哈尔滨:哈尔滨工业大学出版社,2017.
[10]张丽君,王冬晓,张忠廉. 大学新生科学技术研究基础[M]. 北京:北京理工大学出版社,2016.
[11]林豪慧. 大学生信息素养[M]. 北京:电子工业出版社,2017.
[12]刘芳,朱沙. 大学生信息素养与创新教育[M]. 武汉:华中科技大学出版社,2017.
[13]唐伦刚,储冬红. 大学生信息素养教育[M]. 武汉:华中科技大学出版社,2015.
[14]吴晓兵,康桂英,蒋敏蓉. 大学生科研创新与信息素养[M]. 北京:北京理工大学出版社,2020.
[15]陈坤杰,张伟林. 大学生科研训练教程[M]. 合肥:合肥工业大学出版社,2010.
[16]张伟刚. 科研方法导论[M]. 2 版. 北京:科学出版社,2017.